Estilística, poética y semiótica literaria

Alianza Universidad

Alicia Yllera

Estilística, poética y semiótica literaria

Alianza
Editorial

Primera edición en "Alianza Universidad": 1974
Segunda edición ampliada y corregida en "Alianza Universidad": 1979

© Alicia Yllera
© Alianza Editorial, S. A., Madrid, 1974, 1979
   Calle Milán, 38; ☎ 200 00 45
   ISBN: 84-206-2096-3
   Depósito legal: M. 17.863-1979
   Impreso en Hijos de E. Minuesa, S. L.
   Ronda de Toledo, 24 - Madrid-5
   Printed in Spain

INDICE

PROLOGO

Aunque la crítica literaria surgió hace ya mucho y su singladura es muy rica en vicisitudes, tardó bastante tiempo en introducirse en el terreno que le es propio: el de los estudios literarios. Y ello se debe a que en un principio el término aludía a un matiz excesivamente polémico, difícilmente asimilable por la hipotética "ciencia literaria". Hoy día, sin embargo, han variado las cosas: la crítica ocupa un lugar predominante en el mundo de las letras; se multiplican estudios y más estudios sobre los estudios (del tipo del que aquí presentamos), y cada día toma mayor cuerpo la idea de que la crítica es, a su vez, literatura. Si a ello añadimos el que en algunos casos no es el éxito de la obra el que genera la crítica (en un sentido y otro) sino la crítica la que crea un mercado para la misma, consideramos oportuno y justificado el objetivo de este estudio.

Nos apresuramos a confesar que no hemos tratado el problema de la crítica en su totalidad: veinte volúmenes hubieran resultado insuficientes. Hemos acotado una parcela, un aspecto que cada día adquiere mayor auge, la muestra que mejor representa las corrientes y límites de nuestra época: nos referimos a la estilística, poética y semiótica literaria —ropaje diferente, concesión a la moda, influencias extrañas, que recubren tres fases de una misma ciencia—, que reclama para sí la exclusividad del apelativo de "ciencia de la literatura". La esti-

9

lística o poética basa su cientifismo en la aplicación de unos modelos de análisis de la ciencia humana con métodos más rigurosos, los de la lingüística en unos casos y los de la semiótica, ciencia en boga de la que apenas se han echado los primeros cimientos, en otros. Este acercamiento, bajo diferentes denominaciones, constituye uno de los aspectos más vivos y polémicos de los estudios literarios.

Difícilmente podemos extrañarnos: el auge de la estilística o semiótica poética es el signo de los tiempos, es el resultado de la búsqueda de un rigor y de una objetividad en una época, la actual, marcada por el neopositivismo. Se ha beneficiado de la imprecisión de los estudios anteriores o, por el contrario, de la excesiva atención al dato positivo. Pero, sobre todo, se corresponde estrechamente con las corrientes actuales: el arte se ha aproximado a las ciencias, se ha hecho "experimental". No en balde las tres aproximaciones y aportaciones del siglo XX en el dominio de los estudios literarios, hasta la fecha, se llaman estilística o semiótica poética, crítica psicoanalista y crítica sociológica: en todas ellas ha sido necesaria la colaboración de una ciencia ajena a la literatura para proporcionar un método y unos postulados sobre los que construir sus teorías.

La estilística surgió tímidamente, queriendo completar el terreno de la gramática y sin plantearse ni permitirse el acceso al dominio de la obra de arte. A medida que fue creciendo y consolidándose se hacía, también, más audaz y comenzaba a sublevarse contra los presupuestos de sus creadores: empezaba a invadir los dominios de los estudios literarios. A la par, diversos brotes, distintas corrientes la diversificaban de tal manera que el aparente monolitismo que hasta entonces había ostentado saltó por los aires: aparecieron tendencias y tentativas irreconciliables desde las que sus autores acrecentaban y exageraban sus diferencias. A medida que transcurría el tiempo aumentaba el foso entre las distintas corrientes, que se ignoraban entre sí y se rechazaban mutua y categóricamente. Por ello hemos querido realizar una síntesis de tendencias, muchas veces menos encontradas de lo que sus autores creen.

¿Por qué hemos elegido la estilística, la poética y la semiótica literaria? En principio porque consideramos que es uno de los acercamientos más vivos a la obra literaria. Y sobre todo, porque hoy por hoy es la única vía "científica" e "inmanente" para el estudio de una obra dada: efectivamente, la obra literaria se hace en el lenguaje, por y a través del lenguaje. Toda obra es un "mundo" ficticio construido dentro del lenguaje, un mundo que no permite su valoración según el principio de adecuación a la realidad, un mundo en el que el lenguaje hace las veces tanto de materia —del mismo modo que el mármol es la materia de la estatua— como de referencia: toda expresión del texto remite a una "ficción" creada en el lenguaje mismo y no a una realidad externa.

Y partiendo de esta materialidad misma de la obra es como vamos a analizar las diversas corrientes que han tenido consciencia de la importancia del lenguaje en la obra literaria.

No se busque en este trabajo la originalidad: nuestro propósito ha sido realizar una revisión y síntesis de tendencias. No hemos llevado a cabo una nueva formulación de estas disciplinas, sino cribado y sintetizado sus logros: este estudio se propone unas metas esencialmente divulgadoras, por lo que se ha buscado una exposición clara y asequible. Ha sido necesario hacer una selección entre la abundancia de estudios estilísticos, fundada especialmente en las corrientes que han tenido o están teniendo una mayor repercusión en nuestro país. Como toda síntesis, es imperfecta en el dominio abarcado. Hay que tener en cuenta no sólo las corrientes relegadas y aquellas a las que se les concede menos importancia de la que deberían tener, sino también las enormes dificultades que supone conseguir todo el material deseado y deseable. Pero la obra cumplirá el propósito que la anima si puede servir de guía y punto de partida para estudios más amplios o completos que el que aquí presentamos y, sobre todo, si logra despertar algún interés en los todavía no iniciados.

Capítulo 1

LA ESTILISTICA:
ESTUDIO DEL LENGUAJE AFECTIVO Y/O LITERARIO

Un término ambiguo

El estudio de los autores, forma particular del arte del lenguaje, fue asumido, desde la antigüedad hasta el siglo XIX, por gramáticos o filósofos, teóricos o pensadores sobre el lenguaje. La creciente especialización supuso la diversificación de la crítica literaria y los estudios del lenguaje hasta que los progresos de la lingüística, la aparición de su vertiente sincrónica, proporcionaron un nuevo instrumento de análisis de la obra y/o del lenguaje literario. La primitiva unidad aristotélica se había quebrado, salvo en intentos aislados.

Los primeros balbuceos de la estilística se produjeron fuera del dominio de las letras[1]. En la segunda mitad del siglo XIX, el alemán Berger escribía su *Estilística latina*, concebida como estudio de locuciones

---

[1] El término "estilística" existía anteriormente. Novalis lo emplea unido a "retórica" *(Stylistik oder Rhetorik).* Acerca de la historia del término: André Sempoux, "Notes sur l'histoire du mot style", en *Revue belge de philologie et d'histoire*, 1961, pp. 736-746.

particulares, destinada a completar los estudios gramaticales [2]. En la misma línea se situaría la estilística de Bally —extensión de la lingüística saussureana al dominio de los hechos afectivos, es decir, estudio de los medios de expresión disponibles en una lengua [3]. Poco después se inició su aplicación a la lengua literaria, empleándose el término "estilística" para una pluralidad de intenciones y métodos, lo que dificultó su afianzamiento como ciencia autónoma. Desconcertados por la ambigüedad de su contenido, en parte debida a la tradicional imprecisión del término "estilo", diversos autores —empujados por causas que serán posteriormente analizadas— han optado por rebautizar algunas de sus corrientes con los términos de "poética" o "semiótica literaria", mientras que diversos lingüistas se alzaban contra la "nueva intrusa" [4].

Tras cerca de un siglo de estudios, se impone un balance global de sus métodos y logros [5], pero éste sería irrealizable prescindiendo de la diversidad de tendencias —algunas irreconciliables— englobadas bajo este término [6].

Estilística gramatical y retórica

El siglo XIX conoció diversos estudios de estilo o estilísticos. Autores alemanes los concibieron como análisis de diversas locuciones particulares, complemento de la gramática. Otros analizaron las diversas figuras de la antigua retórica, reduciendo el término "estilo" a lo que los antiguos llamaron *elocutio* o incluso al *ornatus*. Finalmente, diversos estudios de estilo comprendían el análisis del pensamiento, técnica, etc., de un autor

---

[2] Citado por F. Deloffre, *Stylistique et poétique française.* París, S.E.D.E.S., 1970, pp. 10-11.

[3] Charles Bally, *Traité de stylistique française,* 3.ª ed., nueva tirada, París, Klincksieck, 1951, volumen I, p. 16, § 19.

[4] Diversos autores han rechazado la concepción de la estilística como aplicación particular de los métodos lingüísticos a la literatura, basándose en la carencia de especificidad de la estilística literaria (A. Juilland) o en la diversidad de dominios (K. Togeby). Si el lenguaje literario constituye el objeto propio de la estilística, existe coincidencia total entre su objeto y el de la lingüística, por lo que nunca podrá tomar de ésta sus métodos de trabajo, ya que se vería totalmente asimilada por la ciencia del lenguaje. (A. Juilland, "Stylistique et linguistique", en *Langage,* XXX, 1953, pp. 316-323). El objeto de la crítica literaria y el de la estilística son de naturaleza diferente, por lo que no podrían analizarse ambas con los mismos métodos. (K. Togeby, "Littérature et linguistique", en *Orbis litterarium,* XXII, 1-4, 1967, pp. 45-48). *Vid,* P. Guiraud y P. Kuentz, *La stylistique.* París, Klincksieck, 1971.

[5] Sin pretender ser exhaustivos, señalaremos las tendencias y autores más relevantes.

[6] Muchas de estas divergencias se explican por las diversas influencias recibidas: la estilística siguió los avatares de la filología (L. Spitzer, etc.), de la lingüística estructural (escuela de Praga, etc.) y, modernamente, de la semiótica. Hoy estas tres tendencias coexisten con predominio de la última.

particular. Hoy relegados, en su mayoría, al olvido, algunos de ellos distan mucho de ser desdeñables. El mayor reproche que podría hacérseles sería el haber prescindido del contexto al enjuiar los "efectos estilísticos", cayendo en la atomización de la lengua poética[7].

Desviándonos pasajeramente de nuestro propósito inicial, señalaremos el resurgir de la retórica en los últimos años, debido tanto a autores americanos como a autores franceses[8]. La estilística y poética contemporáneas han buscado apropiarse los análisis de la vieja retórica que yacía en el olvido desde hace más de un siglo o "repenser la rhétorique en termes structuraux" ("replantear la retórica en términos estructurales"), como señalaba Barthes en 1964. En este terreno destacaremos únicamente los intentos de construir una *retórica general* del Grupo μ, constituido en torno a Jacques Dubois[9]. Parten de una peculiar concepción del lenguaje poético y de la literatura. El lenguaje poético es tanto creación como aceptación o, en otros términos, reelaboración formal de una materia lingüística[10] que se manifiesta a través de un *desvío (écart)* entre la lengua poética y la lengua cotidiana. La retórica es, pues, un conjunto de desvíos, que modifican el nivel de redundancia de la lengua, perceptible al lector

---

[7] Este tipo de estudios no ha desaparecido hoy y tiene un indiscutible interés pedagógico. Podría ponerse en relación con el resurgir de la retórica, si bien es cierto que la tradición nunca desapareció totalmente, la obra de P. H. Fernández, *Estilística. Estilo, figuras estilísticas y tropos*. Madrid, 1972.

[8] En los EE. UU. son numerosos los escritos retóricos, tanto los destinados a un fin pedagógico como los escritos teóricos; ejem.: Cleanth Brooks y Robert Penn Warren, *Modern Rhetoric*, 3ª ed., Nueva York, Harcourt Brace Jovanovich, 1972, etc. Una extensa bibliografía sobre el tema puede hallarse en el número de *Communications* dedicado a las *Recherches rhétoriques*, n.º 16, 1970, pp. 235-237. En Inglaterra, G. N. Leech, "Linguistics and the figure of Rhetoric", en *Essays on Style and Language*, ed. by Roger Fowler. Londres, Routledge & Kegan Paul, 1966 (reimpresión, 1967, 1970), pp. 135-156, etc. Del lado francés se ha señalado la posible influencia de los términos "metáfora" y "metonimia", empleados por Jakobson para definir el estilo poético o novelesco *(Essais de linguistique générale.* Trad. de N. Ruwet, París, Ed. Minuit, 1963). Roland Barthes, "Rhétorique de l'image", en *Communications*, 4, 1964, pp. 40-51, y "L'analyse rhétorique", en *Littérature et Société*. Bruxelles, 1967, pp. 31-45; Gérard Genette, "La Rhétorique et l'espace du langage", en *Tel Quel*, n.º 11, 1964, pp. 44-45. El mismo autor publicó las *Figures du discours*, de Fontanier, síntesis y culminación de la retórica clásica francesa. (París, Flammarion, 1968). Todorov añadió un apéndice a su estudio de las *Liaisons dangereuses*, señalando la "actualidad" de la retórica *(Littérature et signification.* París, Larousse, 1967, pp. 91-110). Anteriormente Jean Paulhan había escrito "Les Figures ou la Rhétorique décryptée", "La Rhétorique renaît de ses cendres", etc. *Oeuvres Complètes. La Marque des Lettres.* París, Cercle du Livre Précieux, 1966, etc.
Es evidente que ninguno de estos autores comparten la opinión de José Luis Martín: "A pesar de ello, muchos intentos retrógrados y casi anarquistas (¿ ?), diríamos, se han hecho –aun en nuestros días– por revivir a quien está muerta: la Retórica, y ya reencarnada con nuevo cuerpo y más evolucionada en la Estilística". *Crítica estilística.* Madrid, Gredos, 1973, p. 28. (Las interrogaciones son mías.)

[9] Jacques Dubois, F. Edeline, J. M. Klinkenberg, P. Minguet, F. Pire, H. Trinon. *Rhétorique générale.* París, Larousse, 1970. "Rhétoriques particulières", en *Communications*, 16, 1970, pp. 70-124.

[10] *Rhétorique générale*, p. 19.

gracias a una *marca* y reducidos mediante un *invariante,* operaciones encaminadas a producir en él un efecto estético específico —el *ethos*—, objetivo esencial de la comunicación estética [11]. Hasta aquí no nos apartamos de los axiomas más divulgados en estilística, pero el propósito de los autores es muy
otro. La retórica general intenta analizar la naturaleza de estos desvíos o
metáboles, según la definición de Littré: *"metábole:* toute espèce de changement d'un aspect quelconque du langage" *(metábole:* todo tipo de cambio
que atañe a cualquier aspecto del lenguaje) [12], proponiendo una agrupación general de estos procedimientos atendiendo a su carácter lingüístico.
Distinguiendo las unidades del significante (forma de la expresión) y las unidades del significado (forma del contenido) [13], agrupan las metáboles en
cuatro clases según se constituyan a nivel de la palabra o inferior
a ella o a nivel de la frase o segmentos superiores a ella [14]:

	expresión (forma)	contenido (sentido)
Palabras (y <)	Metaplasmas	Metasemas
Frases (y >)	Metataxas	Metalogismos

Este simple esquema encierra todos los efectos retóricos posibles.
Pero su brillante formulación oculta un punto flaco: el problema de la definición del hecho estilístico como desvío, lo que supone una comparación
con un lenguaje cero, pura entelequia imposible de captar y problema sobre el que tendremos que volver [15]. Por otra parte, el análisis de estos desvíos, ¿nos permite realmente captar el *ethos?* ¿Puede reducirse a ellos el

---

[11] *Ibidem,* p. 45.

[12] *Ibidem,* p. 24.

[13] Según la doble distinción hjelmsleviana —que posteriormente analizaremos— de *sustancia* (fenómenos extra-lingüísticos) y *forma* (fenómenos lingüísticos propiamente dichos), a su vez ambos escindidos en plano de la expresión y plano del contenido.

[14] *Rhétorique générale,* p. 33.

[15] Véase la reseña, excesivamente dura, de P. Kuentz, "Rhétorique générale ou rhétorique théorique?", en *Littérature,* 4, 1971, pp. 108-115.

[16] Los cuatro tipos señalados en este esquema recubren una multitud de tipos diferentes de

efecto estético? Imperceptiblemente, los autores oscilan hacia el lenguaje publicitario, la lengua hablada, etc[16]. Si el peculiar modo de ser del poema se nos escapa, con todo, su análisis general de los elementos retóricos responde a la necesidad de síntesis del hombre moderno y constituye el intento más importante de "re-estructurar", replantear la vieja retórica a la luz de la lingüística general.

Estilística de la lengua y estilística descriptiva [17]

Charles Bally parte de la dicotomía saussureana entre *lengua* y *habla* y entrevé la posibilidad de una triple estilística —como estudio de los procedimientos expresivos del lenguaje general, de una lengua concreta o del habla de un individuo—, estilística general, colectiva o individual, respectivamente, que "étudie donc les faits d'expression du langage organisé au point de vue de leur contenu affectif, c'est-à-dire l'expression des faits de la sensibilité par le langage et l'action des faits de langage sur la sensibilité"[18]. La primera suponía unas dificultades entonces (y actualmente) insalvables. La tercera atiende al "habla" individual, quedando de este modo excluida del objeto de la lingüística[19]. Sólo el segundo aspecto atrajo su atención y a él dedicó su *Traité de stylistique française*. A la

---

metáboles clasificadas según la manera de producirse el desvío (por adición, supresión, sustitución o permutación) o el nivel lingüístico al que atañe. Tomando el ejemplo de los metaplasmas a nivel infralingüístico por supresión, aparece la desaparición de un fema, por ejemplo la supresión de la sonoridad al imitar el habla germánica: "Fous n'afez pas te feine"; a nivel elemental (fonemas) comprende la aféresis, la apócope y la síncope; a nivel complejo (sintagma), la deleción de una palabra, etc. El número de casillas vacías les obliga a buscar ejemplos de la lengua hablada, de la propaganda, etc., dejando de lado su propósito inicial: estudiar la peculiaridad de la lengua poética, pero cumpliendo perfectamente su objetivo de construir una retórica general.

[17] Empleamos el término "estilística *descriptiva*", aplicado por Pierre Guiraud a la escuela francosuiza, reservándolo a los autores ocupados en el estudio de la obra literaria (Cressot, etc.). En el caso de Bally, Marouzeau, etc., preferimos el término "estilística *de la lengua*" o *lingüística*. (Pierre Guiraud, *La Stylistique*. París, P.U.F., 1970, 6.ª ed., p. 37; *Essai de stylistique*. París, Klincksieck, 1970, p. 28.)

[18] *Traité de stylistique française*, I, p. 16, § 19. ("...estudia, pues, los hechos de expresión de los lenguajes organizados desde el punto de vista de su contenido afectivo, es decir, la expresión de los hechos de la sensibilidad mediante el lenguaje y la acción de los hechos de lenguaje sobre la sensibilidad".)

[19] En este aspecto Bally es, sin embargo, menos tajante que Saussure, menos tajante de lo que han supuesto autores posteriores. Se limita a señalar: "... toutefois, malgré quelques travaux remarquables, la méthode à suivre pour étudier les parlers individuels n'est pas assez établie pour qu'on puisse sérieusement conseiller de s'y livrer", *Traité de stylistique française*, p. 19, § 21. ("... sin embargo, pese a algunos trabajos notables, el método a seguir al estudiar las hablas individuales no está lo suficientemente definido como para recomendar seriamente emprender estos estudios".)

estilística [20] se oponen los "études de style" de un escritor, fenómeno distinto de la "estilística individual", basada en la lengua hablada, por cuanto el escritor *fait de la langue un emploi volontaire et conscient* (on a beau parler d'inspiration; dans la création artistique la plus spontanée en apparence, il y a toujours un acte volontaire); en second lieu et surtout, *il emploie la langue dans une intention esthétique*"[21]. Con ello sentaba las bases de una nueva estilística que se iba a desarrollar de espaldas a él o como refutación de su antinomía, salvo en el caso de Marouzeau *(Stylistique latine; Précis de stylistique française,* 1941).

Desde sus presupuestos, no tardaría en abolirse la doble disciplina por él postulada. La estilística se reintroduce en los estudios de las obras literarias o vuelve a tomarlas como materiales.

Filólogo dedicado al estudio de la lingüística histórica francesa, Charles Bruneau suscitó y dirigió durante unos treinta años una serie de tesis de Sorbona sobre "La lengua y el estilo" de un autor literario, propugnando la existencia de una estilística aplicada, "science de ramassage", encaminada a reunir datos de la lengua literaria sobre los que basar la ciencia propugnada por Bally [22].

Cressot invierte totalmente la fórmula de Bally: "L'oeuvre littéraire est par excellence le domaine de la stylistique précisément parce que le choix y est plus 'volontaire' et plus 'conscient'" [23]. Critica, como poco después hará Dámaso Alonso, los argumentos esgrimidos por Bally para alejar la estilística de la obra literaria: la obra literaria es comunicación; el elemento estético responde al deseo del autor de lograr la adhesión del lector y —si existen diferencias de grado— no se opone taxativamente a la comunicación oral. La literatura proporciona a la estilística los materiales necesarios para sus encuestas; paralelamente la estilística proporciona datos exactos y convincentes sobre una obra, pero su finalidad supera el estu-

---

[20] Bally no ignora que emplea el término "estilística" en un sentido insólito: la pereza de crear un término nuevo y el descontento con todas las definiciones presentadas hasta este momento justifican su intento. *Traité*, p. IX, § 19.

[21] *Ibidem*, p. 19, § 21. ("... (el escritor) hace de la lengua un empleo consciente y voluntario (por mucho que se hable de inspiración, en la creación artística de aspecto más espontáneo hay siempre un acto voluntario); en segundo lugar, y especialmente, emplea la lengua con una intención estética".)

[22] Charles Bruneau permanece fiel a la existencia de una doble estilística —estilística "pura" o de la lengua y estilística "aplicada" encaminada a recolectar datos en vistas a la ciencia propugnada por Bally. Pero el autor cree en la posibilidad de una ciencia estilística dedicada al estudio de los autores. "La stylistique", en *Romance Philology*, V, 1951, pp. 8-10. Parcialmente reproducido por P. Guiraud y P. Kuentz, *La Stylistique. Lectures.* París, Klincksieck, 1970, pp. 24-26.

[23] Marcel Cressot, *Le Style et ses techniques.* 6.ª ed., París, P.U.F., 1969, p. 3 (1.ª ed. 1947). ("La obra literaria es, por excelencia, el dominio de la estilística precisamente porque la elección es más "voluntaria" y "consciente".)

dio de autores individuales. La estilística consiste, en último término, en "déterminer les lois générales qui régissent le choix de l'expression, et dans le cadre le plus réduit de notre idiome, le rapport de l'expression française et de la pensée française"[24].

Bruneau y Cressot acudían a la obra literaria como mera fuente de datos. Con diferencias en cuanto a la mayor o menor atención concedida a la obra literaria en sí, esta tendencia permanece hoy viva como puede apreciarse en las obras de Robert Sayce[25], Stephen Ullmann[26], Frédéric Deloffre[27], etc.

Estilística histórica e individual[28]

Las corrientes históricas y filosóficas alemanas prepararon el terreno para el surgimiento de dos nuevas corrientes estilísticas: la concebida como historia de la cultura, con E. Auerbach, y la idealista, influenciada por Croce, con Vossler y Leo Spitzer. Vossler reacciona violentamente contra el positivismo imperante en su tiempo y acude a la doble formulación humboldiana del lenguaje como *ergon* (producto creado) y *energeia* (creación). Estudia este segundo aspecto en la lengua hablada, como Bally, y en la lengua literaria. Para el autor de *Lengua y cultura de Francia,* la estilística es una ciencia autónoma que intenta explicar e interpretar la naturaleza de la intuición artística, descubrir el principio y unidad de la obra. Puesto que la obra se constituye sobre la dualidad de la creación —actividad productiva— y de la aceptación —actividad re-

---

[24] "... determinar las leyes generales que rigen la elección de la expresión y, dentro del marco más reducido de nuestro idioma, la relación entre la expresión francesa y el pensamiento francés." Cressot, *op. cit.,* p. 4.

[25] Robert Sayce, *Style in French Prose.* Oxford, P.O.U., 1953.

[26] Stephen Ullmann, *Style in French Novel.* Cambridge, 1957; *Language and Style.* Oxford, Blackwell, 1964 (trad. esp. Madrid, Aguilar, 1968). Intenta en esta obra, siguiendo fielmente el camino trazado por Bally, considerar la expresividad del francés, analizando una amplia gama de procedimientos lingüísticos basados en la elección entre varias posibilidades sinonímicas.

[27] Frédéric Deloffre, *Stylistique et poétique française.* París, S.E.D.E.S., 1970.

[28] Eric Buyssens ha intentado reinterpretar la doble corriente estilística señalada por Pierre Guiraud (estilística descriptiva, corriente franco-suiza; estilística genética o individual, corriente alemana, a la que añade la "estilística" de G. Bachelard). Para el autor, lo que Guiraud denomina estilística descriptiva o estilística de la expresión, describe el empleo de una época; es, por lo tanto, una estilística sincrónica, descriptiva o estructural; la que llama estilística genética o estilística del individuo es la estilística histórica, parte integrante de la lingüística histórica. Pero el deseo de establecer un estrecho paralelismo con las dos vertientes principales de la lingüística no está exento de simplificación. (Eric Buyssens, "Signification et stylistique", en *Linguistique historique. Homonymie. Stylistique. Semantique. Changements phonétiques.* Presses Univ. de Bruxelles y París, P.U.F., 1965, pp. 91-120, § 120.)

ceptiva–, el método de análisis se basará en la consideración de ambos aspectos, el sistema y lo individual[29]. Influenciado por sus concepciones, coincidiendo con él en considerar la intuición como única vía de penetración estilística, Leo Spitzer discrepa de él al alejarse del historicismo vossleriano. Mientras Vossler busca cómo el escritor se forja su estilo personal dentro de un lenguaje históricamente determinado, Spitzer parte de la expresión individual del autor, a través de la cual se adentra en su mundo mental, prescindiendo de su historicidad[30]. No en balde Vossler había intentado construir una historia de la lengua que era, al mismo tiempo, una historia de la cultura y una historia de la expresión literaria.

Leo Spitzer

Spitzer identifica el rasgo de estilo individual con una manifestación personal del autor y, adaptando el método filológico de Schleiermacher —de origen platónico–, ve dos momentos en la explicación literaria. La primera fase, inductiva, reposa sobre la intuición *(Erlebnis),* que permite captar en una obra uno o varios detalles lingüísticos característicos que le posibiliten penetrar en ella y lograr su visión totalizadora. A ello se añade un segundo momento —fase deductiva– en el que, por medio de datos de todo tipo, se busca verificar esta hipótesis.

Su concepción de la estilística parte del postulado de que a toda excitación *psíquica* que se aparte de los hábitos normales de nuestra mente, corresponde también *en el lenguaje* un desvío del uso normal"[31]. O bien, a la inversa, siguiendo el orden del investigador, todo desvío lingüístico, responde, refleja una excitación psíquica particular. Mediante la lectura captamos estas peculiaridades lingüísticas que, posteriormente, se reducen a un denominador común y se relacionan con el elemento psíquico subyacente, con la arquitectura de la obra, con su proceso de elaboración e incluso con la visión del mundo peculiar del autor[32].

[29] *Filosofía del lenguaje.* Trad. y notas de Amado Alonso y Raimundo Lida. Buenos Aires, Losada, 4.ª ed., 1963; *Cultura y lengua de Francia.* Prólogo de Raimundo Lida. Buenos Aires, Losada, 1955.

[30] Véase Benvenuto Terracini, *Analisi stilistice. Teoría, storia, problemi.* Milán, Feltrinelli, 2.ª edición, 1966.

[31] Leo Spitzer, "La interpretación lingüística de las obras literarias", en Karl Vossler, Leo Spitzer y Helmut Hatzfeld, *Introducción a la estilística romance.* Traducción y notas de Amado Alonso y Raimundo Lida. Buenos Aires, Col. de Estudios Estilísticos, 1931, pp. 91-148 y 92.

[32] *Ibidem,* p. 94.

Spitzer es el principal representante de la escuela idealista —el autor confiesa haber concebido su estilística como realización práctica de las teorías de Vossler[33]— pero, esencialmente, es un humanista y un filólogo. Se propone establecer un puente entre la lingüística, la filología y la historia literaria, entre las que el positivismo había abierto un foso que pocos autores habían osado saltar. Tras de sus análisis busca, como Vossler, el alma de una época, el alma de un pueblo, que no es sino su literatura, y ésta es "su idioma, tal como lo han escrito sus mejores hablistas"[34]. Pero no ignora los riesgos de una obra tan ambiciosa como la que intentó Vossler; prefiere partir de lo más inmediatamente captable, definir el alma de un escritor por su lenguaje particular[35]. Spitzer era lingüista y, por lo tanto, "científico" y soñaba con trasplantar su rigor a un dominio antes sometido a la crítica impresionista y fragmentaria, a la obra poética. Su método es el "círculo filológico", expuesto en numerosas ocasiones, para alabarlo o rechazarlo. Mayor interés tiene para nosotros el trasfondo que lo soporta. Toda desviación lingüística señala un nuevo rumbo emprendido por el autor[36]. Los usos lingüísticos divergentes tienen una motivación que nos proporciona la pista del *Weltanschauung* o pensamiento del escritor, porque Spitzer cree que los usos lingüísticos son un guía fiel y certero hacia "la raíz psicológica, que está en el fondo tanto del impulso lingüístico como de la inspiración literaria" de un autor[37]. Hatzfeld señaló la influencia del psicoanálisis de Freud, Adler y Jung, al considerar tes, o un elemento latente puede estar representado por varios elementos evidentes''. Su método, que va de un detalle al contenido, y viceversa, se asemeja al de la psicología configurativa o *Gestaltpsychologie,* inspirada en la fenomenología de Edmund Husserl[38]. Su pensamiento está muy lejos del nuestro, pero no por ello dejamos de admirar la belleza y el acierto de algunas de sus interpretaciones, como la de Rabelais, realizada ya en 1910, fecha en la que escribía sus tesis doctoral *(Die Wortbildung als Stilisches Mittel).* Las formaciones de palabras, sus juegos dentro del lenguaje, atestiguan la construcción de un mundo irreal en el que indefectiblemente mora Rabelais. Bajo la capa externa de una cultura ''oficial''

---

[33] *Ibidem,* pp. 91-92.
[34] *Lingüística e historia literaria.* 2.ª ed., reimpresión. Madrid, Gredos, 1968, p. 20.
[35] *Lingüística e historia literaria,* p. 20.
[36] *Lingüística e historia literaria,* p. 21.
[37] *Ibidem,* p. 24.
[38] Helmut Hatzfeld, "Métodos de investigación estilística", en *Revista de Ideas Estéticas,* n.º 53, T. XIV, 1956, pp. 43-65 y 49-51. Véase también "Stylistic Criticism as Art-Minded Philology", en *Yale French Studies,* II, 1949, pp. 62-70.

mora Rabelais. Bajo la capa externa de una cultura "oficial" (u "oficiosa"; los términos son míos, no achacables ni reprochables, por tanto, a Spitzer) de "bon goût" y de "bienséance", de "classicismo", descubre una corriente que engloba a Pulci-Rabelais y posteriormente a V. Hugo-Céline, sin relegar las enormes diferencias entre estos autores. "Lo que nos parece céntrico en Rabelais puede ser periférico en Víctor Hugo, o a la inversa. Todo sistema solar, único en sí mismo, indefinible *(ineffabile)* hasta cierto punto, se halla cruzado por distintas trayectorias históricas de "ideas", cuya intersección crea el clima particular en que madura toda gran obra literaria; exactamente igual que el sistema de una lengua está hecho a base de la intersección de diferentes trayectorias históricas del tipo *calembredaine-conundrum"* [39]. La cita es excesivamente larga, pero son muchos los aspectos que en ella queremos destacar. Nada más lejos de él que una fría aplicación mecánica de un sistema fijo y cerrado, porque el ardid que dió buenos resultados para una obra puede manifestarse estéril para otras; un rasgo decisivo en una puede carecer de trascendencia en otra. Frente a esta complejidad, el crítico se halla desprovisto, sin otro utensilio que su intuición. Su intuición y sus conocimientos filológico-lingüísticos. El autor salta constantemente —al hablarnos de su método— de un aspecto a otro, y éste es el segundo rasgo que queríamos destacar en la cita anterior. Spitzer creyó en su método porque veía en este análisis de lo particular lingüístico, en este salto a la visión totalizante de la obra y en este vaivén entre estas dos tentativas, en una palabra, en su método inductivo, un camino análogo al que tan buenos resultados había dado en filología. Díez también había verificado el salto que le había permitido captar el conjunto del que proceden las lenguas románicas, salto vedado para Raynouard, quien identificó el provenzal con el proto-románico. "El filólogo ha de creer en la existencia de una luz en lo alto, en *post nubila Phoebus* (tras las nubes se esconde el sol)" [40]. ¿Cómo captarlo? ¿Cómo captar el pensamiento del autor creando la obra? Ha descartado un método único para todas las obras. ¿Cómo superar el problema de una elección arbitraria? Spitzer no ve otra solución que colocarse "en el centro creador del artista mismo y [de] recrear el organismo artístico" [41]. Desgraciadamente la tarea no es fácil y ¡cuántas veces el mismo autor no erró su blanco!

Mucho se ha escrito atacando el impresionismo del método de Spit-

---

[39] *Ibidem*, pp. 41-42.
[40] *Ibidem*, p. 43.
[41] *Ibidem*, p. 52.

zer y, en general, el de la escuela idealista. Es cierto que no siempre logra penetrar en el reducto de la obra; su visión es, en ocasiones, excesivamente totalizante y empobrecedora; no siempre la intuición conduce al rasgo lingüístico más característico y, en último término, ¿puede aceptarse que a través de un reducido número de rasgos lingüísticos se nos despliegue la obra en su totalidad?; rara vez cumple su anhelo de estudio "científico" del estilo; busca esencialmente al autor y no a la obra, etc. Tales son las principales objeciones que se le han señalado. Pero, sin embargo, Spitzer fue el primero —prescindiendo de Vossler— en intentar seriamente vincular la lingüística a la historia literaria, postulado básico de la estilística moderna. Por otra parte, en sus estudios hay algo más que en muchos fríos y abstractos análisis de la estilística estructural. No existe oposición entre estos dos tipos de estilística (estilística idealista y estilística estructural); ambas, con su acercamiento característico, descubren un aspecto de la obra: el reflejo del autor en ella, en el primer caso; la organización interna de la obra construida en el lenguaje, en el segundo. Aunque el método de Spitzer esté sujeto a objeciones, permanecen muchos de sus estudios concretos. En este caso el humanista compensa las limitaciones del filólogo-estilista, como en Dámaso Alonso el poeta predomina sobre el estilólogo [42].

La estilística idealista ha repercutido especialmente en Italia (donde la tradición de Croce había preparado el terreno —G. Devoto, Alfredo Schiaffini, etc.) [43], y en España e Hispanoamérica, con la aportación decisiva de Dámaso Alonso y Amado Alonso [44].

---

[42] Los partidarios de la estilística estructural (simplificando enormemente la realidad) no son los únicos en haber atacado a sus "adversarios". Sorprende, en ocasiones, comprobar la falta de conocimiento y comprensión entre unos y otros. En una obra reciente, el autor arremete contra la llamada *estilística estructuralista,* "científica hasta la médula, *lingüísticamente lingüística,* y basada del todo en la estructura de la lengua de la obra literaria...". (J. L. Martín, *Crítica estilística.* Madrid, Gredos, 1973, pp. 157-8.) Los incluye en el apartado dedicado a los *pseudocríticos* (p. 175) y hace de ellos adeptos del materialismo científico, incapaz de reconocer la realidad de la psique humana. El autor prescinde de aportaciones que podrían haber sido de gran utilidad para la parte que dedica a la "investigación estilística", que, tras la historia de la estilística, ocupa la mayor parte de su obra.

[43] Para F. Deloffre, Spitzer no ha tenido más discípulos que el *español (sic)* Devoto y sus discípulos *(Stylistique et poétique françaises,* pág. 23). Bello ejemplo de la ignorancia francesa de cuanto sucede en países "meridionales" vecinos. Prescindiremos de la escuela italiana, para la que remitimos al estudio de B. Terracini, *Analisi stilistica. Teoria, storia, problemi.* 2.ª ed. Milano, Feltrinelli, 1966.

[44] Habría que añadir otros autores alemanes, especialmente, por el interés que presenta para las letras españolas, Helmut Hatzfeld, principal bibliógrafo de la estilística romance *(Bibliografía crítica de la nueva estilística aplicada a las literaturas románicas.* Trad. del ingl. Emilio Lorenzo Criado. Madrid, Gredos, 1955) y autor de estudios estilísticos sobre literatura española (principalmente, *El Quijote como obra de arte del lenguaje.* Trad. cast. 2.ª ed., Madrid, C.S.I.C., 1966).

Dámaso Alonso [45]

Poeta, filólogo y lingüista, Dámaso confiesa haber iniciado sus análisis estilísticos sin tener conciencia de adentrarse por los senderos de esta
discutida "ciencia" y sin haber pretendido crear un método original. Y
sin embargo su sistema no es una mera compilación de influencias recibidas. Para comprender el interés de algunas de sus aportaciones tendremos
que volver a aludir a su obra al plantear ciertos problemas de la semiótica
literaria: por ejemplo, el problema de la concepción saussureana del
signo lingüístico, etc.

Dámaso Alonso, como Spitzer, no cree que sea posible elegir racio-
nalmente una única técnica estilística válida para toda obra, sino que
"para cada poeta, para cada poema, es necesaria una vía de penetración
distinta" [46], opinión ejemplarizada en sus diversos estudios sobre literatura
española. La estilística no consiste, pues, en estudiar todos los elementos
del poema, sino en efectuar en ellos una selección. Esta tarea, que supone
un *salto* dentro de la obra, sólo puede realizarse —como pensaba Spitzer—
mediante la intuición [47]. La obra se mueve entre dos intuiciones: la intuición creadora del autor y la intuición actualizadora del lector [48].

Pero el optimismo confiado de Spitzer desaparece en Dámaso Alonso. La estilística se acerca a su meta última —dar cuenta total de la esencia del poema— sin alcanzarla nunca [49]; el misterio de la *unicidad* del poema se nos escapa, porque éste no es cognoscible científicamente a pesar de
los futuros avances de la estilística [50]. Cree, o tal vez quiere creer, en la
posibilidad de una ciencia de la literatura. Esta sería la estilística, pero no
desconoce la precariedad de su instrumento: es un avance hacia la constitución de una ciencia literaria, es sólo un ensayo de métodos [51]:
la ciencia se dibuja en el horizonte sin que aún se haya hecho realidad.

---

[45] Existen diversos estudios sobre la estilística de Dámaso Alonso. Véase: Julio García Morejón,
Límites de la estilística. El ideario crítico de Dámaso Alonso. Sao Paulo, Facultad de Filosofía y Le-
tras de Assis, 1961; Valerio Baez San José, *La estilística de Dámaso Alonso*. Sevilla, Facultad de
Filosofía y Letras, 1971.

[46] Dámaso Alonso, *Poesía española. Ensayo de métodos y límites estilísticos*. 5.ª ed. Madrid, Gredos,
1971, p. 492.

[47] *Ibidem*, pp. 11 y 121. ("No hay análisis estilístico si no hay intuición previa".)

[48] *Ibidem*, p. 38.

[49] *Ibidem*, p. 13.

[50] *Ibidem*, p. 402. Al analizar a Garcilaso palpa los límites de la estilística y exclama: "¡Tiremos nuestra inútil estilística! ¡Tiremos toda la pedantería filológica! ¡No nos sirven para nada! Es-
tamos exactamente en la orilla del misterio. El misterio se llama amor y se llama poesía" (*ibidem*,
página 104).

[51] *Ibidem*, p. 401.

La estilística es indagación sincrónica [52] —ajena a la historia— porque es análisis de la obra, que es eterna [53]. Es el tercer tipo de conocimiento poético (superior al conocimiento del lector —conocimiento insustituible, destinado al goce estético de la obra mediante su intuición— o al del crítico —conocimiento encaminado a la valoración de la obra—, ambos conocimientos acientíficos, artísticos), el único capaz de acercarse a un conocimiento científico [54].

Si el objeto último de la estilística —que es el captar la unicidad de la obra, su significado último— no es realizable científicamente, su primera tarea es indagar las relaciones entre el significado y el significante [55]. El sistema filológico de Spitzer deja paso a la lingüística saussureana [56]. Profundiza y reformula la concepción saussureana del signo como unión de un "concepto" y una "imagen acústica" o un "significante" y un "significado". Para Dámaso el significante incluye el sonido (aspecto físico) y su imagen acústica (aspecto psíquico), debido a que, para el hablante normal, el sonido no existe o —diríamos— es transparente; el hablante normal pasa a la imagen acústica sin detenerse en el sonido, salvo en casos especiales (ejem.: al oír hablar a un extranjero, etc.). El significado es la carga contenida en la imagen acústica, que puede corresponder a uno, a varios o a ningún concepto [57]. El interés de esta distinción es claramente perceptible al considerar la necesidad en la que se han visto la lingüística y semiótica moderna de revisar la teoría del signo saussureano y sustituir la noción de "concepto" por la de "unidad cultural" [58]. La noción "significante" no está necesariamente vinculada a la unidad "palabra". Tanto el significado como el significante son un complejo dentro del que pueden distinguirse significados (o significantes) parciales [59]. Los significantes parciales pueden modificar sensiblemente el contenido conceptual de la palabra, ya que, como Bally, Dámaso piensa que los valores afectivos son inseparables de los valores conceptuales [60]. Su concepción es rica en apli-

[52] *Ibidem*, p. 196.

[53] *Ibidem*, p. 206.

[54] *Ibidem*, pp. 393-416.

[55] *Ibidem*, p. 403.

[56] Lo cual no supone, en absoluto, que Spitzer se viese exento de la influencia saussureana.

[57] *Ibidem*, pp. 21-23.

[58] Véase Umberto Eco, *La estructura ausente. Introducción a la semiótica*. Trad. de Francisco Serra Cantarell. Barcelona, Lumen, 1972. Emile Benvéniste ve como principal obstáculo para la constitución de una semiótica de la lengua la concepción saussureana del signo lingüístico: "En conclusión, il faut dépasser la notion saussurienne du signe comme principe unique dont dépendraient à la fois la structure et le fonctionnement de la langue". "Sémiologie de la langue", en *Semiotica*, I, 1969, 1, pp. 1-12, 2, 127-135, p. 135.

[59] Dámaso Alonso, *op. cit.*, pp. 23-29.

[60] Dámaso Alonso, *op. cit.*, pp. 24-27.

caciones a la poesía: si Saussure señaló como característica esencial del
signo lingüístico el presentar una relación arbitraria entre su significante
y su significado, en el poema el signo se presenta siempre motivado[61],
definiendo uno de los axiomas más difundidos entre la estilística estructural. Prescinde de la antigua distinción entre fondo y forma; la forma afec-
ta a la relación entre el significante y el significado, a ambos elementos, y no
exclusivamente al primero, y corresponde, en la creación literaria, al signo saussureano. Este aparece bajo dos perspectivas: como *forma exterior*, o
relación del significante al significado, y como *forma interior,* o relación
del significado al significante[62]. En general la estilística sólo se ha ocupado de la primera, pero entra dentro del campo de su estudio ocuparse de
ambas. El autor ensaya ambas direcciones de análisis en su estudio sobre
Fray Luis de León, y del resultado de esta doble perspectiva se desprende
la visión global de la obra.

Dámaso acepta la revalorización de los efectos afectivos realizada
por Bally, añadiendo a los efectos afectivos y conceptuales los hechos
emotivos, pero se aparta de él al reivindicar la existencia de una estilística
literaria. Distingue una *estilística lingüística* (estilística de la lengua, tal
como la realizó Bally) y una *estilística literaria*[63], ya que "el habla literaria
y la corriente son sólo grados de una misma cosa"[64]. Destruye las fronte-
ras que para Bally separan la estilística individual del estudio del estilo de
un autor, como anteriormente —aunque de forma parcial— hiciese Cressot[65]. Tanto en la lengua hablada como en la literaria se hace un empleo
consciente y voluntario de la lengua —si acaso con diferencias de grado—,
y su experiencia personal le basta para proclamar que no existe intención
estética ("intention de faire de la beauté avec les mots", como señaló Bally) en el poeta[66]. La estilística estudia la obra literaria y *los elementos*

<hr/>

[61] *Ibidem,* p. 32. Posteriormente, Apéndice, pp. 599-601, recoge la afirmación de la motivación del signo lingüístico en toda condición de Benveniste, considerando "motivado" y "arbitrario"
como dos conceptos no contrarios ("motivado" se opone a "inmotivado" y no a "arbitrario"), por lo
que la relación entre significado y significante es arbitraria, pero el hablante tiene el sentimiento
de que es motivada.

[62] *Ibidem,* pp. 32-33.

[63] *Ibidem,* p. 401.

[64] *Ibidem,* p. 584.

[65] Véase, anteriormente, p. 16.

[66] *Ibidem,* pp. 584-587. Tal vez no exista ese deseo de modo consciente, pero creemos más
acertado invertir su afirmación. Tanto el hablante como el poeta, siguiendo en esto a Cressot, buscan
la adecuación, el agrado de su expresión como medio de llamar la atención, de influir, etc., sobre su
interlocutor o lector. Coincidimos, por el contrario, con Dámaso Alonso, en juzgar que entre estos
elementos sólo existen diferencias de grado.

afectivos, conceptuales e imaginativos, y no exclusivamente los afectivos, como en Bally[67].

Su estilística se busca, conoce sus límites, anhela acrecentar sus posibilidades... Es, en suma, ensayo de una gran ciencia de la literatura que "será el único escalón posible para una verdadera filosofía de la literatura"[68].

Dámaso no quiere dejar su función de lector intuitivo, convencido de los límites de su instrumento. Porque, si para Spitzer el problema último era el ser del autor manifestado a través de la obra, para el español el problema capital es el "misterio" de la creación poética, la esencia misma del poema, la ardua respuesta a una pregunta en apariencia tan sencilla como: "¿Qué es, en resumidas cuentas, el poema?" "¿Qué es la obra literaria?"

Amado Alonso

Con Amado Alonso desaparecen las antinomias existentes entre la escuela de Bally y la de Vossler y Spitzer. Existe una doble estilística, una estilística de la lengua y una estilística del habla entre las que es posible establecer un puente[69].

En la palabra hablada, en la frase, existe una *significación* o referencia intencional al objeto. Una frase significa algo, es *signo* de algo[70]. Pero, además, *"da a entender o sugiere otras cosas,* y, ante todo, la viva y compleja realidad psíquica de donde sale"[71], es *indicio* de ella, no signo; no la significa, la *expresa*. Así en "ya sale el sol", además de su contenido nocional, puede sugerirse la "satisfacción de una impaciencia, o la expresión de un momento de gozo", etc.[72]. En ese contenido psíquico, indicado y no significado, se agolpa lo afectivo, lo activo, lo fantástico y lo valorativo[73]. Este contenido, referido a la "lengua comunal" (es decir, a la

---

[67] *Ibidem*, p. 584.
[68] *Ibidem*, p. 416.
[69] Amado Alonso, *Materia y forma en poesía*, 3.ª ed., reimpresión. Madrid, Gredos, 1969. Especialmente los capítulos teóricos, "Carta a Alfonso Reyes sobre la estilística", pp. 78-86 y "La interpretación estilística de los textos literarios", pp. 87-107. Prólogo al volumen colectivo *Introducción a la Estilística romance*, Buenos Aires, 1942. Véase también *Poesía y estilo de Pablo Neruda*. Buenos Aires, Losada, 1940.
[70] *Materia y forma en poesía*, p. 79.
[71] *Ibidem*, p. 79.
[72] *Ibidem*, p. 80.
[73] *Ibidem*, pp. 80-81.

lengua en general, no a la lengua literaria) es el objeto de estudio de la estilística de la lengua propugnada por Bally.

Existe una segunda estilística, la estilística del habla, la *Ciencia de los estilos,* aquella que atiende a los estilos literarios, basada en la estilística de la lengua. De este modo logra establecer una unión entre las dos estilísticas; reconoce la importancia de la estilística de Bally, aun inclinándose por la de Spitzer y Vossler.

La estilística literaria atiende preferentemente a lo que de creación poética tiene la obra estudiada, o a lo que de poder creador tiene un poeta [74].

Los dos aspectos de la creación, autor-obra, se hallan presentes en esta caracterización. Amado Alonso nunca prescinde totalmente del autor, pero, a diferencia de Spitzer, se centra sobre la obra misma. "La estilística estudia, pues, el *sistema expresivo* de una obra o de un autor, o de un grupo pariente de autores, entendiendo por *sistema expresivo* desde la estructura de la obra (contando con el juego de calidades de los materiales empleados) hasta el poder sugestivo de las palabras" [75].

No hay ningún deseo polémico en Amado Alonso. Sabe que la estilística no se propone sustituir a la crítica tradicional ni declararla caduca, sino completarla. La crítica tradicional se ocupaba de los datos ideológicos, históricos, sociales, etc., en una palabra, de lo que el autor recibía de su época; la estilística ve su objeto, no en el estudio de esas fuerzas externas a la obra, sino en el análisis de su armonización y conjunción en la obra literaria, en cómo el autor re-crea, devuelve estos "materiales" a su época. Estudia las peculiaridades idiomáticas de un autor, porque, como Spitzer, Amado se basa en el postulado de que "a toda peculiaridad idiomática en el estilo corresponde una particularidad psíquica" [76], pero no es éste su único objetivo. En último término, el objetivo de la estilística es "actualizar el placer estético de la creación artística en su marcha viva para revivirlo o reexperimentarlo" [77]. La estilística es ciencia, y este propósito es alcanzable. Hay en su obra un confiado optimismo del que carecía Dámaso Alonso.

La estilística se ocupa, pues, de lo específicamente poético y de su realización artística, esencia de la obra literaria y aspecto descuidado en la crítica tradicional. Pero el "concepto" de estilo, tradicionalmente entendido como peculiaridades idiomáticas de un autor, puede dejarnos a las

[74] Amado Alonso, *op. cit.,* p. 8.
[75] *Ibidem,* p. 82.
[76] *Ibidem,* p. 78.
[77] *Ibidem,* p. 86.

puertas de él. Amado Alonso sabe que el análisis de las formas idiomáticas por sí solas, aisladas, es insuficiente; es necesario considerarlas en relación con todo el conjunto. Pero aun en este caso es insuficiente. Para ello juega con el doble significado de la palabra "estilo". Es válido concebir el estilo como "el uso especial del idioma que el autor hace, su maestría o virtuosismo idiomáticos"[78], pero es insuficiente para una estilística integral, empleando el término de Castagnino. Hay una segunda acepción, la más adecuada a la estilística, la que —perpetuando el equívoco surgido en torno a esta fórmula[79]— piensa como Buffon que *le style c'est l'homme*[80]. La estilística tiene un doble propósito, considerar *"cómo está construida"* la obra y *"qué delicia* estética provoca"*[81], es decir, verla en cuanto producto creado y en cuanto actividad creadora, siguiendo la dicotomía de Humboldt. La dicotomía tradicional de "fondo" y "forma" se resuelve en una unión superior, denominada *forma*.

La visión del mundo de la obra, las ideas contenidas, los aspectos sociales, etc., se presentan todos como una construcción de base estética.

La obra es un *espíritu objetivo,* o mejor un *espíritu objetivado* —para emplear el término acuñado por la filosofía para designar a los "signos materiales de comunicación que tienen la virtud de seguir comunicando su encargo aun después de ausentado el hombre que los ha hecho"[82]. Pero requiere el enfrentamiento con un espíritu subjetivo (el lector). La obra es un contacto entre dos espíritus subjetivos —el autor y el lector.

Un placer estético induce al autor a la creación; la obra literaria queda por él impregnada, y su descubrimiento es el objetivo último de la estilística. "El mejor estudio estilístico consiste en soplar en esos rescoldos de goce objetivados en la obra literaria para hacer brotar de nuevo la llama con apetito de arder más"[83].

Es sorprendente, en este aspecto, las coincidencias con Dámaso Alonso. Pero, mientras Dámaso desconfía de la capacidad de la estilística para lograr su fin último, Amado piensa que siempre será válido acercarnos con este instrumento a la obra; tal vez, en su plenitud, "la ardiente brasa" se nos escape, pero, al menos, podremos contemplar "su calor vivificante y su luz maravillosa"[84].

---

[78] *Ibidem,* p. 89.
[79] Equívoco que será posteriormente examinado al considerar la noción de "estilo". Véase P. Guiraud y P. Kuentz, *La Stylistique,* pp. 4-7.
[80] *Materia y forma en poesía,* p. 89.
[81] *Ibidem,* p. 89.
[82] *Ibidem,* p. 95.
[83] *Ibidem,* pp. 96-97.
[84] *Ibidem,* p. 97.

Amado Alonso supera las limitaciones de la estilística idealista, sintetiza las principales tendencias y presagia ciertos aspectos de la estilística estructural moderna o de la semiótica literaria. En efecto, no desdeña el método de Spitzer, pero es consciente de sus limitaciones y de su parcialidad. Pertenece a la escuela idealista al ver lo esencial de la estilística en el descubrimiento del "goce estético" de la obra. Pero pertenece a la estilística estructural al juzgar tarea de la estilística el analizar *cómo está construida la obra*. Finalmente, en su distinción entre signo e indicio, en su consideración de la obra literaria como proceso de comunicación que se mantiene como tal aun después de desaparecido su autor, etc., hallamos muchos de los conceptos que animan la semiótica moderna.

Amado Alonso ofrece numerosos ejemplos de las posibilidades de la estilística, de la renovación que introduce en los estudios literarios: lo que antes era sólo un estudio de fuentes, con un interés puramente histórico y cultural, con un afán casi policiaco de descubrir plagios, préstamos, etc., se convierte en análisis de la peculiaridad del autor, de la transformación a la que el poeta ha sometido su fuente, de cómo una misma idea puede modificarse hasta hacerse expresión de dos personalidades distintas e incluso opuestas o cumplir funciones totalmente alejadas.

Estilística estructural y funcional

En los últimos años la ambigüedad del término ha producido una regresión en su empleo. Corrientes que podrían ser consideradas estilísticas se recubren bajo los términos de "estructuralismo", "formalismo", etc., y para el estudio "científico" de la literatura se adoptan otros términos (poética, etc.). Ciertos autores reducen la estilística a un "estudio del estilo" concebido como conjunto de particularidades formales, otros postulan la existencia de una estilística que englobe todos los estudios literarios, etc.

Gérard Antoine proponía la consideración de una doble estilística, estilística de las formas o de los temas. La estilística de las formas considera la obra como "un sistema de valores o de efectos puestos al servicio, o de una intención de significación —y sobre todo de expresión— que procede del autor, o de una posibilidad de recepción y de percepción incesantemente ofrecida por el lector (o el auditor)" [85]. En el primer gru-

[85] Gérard Antoine, "Stylistique des formes et stylistique des thèmes ou le stylisticien face à l'ancienne et à la nouvelle critique", en *Chemins actuels de la critique*. París, Plon, 1968, pp. 159-173. Trad esp. de Gonzalo Suárez Gómez. Con una Intr. de A. Prieto. Barcelona, Planeta, 1969, pp. 191. 206, p. 195.

po situaría a Bruneau, Marouzeau, Devoto y Spitzer; en el segundo, a Riffaterre y a todos los representantes actuales de la integración de la estilística en la lingüística. En la estilística de los temas sitúa a autores procedentes del dominio de la crítica literaria —Barthes, Poulet, Richard, Starobinski— y a otros esencialmente filósofos —Bachelard, Foucault, Sartre [86].

La concepción de Antoine presenta serios inconvenientes. Basada en una reelaboración simplista de la antigua distinción entre fondo y forma, confunde estilística y "nouvelle critique" [87], prescindiendo de las peculiaridades de la primera. No basta que la mayoría de las corrientes críticas hayan adoptado términos lingüísticos (ejem.: "estructura", "sistema", etc.), para adscribirlas al terreno de la estilística, del mismo modo que aplicaciones análogas en psicología, antropología, sociología, etc., no bastan para destruir la autonomía de las diversas ciencias humanas.

Ante la dificultad de establecer su objetivo y de delimitarla de otras disciplinas, algunos de sus representantes se declaran escépticos. Entretanto se reiteran los estudios sobre lingüística y literatura, la jerga lingüística se cuela en los estudios literarios y, recogiendo la herencia de la crítica rusa y norteamericana de la primera mitad del siglo, la "estilística" resurge bajo diversos nombres: "poética", "semiología de la obra literaria", etc. Esta diversidad terminológica no significa la existencia de disciplinas plenamente diferentes, sino que refleja las vicisitudes por las que han pasado los intentos de un estudio objetivo de la literatura: de un estudio que parta de su materia misma, el lenguaje. Estilística, poética y semiótica literaria no son sino formas diferentes de una única intención que, buscando un método adecuado, se ha visto sucesivamente ligada a la filología, a la lingüística y hoy a la semiótica.

Llegados a este punto, señalamos la imposibilidad de escindir los estudios de estilística estructural y de poética literaria. No ignoramos que han existido hábitos que favorecían el empleo de uno u otro término [88], pero hemos preferido respetar las intenciones de los autores prescindiendo de aportaciones como la de Jakobson, incluida por P. Guiraud entre los estudios estilísticos. Por eso nos limitaremos a ciertos autores, aun resaltando la continuidad entre este capítulo y el siguiente, y, adelantándonos en el tiempo y prescindiendo de la importante contribución de los primeros años del siglo XX y de las teorías que han preparado la aparición de

---

[86] *Op. cit.*, p. 164; p. 198 de la trad. esp.

[87] Término que designa diversas corrientes críticas surgidas en Francia en los últimos veinte años, a las que aludiremos al considerar el "formalismo francés".

[88] Así en el empleo del término "poética" por los formalistas rusos y, por tanto, por Jakobson.

las obras aquí consideradas, nos centraremos sobre la estilística americana de M. Riffaterre, la francesa de P. Guiraud y J. Cohen y la checa de L. Doležel.

La aplicación de la lingüística al estudio de las obras literarias ha cobrado una nueva importancia a partir de 1960[89]. No puede hablarse, sin embargo, de unidad de criterios en estos autores. Difiere su concepción del estilo, como unidad de la obra o como peculiaridades, como desvío ora individual ora colectivo, etc. Frente a posiciones más tajantes en los representantes de la semiótica literaria, hallamos posiciones cercanas, intermediarias entre la estilística estructural y la estilística idealista. Tal es la posición de Edward Stankiewicz, para quien ningún método es exhaustivo ni puede sustituir la emoción estética producida por la obra y, en último término, todo análisis depende de la penetración e intuición del crítico[90]. Ante esta diversidad, hemos procurado una selección que, aunque parcial, manifieste algunas de las tendencias de la estilística estructural.

Michael Riffaterre[91]

Riffaterre buscó un método de acercamiento lingüístico al problema del estilo. Rechazó el método de Spitzer, basado en la captación de un rasgo lingüístico que se impone al lector como *étimon* del autor, convencido del riesgo de mutilación de los restantes rasgos que conllevaba. La es-

---

[89] En 1960 apareció *Style in Language,* editado por Thomas A. Sebeock. (Cambridge, Massachusetts, The M.I.T. Press, 2.ª ed., 1964), recogiendo el resultado de unos coloquios interdisciplinarios sobre el estilo, celebrados en la universidad de Indiana y organizados por la Social Science Research Council's Committee on Linguistics and Psychology. En ella presentó R. Jakobson su ponencia sobre *Linguistics and Poetics* (pp. 350-377), texto que fue traducido al francés y publicado en los *Essais de Linguistique générale.* Trad. de N. Ruwet. París, Ed. Minuit, 1963, pp. 209-48, y que ha sido una de las obras claves para la estilística, poética y semiótica literaria contemporánea en Europa. Entre las obras colectivas señalaremos los *Essays on Style and Language.* Editado por R. Fowler. Londres, Routledge and Kegan Paul, 1966.

[90] "The understanding and explication of an original poetic work is, however, always a matter of insight and intuition on the part of the analyst. And since the object of our analysis is broader than our description, which are always of provisional character, no analysis can be fully exhaustive. Nor can it replace the aesthetic and emotional impact produced by a work of art itself." Edward Stankiewicz, "Linguistics and the Study of Poetic Language", en *Style in Language,* pp. 69-81, p. 81.

[91] Michael Riffaterre, *Essais de stylistique structurale.* Presentación y traducción de Daniel Delas. París, Flammarion, 1971. Recoge diversos artículos, originariamente escritos en inglés o francés, anteriormente aparecidos en revistas o inéditos, cubriendo el período de 1960-70. Los artículos han sido refundidos, revisados y ampliados, lo que hace esta edición preferible a los artículos originarios.

tilística del momento le ofrecía estudios basados en una concepción del estilo como desvío respecto a una norma. Pero el autor no ignoraba la dificultad de captar esta norma, de construir un lenguage cero, neutro, por lo que pensó que todo rasgo sólo es captable a través de, y por, un *contexto*.

El estilo literario es "toute forme *écrite individuelle à intention littéraire*"[92]. La tarea de la estilística es reunir los rasgos estilísticos[93]. Y aquí destaca la diferencia que separa la lingüística de la estilística: a) la primera estudia todos los rasgos lingüísticos, la segunda, únicamente los rasgos estilísticamente marcados; b) la ciencia del lenguaje se centra sobre el hablante o emisor, la ciencia de la literatura atiende esencialmente al descodificador. Para sentar los fundamentos de este estudio parte de las diferencias que separan la comunicación lingüística de la comunicación literaria. Posteriormente analiza el método adecuado para explicar el procedimiento estilístico.

La obra literaria es un mensaje, un proceso de comunicación que, como tal, supone la presencia de un *emisor (encodeur*-el autor) y un *receptor (décodeur*-el lector), y un proceso de *codificación (encodage)* del mensaje por parte del autor y un trabajo inverso, de *descodificación (décodage)*, por parte del lector[94]. En este sentido podríamos decir que el mensaje literario y el mensaje corriente (mensaje hablado, etc.) coinciden plenamente. Sin embargo, el primero supone una mayor complejidad. Por una parte, el escritor ha de compensar, mediante procedimientos de insistencia de gran eficacia (orden inhabitual de las palabras, metáforas, etc.), los medios lingüísticos o extralingüísticos de expresión de los que goza la comunicación oral (gestos, entonación, etc.), así como la imposibilidad en la que se halla de adaptarse a la aptitud o reacción del lector; por otra parte, el escritor transmite al lector, además del mensaje, una manera de descodificarlo; le transmite su propia actitud ante el mensaje. "*Le mécanisme spécifique du style individuel* est dans le contrôle du décodage, car c'est ce qui différencie l'écriture expressive de l'écriture

---

[92] *Ibidem,* p. 29. ("Toda forma *escrita individual con intención literaria.*")

[93] "La stylistique étudie, dans l'énoncé linguistique, ceux de ses éléments qui sont utilisés pour imposer au décodeur la façon de penser de l'encodeur, c'est-à-dire qu'elle étudie l'acte de communication non comme pure production d'une chaîne verbale, mais comme portant l'empreinte de la personnalité du locuteur et comme forçant l'attention du destinataire". *Ibidem,* p. 145. ("En el enunciado lingüístico, la estilística sólo estudia los elementos utilizados para imponer al descodificador la manera de pensar del encodificador, es decir, estudia el acto de comunicación no como mera producción de una cadena verbal, sino como algo que contiene la impronta de la personalidad del locutor y se impone a la atención del receptor.")

[94] Existe en esta formulación una influencia indiscutible de Jakobson, cuyas teorías se analizarán posteriormente.

ordinaire"[95]. Y para evitar una descodificación descuidada y elíptica, como en la lengua hablada e incluso escrita —puesto que la previsibilidad del mensaje le hace suficiente para ser entendido—, hace imprevisibles los elementos sobre los que quiere hacer que se detenga la atención del lector[96]. La primera tarea del estilólogo es, de este modo, recoger *"les éléments qui limitent la liberté de perception dans le processus de décodage"*[97].

¿Cómo captar estos elementos? Estos rasgos estilísticos están dirigidos al lector, por lo que habrá de partirse de la percepción de éste. Por otra parte, si tienen como función llamar la atención del lector, tienen que estar lo suficientemente visibles como para que éste los perciba. Mediante el testimonio de los *informadores*[98] (cuyo conjunto constituye el *archilector),* obtiene los casos en los que los lectores experimentan una reacción positiva o negativa. Prescinde de los juicios de valor que éstos hagan y se detiene únicamente en los estímulos que los han provocado[99]. Para controlar y completar los resultados del archilector[100], prescinde del concepto de *desvío frente a una norma* por su vaguedad y recurre al *análisis del contexto.* En ello radica una de las aportaciones fundamentales del autor. "Le contexte *stylistique est un pattern linguistique rompu par un élément qui est imprévisible,* et le contraste résultant de cette interférence est le stimulus stylistique"[101]. Distingue el *microcontexto* del *macrocontexto.* El primero es un contexto "interior al procedimiento estilístico"; el efecto estilístico se constituye por contraste con él. Por el contrario, el macrocontexto precede al procedimiento estilístico, al que es exterior.

---

[95] *Ibidem,* p. 36. *("El mecanismo específico del estilo individual* está en el control de la descodificación, puesto que es lo que diferencia la escritura expresiva de la escritura corriente.")

[96] *Ibidem,* pp. 33-5.

[97] *Ibidem,* p. 37. *("... los elementos que limitan la libertad de percepción en el proceso de descodificación.")*

[98] Constituyen los informadores cualquier lector —con preferencia por el lector culto—, crítico, literato, etc., que haya hablado o escrito sobre la obra en cuestión.

[99] *Ibidem,* pp. 40-50.

[100] Señala dos posibles limitaciones del archilector:

a) El empleo del archilector puede llevar a una excesiva dispersión (es decir, que los rasgos marcados detectados por cada informador sean totalmente diferentes de los detectados por los restantes informantes), mas añade que las experiencias concretas realizadas muestran que la disparidad sólo suele aparecer en las interpretaciones y no en los rasgos o elementos sobre los que se detiene la atención del lector.

b) El archilector sólo es plenamente válido para textos coetáneos. Al enfrentarse con textos del pasado puede caer en dos errores: α) puede errar por adición; ejem.: señalando un uso normal en la época en la que se escribió el texto pero arcaizante para el archilector. β) puede errar por omisión; ejemplo: omitiendo un elemento que era sentido como estilístico por los contemporáneos del autor pero que ha dejado de serlo con el tiempo (tal sería el caso de un neologismo que la lengua acaba aceptando).

[101] *Ibidem,* p. 57. ("El contexto estilístico es un *"pattern" lingüístico interrumpido por un elemento imprevisible;* el contraste que resulta de esta interferencia es el estímulo estilístico.")

En contraste con la previsibilidad del microcontexto, el rasgo estilístico puede ser percibido como rasgo discordante en relación con un doble punto de comparación:

a) En relación con un código que poseen tanto el escritor como el lector. Es el caso de *oscura claridad,* donde el rasgo estilístico surge del empleo de dos términos contradictorios unidos.

b) En relación con un modelo "dado por el texto mismo", en relación con el microcontexto. Cita el ejemplo siguiente tomado de *Candide,* de Voltaire:

la mitre et le san-benito de Candide étaient peints de flammes renversées et de diables qui n'avaient ni queues ni griffes; mais les diables de Pangloss portaient griffes et queues, et les flammes étaient droites...[102]

La inversión de los términos en la segunda frase constituye un efecto estilístico que modifica retroactivamente su microcontexto (la primera frase; una vez leída la segunda, la primera cobra un nuevo valor), introduciendo una graduación irónica, una distinción meticulosa en el castigo paralela a la distinción que había en el delito, ya que Pangloss era condenado por haber hablado, Candide por haber escuchado[103].

Deja al buen arbitrio del lector la percepción del comienzo de un microcontexto y distingue dos tipos:

a) Contexto → procedimiento estilístico → contexto. Ejem.: introducción de un término discordante con el contexto, como un neologismo o arcaísmo.

b) Contexto → procedimiento estilístico punto de partida de un nuevo contexto → procedimiento estilístico. Ejem.: introducción de un arcaísmo seguido de una serie de arcaísmos que crea un nuevo contexto[104].

El macrocontexto puede presentar dos funciones opuestas.

a) Puede tener como objetivo el poner de relieve, intensificar el efecto estilístico, reforzar el microcontexto.

b) Puede, por el contrario, nivelar, paliar o destruir el contraste creado por el efecto estilístico al rodearlo de elementos análogos con los que no puede contrastar[105].

---

[102] *Candide,* capítulo VI. Riffaterre, *Ibidem,* p. 74. ("La mitra y el sambenito de Candide estaban pintados con llamas boca abajo y diablos que no tenían ni colas ni garras; pero los diablos de Pangloss tenían garras y colas y las llamas estaban derechas." El pasaje representa el momento anterior a la iniciación del *auto de fe* en el que han de perecer Candide y el preceptor Pangloss, auto organizado como medida para que cesen los terremotos en Lisboa.)

[103] Riffaterre, *Ibidem,* pp. 74-76.

[104] *Ibidem,* pp. 83-4.

[105] *Ibidem,* pp. 84-91.

Con ello resuelve el problema del modo de ser del procedimiento estilístico [106], que puede radicar en un rasgo gramatical o agramatical según su contexto; en efecto, en un contexto marcado por la agramaticalidad es el rasgo gramatical el que crea el efecto de contraste. El efecto estilístico no queda necesariamente vinculado a un rasgo de lengua como pensaba Spitzer; el análisis gramatical e incluso estilístico se revela ineficaz, ya que no existe "lien nécessaire, d'unité organique entre un fait de langue et les effets stylistiques auxquels il peut donner lieu" [107]. Riffaterre busca la objetividad del análisis, por lo que se detiene al nivel estrictamente perceptible al lector, en los rasgos positivamente marcados que se imponen a él, rechazando de este modo los análisis del "formalismo francés" [108]: "Non seulement le poème est écrit dans un code qui n'est qu'à lui, mais la clef de ce code est enfermée dans le texte" [109]. Rehuye la gratuidad de ciertas interpretaciones estilísticas y estructuralistas, busca la explicación objetiva e inteligible [110]. Su sistema presenta indiscutibles aciertos, puesto que ha destacado el papel fundamental del lector en la comunicación literaria y el carácter contextual del fenómeno estilístico. Se ha atacado su empleo del archilector, procedimiento análogo al que se aplicó en lingüística, sin que sus resultados fueran totalmente convincentes. En último término creemos que en sus análisis concretos no es todo lo objetivo, "científico", que él desearía, pero para nosotros esto no es de-

---

[106] Riffaterre no ignora la dificultad de captar la "norma", el lenguaje cero cuando se concibe el rasgo estilístico como desvío, pero además añade que el criterio no es pertinente, puesto que en un contexto desviante es la forma no desviante la que constituye el rasgo estilístico. Su noción del rasgo estilístico definido por su relación con su contexto aporta una solución a este problema.

[107] *Ibidem*, pp. 188-9. ("[No existe un] vínculo necesario, de unidad orgánica, entre un hecho de lengua y los efectos estilísticos que puede producir.")

[108] Véase, posteriormente, el *Formalismo francés*.

[109] *Ibidem*, p. 221. ("No sólo el poema está escrito en un código que le es exclusivo, sino que la clave de este código está encerrada en el texto.")

[110] Su crítica de la estilística estructuralista tal como la practica Jakobson o el formalismo francés se basa en este principio: los autores creen descubrir en el poema numerosos elementos inaccesibles al lector corriente, luego inexistentes, puesto que los elementos que el autor introduce en su obra los introduce de modo que sean unívocamente perceptibles al lector medio. Por otra parte, rechaza el análisis meramente gramatical del poema; la crítica de estos autores no explica el modo de ser del poema ni el contacto obra-lector: A propósito del análisis del soneto *Les Chats* de Baudelaire por R. Jakobson y Claude Lévi Strauss, nos dice: "Le sonnet, tel que nos deux critiques le reconstruisent, est transformé en un *superpoème*, inaccessible au lecteur normal, et pourtant les structures décrites n'expliquent pas ce qui établit le contact entre la poésie et le lecteur. Aucune analyse grammaticale d'un poème ne peut nous donner plus que la grammaire du poème". *Ibidem*, p. 325. ("El soneto, tal como lo reconstruyen estos dos críticos, se transforma en un *superpoema*, inasequible al lector medio y, sin embargo, las estructuras descritas no explican lo que establece el contacto entre la poesía y el lector. Ningún análisis gramatical de un poema puede darnos nada más que la gramática del poema.") Véase la refutación de la crítica de Riffaterre en Jakobson, "Postcriptum" a *Questions de Poétique*. París, Le Seuil, 1973, pp. 485-504.

fecto. Su posición con respecto a los estructuralistas franceses y Jakobson responde en el fondo a uno de los problemas capitales de la crítica moderna, desgraciadamente de muy difícil solución. ¿Puede rechazarse una interpretación porque no sea perceptible por el lector medio? ¿No reduciremos, caso de hacerlo, la crítica a mera tautología? Para nosotros, puede aceptarse una interpretación, aunque no sea perceptible por el lector medio —son muchas las causas que lo pueden motivar, y él mismo apunta la dificultad en el caso de autores del pasado—, siempre que esté motivada en el texto, lo que no ocurre siempre en las interpretaciones del formalismo francés, y aunque el autor no soñase con ella en el momento de la creación. Empleando los términos de Umberto Eco, diremos que la *obra está abierta*.

Jean Cohen

Jean Cohen no habla de estilística, pero sus trabajos pueden ser parangonados con los estudios de estilística estructural [111].

Parte de la dicotomía hjelmsleviana —expresión, contenido— y distingue un nivel fónico y un nivel semántico en el poema. Su propósito es captar los rasgos comunes que acercan a los diversos procedimientos poético-retóricos (rima, metáfora, inversión, etc.), y explicar su común eficacia [112]. Halla este factor común en la *antigramaticalidad* del verso: "el verso no es agramatical, sino antigramatical. Es una desviación respecto a las reglas del paralelismo entre sonido y sentido imperante en toda prosa. Desviación sistemática y deliberada, ya que se ha acentuado con el correr de los siglos, a pesar de las trabas prosódicas comunes, y se ha mantenido en el verso libre, en el cual no existen trabas" [113]. El verso es la antifrase porque disocia los dos factores de estructuración que la prosa asocia (pausa y sentido; en la prosa la pausa se produce tras una unidad con sentido autónomo); en la lengua hablada la semejanza fonética sugiere parentesco de sentido, se evitan los homónimos y se acentúan las diferencias de los parónimos. Por el contrario, la rima une la semejanza fónica a la disparidad conceptual; idéntica función presenta la aliteración, particularmente frecuente en lenguas que carecen de rima (ejem.: la poesía ger-

---

[111] Jean Cohen, *Estructura del lenguaje poético*. Versión española de Martín Blanco Alvarez. Madrid, Gredos, 1970; "La comparaison poétique: essai de systématique", en *Langages*, 12, 1968, pp. 43-51; "Théorie de la figure", en *Communications*, 16, 1970, pp. 3-25.

[112] *Estructura del lenguaje poético*, p. 48.

[113] *Ibidem*, p. 71.

mánica primitiva), o la regularidad silábica y, en conjunto, toda la ver-
sificación tiene una función negativa, *"su norma es la antinorma del lenguaje corriente"* [114]. El análisis del nivel semántico arroja las mismas características que explican la metáfora y la metonimia, el epíteto redundante,
la coordinación heterogénea e inconsecuente, la inversión, etc. Fenómenos, "figuras" materialmente diversas (es decir, distintas por los elementos que ponen en juego) se manifiestan estructuralmente idénticas. El
poeta acrecienta los peligros de confusión, entorpece el sentido lógico del
mensaje. No se trata, sin embargo, de destruir el mensaje, ya que el poeta emplea la lengua con un fin comunicativo. Es que "su punto de mira
consiste en suscitar en el destinatario un modo de comprensión específico,
diferente de la comprensión clara, analítica, provocada por el mensaje
ordinario" [115].

Se ha rechazado su punto de partida, su concepto de la lengua poética como desvío frente al lenguaje cotidiano y, sobre todo, su método, la
comparación de la lengua poética con el lenguaje científico, tomando
este último como lenguaje cero, neutro[116]. Podríamos añadir que su comparación es heterogénea: en su cala realizada a lo largo de la literatura
francesa se eligen indistintamente representantes pertenecientes al teatro y
a la poesía. Pero, en conjunto, la obra constituye una excelente aportación al conocimiento del lenguaje poético (al conocimiento de la esencia
del lenguaje poético) y sería de desear que, tras esta fase esencialmente
negativa, brindase al público su segunda parte, la obra "constructiva",
aquí prometida; que, tras manifestar la originalidad de la poesía como
antiprosa, mostrase la realidad en sí de la poesía.

Pierre Guiraud

Heredero de la estilística estructural y de la poética de Jakobson,
influenciado por la obra de Bachelard, conocedor de la estilística descriptiva y genética, Guiraud busca la originalidad en la síntesis de corrientes
diversas e intenta reconciliar las distintas tendencias estilísticas. Siente la
necesidad de reintegrar la retórica en el marco epistemológico de la lingüística y de reconciliar la estilística lingüística con la crítica literaria:
"Le conflit entre une stylistique fonctionnelle et une stylistique génétique

---

[114] *Ibidem,* p. 87.
[115] *Ibidem,* p. 99.
[116] Véase la reseña a la *Rhétorique générale* de P. Kuentz, "La Rhétorique ou la mise à l'écart",
en *Communications,* 16, 1970, pp. 143-157; Gérard Genette, "Langage poétique, poétique du langage", en *Figures. II.* París, Le Seuil, 1969, pp. 123-153.

est, on le remarquera, purement historique; il correspond à deux phases de notre culture et à deux conceptions opposées des fonctions de l'oeuvre littéraire. Mais toute oeuvre reste à la fois tournée vers l'auteur et vers le consomateur" [117].

Realiza su conciliación de la estilística lingüística y de la crítica literaria mediante la aceptación de los estudios sobre la imaginación poética de G. Bachelard, a los que intenta aplicar métodos más estrictamente lingüísticos. Ejemplo de ello es su teoría de los *campos semánticos* [118]. Toda obra es una lengua desconocida, una incógnita lanzada a la imaginación del espectador. En cada obra el sentido de una palabra depende de sus relaciones con las demás en la obra misma, como demuestra estudiando el *gouffre* ("abismo") en Baudelaire.

Reconoce la contradicción que plantea la aplicación de métodos lingüísticos a la literatura. Uno de los principales problemas reside en torno al concepto de "estructura". En lingüística, este concepto se aplica a la lengua y no al habla (ambas en sentido saussureano); en tal caso, ¿puede hablarse de estilística *estructural* si ésta concierne al estudio del habla, al estudio de los autores? Resuelve la contradicción identificando el código con el conjunto de la obra de un autor, con la obra en su totalidad, lo cual permite estudiar su estructura. Desde este punto de vista reconoce la posibilidad de dos tipos de análisis estructural de un relato:

a) *Análisis paradigmático,* en función de las estructuras de un estado de lengua particular;

b) *análisis sintagmático,* en función de la estructura interna del texto mismo. A éste pertenecen sus estudios sobre Baudelaire y Valéry.

Samuel R. Levin

Su obra [119] se plantea como objetivo explicar —a partir de la lingüística estructural y de la escuela chomskyana— la peculiaridad esencial de la poesía, no todas las características de la obra, sino las estructuras peculiares que la diferencian del lenguaje ordinario. Estas estructuras específicas

---

[117] Pierre Guraud, *Essais de stylistique,* pp. 26-27. A las obras anteriormente citadas, añádase: *Langage et versification d'après l'oeuvre de Paul Valéry. Étude sur la forme poétique dans ses rapports avec la langue.* París, Klincksieck, 1952. ("El conflicto entre una estilística funcional y una estilística genética es, como se observará, puramente histórico, corresponde a dos fases de nuestra cultura y a dos concepciones opuestas de las funciones de la obra literaria. Pero toda obra está vuelta a la vez hacia el autor y hacia el consumidor").

[118] Véase la crítica de Riffaterre a su concepto de *campos semánticos* en *Essais de stylistique structurale,* p. 219.

[119] Samuel R. Levin, *Linguistic Structures in Poetry.* Third Printing. La Haya, Mouton, 1969.

están en la base de los dos rasgos más persistentes en la poesía de todos los tiempos:

a) La poesía produce una impresión de unidad entre la forma y el fondo. En el poema el mensaje es inseparable de la forma.

b) La poesía es "memorable", tiende a ser recordada con sus mismos términos. Siguiendo a Valéry, Levin ve como principal característica del lenguaje corriente el desvanecerse una vez entendido, dejando paso a una serie de ideas, impresiones, sentimientos, etc. En la poesía, por el contrario, el mensaje permanece en la memoria unido a una forma determinada [120]. Su comprobación responde, en último término, al principio de la transparencia del signo lingüístico en el lenguaje ordinario (el signo remite a algo externo a él mismo, la atención no se detiene en él salvo en casos excepcionales [121]), en contraste con la atención centrada sobre la forma misma en el lenguaje poético.

Esta impresión de unidad —que conlleva el recuerdo del fondo unido indefectiblemente a la forma— procede de una estructura peculiar del poema, la que denomina *emparejamiento (coupling)*.

Se produce un *emparejamiento* al presentarse formas equivalentes, desde el punto de vista semántico o fonético, en posiciones equivalentes respecto al eje sintagmático o a un eje convencional formado por una serie de convenciones que definen un género determinado (ejem.: metro, rima, etc.). Según que la equivalencia tome como punto de referencia el eje sintagmático o el eje convencional, se distinguen dos tipos de emparejamiento. Dedica particular atención a los primeros, puesto que los segundos consisten esencialmente en procedimientos de reiteración fonética, tradicionalmente considerados, aunque bajo un ángulo diferente.

El punto de partida de su teoría de los emparejamientos es un principio lingüístico elemental: la existencia en todo tipo de lenguaje de un doble plano señalado por Saussure: el plano sintagmático —plano de la cadena hablada, que relaciona elementos *in praesentia*— y el plano paradigmático (o asociativo en Saussure), que establece relaciones entre elementos *in absentia* [122].

Distingue dos tipos de paradigmas:

a) El *Tipo I*, constituido por los *paradigmas posicionales,* que incluyen todos los elementos equivalentes posicionalmente, todos los términos susceptibles de ser empleados en un mismo contexto lingüístico. Así el con-

[120] *Ibidem*, p. 60.
[121] Ejem.: al oír hablar una lengua extranjera que se conoce imperfectamente, al intentar captar y remedar la pronunciación nativa, al detenerse en acento o rasgos dialectales, etc.
[122] *Ibidem*, pp. 39-40.

texto *Esto... es bueno* nos permite aislar un paradigma constituido por *libro, coche, armario,* etc. Constituyen un paradigma las palabras a las que llamamos "nombres", "verbos", etc., las que toman un sufijo o prefijo determinado, etc [123].

b)   A este primer tipo de paradigmas, esencial en el lenguaje corriente, se añade un segundo tipo *(Tipo II)* al que —falto de un término más adecuado— denomina *paradigmas naturales,* formados por miembros entre los que existe una relación fonética o semántica. Esta relación semántica se entiende en un sentido muy amplio incluyendo los sinónimos, antónimos, términos pertenecientes a un mismo campo semántico o entre los que se vislumbra cierta afinidad semántica tan vaga como la que existe entre *luna, estrella, mar, tiempo* y *sol* [124]. A diferencia del primer tipo, los elementos de este paradigma se definen mediante rasgos extralingüísticos [125].

La poesía presenta como rasgo peculiar su explotación de las equivalencias correspondientes a los paradigmas naturales. No suele existir relación, en el lenguaje corriente, entre dos formas que aparecen en posiciones correspondientes, mientras que la poesía busca relacionarlas ya sea semántica o fonéticamente. Esta tendencia restringe considerablemente las posibilidades de selección dentro del vocabulario del poema y le confiere su carácter uniforme [126].

De ahí la importancia de los emparejamientos, estructuras que designan la presencia de elementos equivalentes —desde el punto de vista semántico o fonético— en posiciones equivalentes respecto al eje sintagmático o al eje convencional del metro. Existen preferencias entre las diversas variantes señaladas: en relación con un eje sintagmático se emplean preferentemente emparejamientos semánticos, mientras que los emparejamientos constituidos en torno al eje convencional del poema suelen ser fonéticos, salvo ejemplos de palabras en la rima semánticamente equivalentes.

---

[123] *Ibidem,* p. 21.

[124] *Ibidem,* p. 25.

[125] Teniendo en cuenta el auge alcanzado en los últimos años por la semántica lingüística resulta difícil hablar en este caso de rasgos extralingüísticos, aunque es obvia la intención de Levin al introducir esta caracterización. El autor entrevió esta dificultad, aunque desde otro ángulo. Puede objetarse —señala— que si dos formas son semánticamente equivalentes es porque presentan una distribución equivalente en los textos. Lo que le lleva a confesar que esta consideración de las equivalencias semánticas como basadas en un criterio extralingüístico responde a la imposibilidad actual de la gramática inglesa de explicar ciertas equivalencias poéticas *(Ibidem,* p. 26; la primera edición de la obra es de 1962). Caso de considerarse ambas aisladas mediante rasgos lingüísticos, se diferenciarían en que el Tipo II tiene unas posibilidades de co-ocurrencia más restringidas.

[126] *Ibidem,* pp. 30 y 39.

Como ejemplo de emparejamiento semántico en relación con el eje sintagmático cita los versos siguientes tomados de *Theocritus: Idyl I*, de William Carlos Williams:

> If the Muses
> 　　　choose the young ewe
> 　　　　　　you shall receive
> 　a stall-fed lamb
> 　　　as your reward,
> 　　　　　but if
> 　They prefer the lamb
> 　　　you
> 　　　　　　　shall have the ewe for second prize.

> Si las Musas
> 　　　eligen la joven oveja
> 　　　　　　tú recibirás
> 　un cordero de establo
> 　　　como recompensa,
> 　　　　　pero si
> 　prefieren el cordero
> 　　　tú
> 　　　　　　tendrás la oveja como premio de consolación.

Choose y *prefer, young ewe* y *lamb, receive* y *have, reward* y *(second) prize* se encuentran en posiciones equivalentes y son equivalentes semánticamente. Por otra parte, todo el fragmento encierra una estructura paralela en su configuración sintáctica: CNVN-NVNPN *but* (pero) CNVN-NVNPN [127].

Componen los *couplings* fonéticos en relación con el eje convencional del poema los diversos procedimientos de rima, aliteraciones, etc. Se consideran emparejamientos los que comprenden elementos que figuran en situación átona o tónica pero no en situación átona uno de ellos y tónica el otro. Así en el ejemplo siguiente tomado de Emily Dickinson:

> The thóught benéath so slíght a film
> Is móre distínctly séen,
> As láces júst reveál the súrge,
> Or místs the Apennine.

Constituyen emparejamientos fonéticos las rimas de los versos 2 y 4, las interdentales espirantes de *thought* y *beneath,* las tres vocales extremas, cerradas y palatales de *distinctly seen,* las dos laterales de *laces* y *reveal,* etcétera [128].

La poesía parte del lenguaje ordinario, al que añade una estructura pe-

---

[127] *Ibidem,* p. 34; N = "nombre", V = "verbo", C = "conjunción", P = "preposición".
[128] *Ibidem,* p. 44.

culiar, el emparejamiento, estructura de la que se derivan las dos características más palpables de la obra poética: su unidad y su retención como tal. Se teje la poesía sobre un código propio (subcódigo dentro del código del lenguaje ordinario) que funciona sobre la base de la equivalencia natural —Tipo II—, y no de la equivalencia posicional, como ocurre en el código del lenguaje corriente. Su tesis responde, en último término, a un intento de analizar cómo se concretiza la función poética —aunque evite el término— definida por Jakobson como proyección "del principio de equivalencia del eje de la selección al de la combinación". Pero intenta ir más lejos: la explotación de estas equivalencias no es un rasgo fortuito, sino un procedimiento sistematizado, aunque, como en el caso de la función poética, aparezca fuera de la poesía [129]. Ahora bien, ¿aparece en todo tipo de poesía? Levin se limita a señalar prudentemente que "the notion of coupling..., does explain a structure which appears to be present in a good deal of poetry" [130]. La confirmación de esta universalidad queda por comprobar, pero ¿no mina esto las bases de su teoría?

Levin no lleva hasta sus últimas consecuencias sus tesis y sus análisis, reducidos, a juzgar por la obra, a un pequeño número de ejemplos. Dentro de los *couplings* fonéticos existe un sinnúmero de procedimientos —muchos de ellos recogidos por las antiguas retóricas que merecerían ser reexaminadas. Por otra parte, en numerosas épocas se ha buscado una vinculación de los emparejamientos fonéticos y morfológicos basados sobre el eje convencional del poema, mientras que él únicamente señala la existencia de coincidencias fonéticas y semánticas en la rima. En último término esto nos llevaría a una tipología de las preferencias poéticas según los autores, tiempo, tendencias, etc. Es cierto que en algunos momentos se abusó ingenuamente de estos procedimientos. Y, en efecto, pese a la importancia que Levin concede al principio de los emparejamientos, añade que "it would be a mistake to conclude that the more couplings one finds or puts in a poem, the better is that poem" [131].

Lubomil Doležel [132]

Prescindimos de su vinculación con la obra de Havranek, Mathesius

---

[129] *Ibidem*, p. 30.
[130] *Ibidem*, p. 37. "El concepto de emparejamiento... da cuenta de una estructura que parece estar presente en gran parte de la poesía."
[131] *Ibidem*, p. 48. "Sería un error llegar a la conclusión de que la calidad del poema es directamente proporcional al número de emparejamientos que aparecen."
[132] Lubomil Doležel, "Vers la stylistique structurale", *Travaux linguistiques de Prague*, n.º 1,

y Mukařovsky, que serán posteriormente considerados, y presentamos a este autor, que lógicamente debería suceder a los estructuralistas checos de entre-guerras.

Comprueba que los progresos de la estilística residen en su unión con la lingüística estructural moderna[133]. La tarea fundamental de la estilística reside en la "description des moyens stylistiques et leurs systèmes"[134]. Esta tarea puede y debe realizarse aplicando a ella los métodos exactos que la lingüística emplea para descubrir los medios lingüísticos. ¿En qué consisten los medios estilísticos?

La estilística estructural reposa sobre dos principios fundamentales:

1. A diferencia de los códigos artificiales (ejem.: lenguaje técnico, de las máquinas, etc.), la comunicación mediante la lengua natural se realiza por una red de comunicación, en diversos sectores diferentes. Llamando E al conjunto *(ensemble)* de condiciones externas, extralingüísticas, unas son constantes ($E_K \in E$) y otras variables ($E_p \in E$). Estas condiciones en el proceso de codificación *(encodage)* se transforman en los caracteres del mensaje C:

$C_K \in C$: caracteres propios a todos los mensajes de una lengua dada, a los que denomina *caracteres de lengua* (caracteres L).

$C_p \in C$: caracteres variables, a los que llama *caracteres estilísticos* (caracteres S_i).

2. Todo mensaje consta de elementos segmentales y suprasegmentales denominados "textuales" y definidos a diversos niveles: fonemático, morfemático, sintáctico, etc. Los elementos textuales encierran diversos caracteres:

a) Manera en la que los elementos de un nivel dado están constituidos por elementos de niveles inferiores diferentes que funcionan como sus rasgos distintivos relevantes *(caracter de estratificación)*.

b) Modo de enlace de un elemento dado con los de su mismo nivel *(caracter de distribución)*.

c) Participación de un elemento dado en la expresión de los elementos de los niveles superiores *(carácter de función interna, lingüística)*.

d) Relación de un elemento textual con los elementos extralingüísticos *(carácter de la función externa, semántica)*.

1964, pp. 257-266; parcialmente reproducido por J. Sunpf, *Introduction à la stylistique du français*. París, Larousse, 1971, pp. 153-162.

[133] *Ibidem*, pp. 153.

[134] *Ibidem*, pp. 156. ("descripción de los medios estilísticos y sus sistemas").

Los caracteres *a* y *b* reciben el nombre de *caracteres formales; c* y *d,* el de *caracteres funcionales.*

Los caracteres funcionales de los elementos textuales del mensaje literario constan de tres funciones: lingüística interna, estética interna y semántica externa.

Estos elementos textuales pueden ser constantes o variables: denomina medio lingüístico al elemento con carácter formal y funcional constante; medio lingüístico con función estilística, al que posee caracteres formales L y funcionales S, y medio estilístico, al que posee caracteres formales y funcionales variables S_i.

Como ejemplo de estilística estructural de métodos exactos presenta el análisis de un medio estilístico, el de los tipos de estilo: estilo directo (SD), estilo directo libre (SDL), estilo indirecto libre (SIL), estilo mixto (SDN) y estilo del narrador (SN). Este medio estilístico, en cuanto al nivel de su estratificación, pertenece al nivel de los medios suprasintácticos o *contextuales.*

Este análisis comprende tres fases:

1. Análisis de la estratificación de los medios estudiados, es decir, análisis de los rasgos distintivos relevantes;
2. Análisis de los caracteres distributivos de los medios estudiados;
3. Análisis de las funciones estéticas de los medios estudiados.

Deja de lado las funciones semánticas, pues los problemas metodológicos que plantean parecen insuperables.

1. El análisis de los rasgos distintivos arroja los siguientes rasgos, que pueden presentar dos valores contrarios: presente (1) o ausente (0); estos rasgos son los rasgos gráficos (A), sintácticos (B), enunciativos (C), semánticos (D), estilísticos (E), lo que da el sistema de la página siguiente[135].

2. Análisis de los caracteres distributivos, destinado a estudiar el entorno de un medio contextual dado. El lugar del texto donde se encuentran dos medios contextuales diferentes es denominado *frontera contextual,* simbolizada mediante los signos − (si el valor del rasgo distintivo se conserva) y + (si cambia).

3. Función estética o relación entre un elemento textual dado y un elemento correspondiente, por él expresado, de la estructura literaria; el análisis de estos medios arroja el segundo esquema de la página siguiente[136].

---

[135] *Ibidem,* p. 158.
[136] *Ibidem,* p. 160.

	A	B	C	D	E
Estilo directo (SD)	1	1	1	1	1
Estilo directo libre (SDL)	o	1	1	1	1
Estilo indirecto libre (SIL)	o	o	1	1	1
Estilo mixto (SDN)	o	o	1 /o	1 /o	1 /o
Estilo del narrador (SN)	o	o	o	o	o

Medio contextual	Función
1. Estilo directo	Tipos esenciales del diálogo
2. Estilo directo libre	Tipos particulares del diálogo; monólogo interior
3. Estilo indirecto libre	Tipos particulares del diálogo; monólogo interior
	diálogo y monólogo interior narrativos
4. Estilo mixto	Narración subjetiva
5. Estilo del narrador	Narración objetiva

Son evidentes las enormes diferencias, en cuanto a su planteamiento y objeto, que separan la estilística estructural propiamente dicha de la estilística descriptiva, idealista e incluso de los autores anteriormente citados dentro de la estilística estructural. En los primeros, la lingüística se presenta como conocimiento básico, indispensable para el estudio de la obra poética o del lenguaje poético, conscientes de que la obra está creada dentro del lenguaje. La lingüística se aplica al estudio del lenguaje poético en cuanto tipo peculiar de lenguaje. Se intentan establecer las diferencias entre el lenguaje poético y el lenguaje cotidiano, concibiendo el primero como desvío frente a la norma usual, corriente, frente al segundo. Pero se plantean diversos problemas. Primero, no es fácil, y tal vez ni siquiera posible, establecer esta comparación, teniendo en cuenta que el lenguaje corriente no es en sí mismo homogéneo. Por otra parte, los esquemas lingüísticos (noción de estructura, de sistema, etc.) se aplican a la lengua, y el lenguaje de una obra determinada pertenece al habla. En el caso de Doležel, por citar un ejemplo representativo, nos hallamos dentro de los dominios de la semiótica literaria. La lingüística aparece, no porque sus métodos sean necesarios para analizar el lenguaje de la obra, sino porque posee un cierto número de axiomas, un método de gran elaboración que puede aplicarse al estudio de la estructura de una obra, de un tipo de obras o de un fenómeno estilístico, como en el caso anterior.

Con ello hemos abordado la segunda gran diferencia señalada: ambas estilísticas difieren en su objeto. La estilística anterior se centraba en la obra, buscando en ella el reflejo de una intuición creadora (Spitzer), la esencia misma de la obra, su "goce estético" (Dámaso Alonso, Amado Alonso), etc. Esta estilística, como la poética y la semiótica literaria, se propone como objetivo desentrañar la estructura de la obra, no buscando a su autor, ni siquiera la unicidad de la obra en sí, sino su modo de ser como ejemplo de un tipo de discurso literario. E incluso puede tomar un solo fenómeno estilístico, que analiza en su forma y función, deduciendo de este análisis las circunstancias de su empleo.

La estilística de Doležel presenta la indiscutible ventaja de manifestar concretamente la relación existente entre los elementos lingüísticos y literarios y de lograr una exposición clara y sencilla de los fenómenos estilísticos. Su carácter "matemático" puede descorazonar a cuantos vean en ello una "deshumanización, algebraización de la literatura". Pero la literatura permanece intacta, ni un ápice del "gozo estético" le ha sido arrebatado, y nada impide que —tras muchos siglos de practicarla, incluso de considerarla en numerosas épocas como *técnica*— intentemos captar el modo de ser y funcionar de esta técnica, superando la descripción impresionista de la obra como "algo inefable". Tal vez este tipo de descripciones sean las únicas realmente estructuralistas. La belleza del Partenón puede ser captada por el hombre que se pare a gozarla, prescindiendo de cómo la obra fue hecha, pero este hombre no osará burlarse del arquitecto que mida, y remida, y resuma en ecuaciones esta maravilla. Cierto, el crítico no crea en general ni pretende enseñar a crear. Pero no hay que escandalizarse ni descartar de entrada todo intento de conocer la técnica literaria.

Con esto sólo hemos presentado algunas corrientes estilísticas, pero valga el ejemplo. Sólo una cuestión queda pendiente: el salto de la estilística idealista a la estilística de Doležel puede parecer sorprendente, pero veámoslo con más detenimiento, y poco a poco los eslabones "intermedios" se irán llenando: es la tarea que nos proponemos en el siguiente capítulo. Pero no por eso cerramos el capítulo de la estilística —aun recordando que no puede establecerse una distinción tajante entre ésta y la poética—. Volveremos a ella, y esta vez para suscitar, en el último capítulo, problemas concretos como el del lenguaje poético, el estilo, la obra literaria, etc., y pronunciarnos acerca de ellos.

Capítulo 2

LA POETICA:
ESTUDIO DE LA LITERATURA Y/O DE LA FUNCION POETICA DEL LENGUAJE

La poética se ocupaba del análisis de las artes miméticas, de las artes creadoras, caracterizadas por la transposición de la realidad. Así la había concebido Aristóteles y así permaneció hasta la desaparición, con el romanticismo, de la antigua retórica. Su eclipse fue sólo pasajero. La primera obra de conjunto publicada por los formalistas rusos durante la época soviética llevaba el título de *Poetika* (Petrogrado, 1919)[1, 2].

---

[1] Colectivos anteriores llevaban el nombre de *Sborniki I*, 1916, II, 1917. Tzvetan Todorov, "La Poétique en U.R.S.S.", en *Poétique*, 9, 1972, pp. 102-115, p. 102.

[2] Es evidente que entretanto el término "poética" no había desaparecido. Por otra parte, tras los estudios impresionistas o de historia literaria, es sorprendente comprobar que las nuevas tentativas del formalismo coincidían, en líneas muy generales, con el espíritu que animaba a la poética aristotélica y a la poética clásica y medieval. No se trataba tanto de calar en el "no sé qué" de la obra literaria como de definir, analizar los géneros en sus partes constituyentes. En el siglo IV antes de J.C. el Estagirita se planteó el problema de definir las artes miméticas, o mejor las τε χυη, las técnicas, ya que una misma palabra designaba a las bellas artes y a las artes prácticas, como la construcción de edificios o navíos. (Introducción a la *Poétique d'Aristote* por J. Hardy. Texto establecido y traducido por J. Hardy. 5.ª edición. París, Les Belles Lettres, 1969, p. 10).

El mundo occidental recibiría esta nueva concepción de la poética a través de los escritos del último formalista, Roman Jakobson.

Desgraciadamente no es uniforme la extensión concedida al término "poética". La tarea a ella asignada oscila entre el estudio de la *función poética,* de la *literaturidad* o de la obra como sistema semiológico. Muy pronto se tendió a hacer de ella un equivalente de la *teoría de la literatura*[3], lo que la aproximaba a la escuela del *New Criticism* americano. Con todo es posible distinguir una unidad de propósito y finalidad, pese a interpretaciones divergentes de su tarea específica, algo imposible en el caso de la estilística. Las divergencias responden a logros sucesivos, alguna vez diversificados por presupuestos ideológicos, como en el caso de la poética occidental y la poética rusa postformalista, y no a puntos de partida diferentes. Nuestro análisis seguirá, dentro de lo posible y salvo casos de indiscutible vinculación directa, un orden cronológico, coincidiendo su última etapa con la semiótica poética.

Aristóteles distingue diversos tipos de artes de imitación —poesía, música, danza, etc.— según el tipo de mímesis: 1. imitan por medios diferentes; 2. imitan cosas diferentes; 3. imitan de manera diferente. Posteriormente señala dos tipos de géneros poéticos: 1. los géneros elevados, en los que incluye la tragedia y la epopeya; 2. los géneros viles, vulgares: la poesía yámbica y la comedia. En el primer caso la epopeya se diferencia de la tragedia por su metro uniforme y por ser un relato.

Sólo el estudio de un género aparece desarrollado, el estudio del género juzgado más sublime: la tragedia. En ella distingue seis partes constitutivas: la fábula, los caracteres, la elocución, el pensamiento, el espectáculo y el canto, de las que la fábula constituye el aspecto más importante. Tras delimitar las partes constituyentes, pasa a analizar la disposición de los acontecimientos, analizando la extensión de la obra, la necesidad de la unidad de acción y el versar sobre hechos verosímiles o necesarios: el poeta presenta, no acontecimientos acaecidos, sino que pudieron acaecer, encaminados a suscitar el temor y la piedad.

La fábula puede ser simple o compleja y encierra tres partes constitutivas: la peripecia, el reconocimiento y el acontecimiento patético. En ella se establecen una idea general (análoga al argumento o tema) y los episodios.

En su desarrollo la tragedia se divide en prólogo, episodio, exordio y canto del coro.

Analiza los caracteres (personajes), que deben ser buenos, conformes, verosímiles y constantes.

Defiende una elocución clara sin ser vulgar, distinguiendo en ella procedimientos bajos y sublimes.

Hay dos características esenciales en la poética aristotélica: por una parte emite "reglas" —siempre tenues—; defiende, ataca y juzga, pero es menos tajante que sus sucesores medievales o clásicos. Por otra parte intenta analizar el modo de ser de la obra, o mejor del género, delimita sus partes, su composición, etc. Durante siglos las poéticas atendieron especialmente al primer aspecto. Para nosotros lo esencial es el segundo. Bajo este punto de vista sí puede verse una relación lejana —no genética, por supuesto— entre la primera poética occidental y las poéticas modernas. Finalmente diremos que, en este estudio global del modo de ser, de la constitución de la obra literaria o de los géneros literarios, podríamos, salvando las diferencias, hallar un rasgo común a la estilística descriptiva posterior a Bally y a ciertos ejemplos de poética moderna, esencialmente a las "teorías literarias". Esto la diferencia de la estilística idealista de Leo Spitzer.

[3] La primera obra que intentaba sistematizar la aportación formalista, escrita por B. Tomachevski, llevaba el doble título de *Teoría de la literatura. Poetica (Teorija literatury. Poetika).* Moscú-Leningrado, 1925. Anteriormente la poética era esencialmente histórica con Veselovskij.

Formalismo ruso.
Círculo lingüístico de Moscú.
O.P.O.I.A.Z. de San Petersburgo

En torno a Moscú y San Petersburgo, en los últimos años de la Rusia zarista, surgieron dos escuelas que se propusieron renovar los estudios literarios. Su concepción respondía a deseos latentes en ciertos autores del siglo XIX. Potebnja, siguiendo a Humbold, consideraba la poesía y la prosa como fenómenos lingüísticos. Veselovskij había destacado la necesidad de ceñirse a la obra y no al autor, de comprender las estructuras objetivas de la obra más que los procesos psíquicos en los que se basa [4].

El descontento con la crítica impresionista y simbolista, el impacto del "cientifismo", basado en un positivismo ingenuo, llevó a un grupo de jóvenes a hacer del estudio de la literatura una "ciencia" autónoma, inmanente, ciencia diferente de la historia de la cultura alemana, del comentario de textos francés, de la historia de la literatura concebida como sucesión de autores, de la consideración de la obra como un conjunto de ideas manifestadas a través de una forma, etc.

En 1915 un grupo de estudiantes moscovitas, Brulaev, Pëtr Bogatyrev, R. Jakobson, G.O. Vinekur, fundaban el *Círculo lingüístico de Moscú*. En 1916 se constituía, fundado por O. Brik, el grupo *O.P.O.I.A.Z.* [5] de San Petersburgo, compuesto por jóvenes lingüistas discípulos de Jan Baudouin de Courtenay —precursor de la lingüística saussureana y de la fonología—; Lev Jakubinskij, Polivanev, y por teóricos de la literatura, Šklovski, Boris Eixenbaum y S. I. Bernstein.

Entre la euforia polémica de sus primeros años se destacaba una reflexión abierta y profunda que constituiría, junto con el *New Criticism* y el estructuralismo checo, la principal aportación a la teoría de la literatura de la primera mitad del siglo XX y a la lingüística moderna, a través de su participación en el Círculo de Praga.

En su origen el formalismo estuvo profundamente unido al movimiento poético futurista — a su vez profundamente influenciado por el cubismo, como reconoció Jakobson [6]—, del que tomó algunos de sus postulados básicos: predominio del sonido en el poema, función del arte, etc. [7]

---

[4] V. Erlich, *Russian Formalism. History. Doctrine.* 3.ª ed. La Haya, 1969, pp. 20-32.

[5] O.P.O.I.A.Z.: Sociedad para el Estudio del Lenguaje Poético.

[6] R. Jakobson, "Futurismo", publicado en ruso en 1919, trad. fr. en *Questions de Poétique.* París, Seuil, 1973, pp. 25-30.

[7] Krystyna Pomorska parte de la idea de que ciertos métodos de análisis de obras literarias han

El formalismo, como el futurismo, parte de una concepción de la obra de arte como *producto verbal;* la obra es un producto realizado dentro del lenguaje, por lo que el estudio de la literatura es esencialmente el estudio del lenguaje poético. El estudio del lenguaje poético gozaba ya de cierta tradición en Rusia desde los estudios de Potebnja. Pero él, que había distinguido entre lenguaje ordinario y lenguaje poético, veía la esencia del segundo en la metáfora, como los simbolistas. Los formalistas, como los futuristas, rompieron con una concepción de la poesía como "pensar en imágenes" y distinguieron el lenguaje en su función poética y el lenguaje con función comunicativa[8]. Destacaron, al luchar contra una concepción impresionista del arte, su parte de "artificio", de "fabricación", relegando la "inspiración" de la época romántica y simbolista[9]. Si estas afirmaciones pueden resultar escandalosas para una época heredera del romanticismo en sus concepciones poéticas, coinciden con el estudio del arte como *tejne.*

La función del arte consiste esencialmente en renovar el automatismo de la percepción. Las acciones habituales se convierten en automáticas, lo que dificulta la captación del objeto en su auténtica dimensión. El arte tiende a liberar la percepción de este automatismo, a "deformar" el objeto para que la mirada se detenga en él[10]. Idéntica concepción reconoce Jakobson en el futurismo ruso y el cubismo[11].

El objeto de sus análisis fue en un principio el estudio del lenguaje poético. Posteriormente —esencialmente a partir de los trabajos de Tynianov y Propp en los años veinte— se tendió a analizar el problema de las estructuras literarias, de las relaciones entre las diversas partes que integran un conjunto poético[12].

Esta concepción de la función del arte y de la literatura condiciona la tarea asignada a la ciencia literaria. Se rehuye toda preocupación psicológica, filosófica, sociológica, en un principio, interrogando la obra en sí misma. Se plantea la autonomía de la crítica literaria, basada en un método inmanente, centrada en el estudio de la *literaturidad.* "La poésie c'est le langage dans sa fonction esthétique. Ainsi, l'objet de la science

surgido de una generalización de tendencias propias a un autor, movimiento, género o escuela; de este modo el formalismo ruso estuvo profundamente influenciado por el futurismo. *(Russian Formalist Theory and its Poetic Ambiance.* La Haya, Mouton, 1968).

[8] Pomorska, *op. cit.,* pp. 24-5.

[9] Todorov, presentación de la *Teoría de los formalistas,* p. 12.

[10] V. Šklovski, "El arte como artificio", en *Teoría de la literatura de los formalistas rusos.* Antología preparada y presentada por Tzvetan Todorov. Trad del francés por Ana María Nethol. Buenos Aires, signos, 1970, pp. 55-70.

[11] Jakobson, *Questions de Poétique,* p. 29.

[12] Pomorska, *op. cit.,* pp. 120-1.

de la littérature n'est pas la littérature mais la littérarité, c'est-à-dire ce qui fait d'une oeuvre donnée une oeuvre littéraire", afirmaba Jakobson en *La nueva poesía rusa* (1921)[13]. Posteriormente, ante las acusaciones de encerrarse en el estudio del arte por el arte, ampliaron sus puntos de vista. En 1933 Jakobson se abría a la dimensión social de la obra, juzgándola parte integrante del edificio social, aunque la función estética sea en ella dominante, decida su carácter de obra artística[14]. Años después el mismo autor reiteraba esta misma posición: todo tipo de acercamientos (psicológico, psicoanalítico, sociológico) son posibles al analizar un poema, mas no hay que olvidar que lo esencial en él, lo que hace de él una obra de arte, es la poeticidad[15].

La concepción de la obra como sistema de signos, su estudio inmanente, se acompaña de su consideración como *unidad*. Se rechazó la fragmentación tradicional, perpetuada por el comentario de textos francés, en *fondo* y *forma*. Se hizo coincidir el término *forma* con el de *literaturidad,* de donde surgió la apelación de "formalistas", término en un principio despectivo, empleado por sus enemigos, que ellos acabaron adoptando. De hecho, "habían otorgado a la noción de 'forma' el sentido de integridad y la habían confundido con la imagen de la obra artística en su unidad, de manera tal que ésta no admitía otra oposición que la de formas privadas de carácter estético"[16]. Años después el formalismo francés reinterpretaría esta distinción a partir de la lingüística hjelmsleviana, oponiendo *forma,* no a *fondo,* sino a *sustancia* (elementos extralingüísticos)[17].

Unidos a la vanguardia futurista, su punto de partida fue el estudio de la poesía concebida como una unidad orgánica. Lejos de ser una superposición de embellecimientos (metro, rima) al lenguaje ordinario, la poesía es un tipo peculiar de lenguaje gobernado por una doble ley sintáctica y rítmica. Muy pronto Šklovski y Eixenbaum iniciaron el estudio de las normas estéticas inherentes a la prosa literaria. Se daba primacía

---

[13] R. Jakobson, *La nueva poesía rusa,* publ. en ruso en Praga, 1921 (escrito en 1919). "Fragments de la *Nouvelle Poésie Russe",* en *Poétique,* 7, 1971, pp. 287-298; recogido en *Questions de Poétique,* pp. 11-24, p. 15. ("La poesía es el lenguaje en su función estilística. Así, el objeto de la ciencia de la literatura no es la literatura sino la literaturidad, lo que hace de una obra dada una obra literaria").

[14] R. Jakobson, "¿Qué es la poesía?", artículo aparecido en checo en 1933, recogido en *Questions de Poétique,* pp. 113-126, p. 123.

[15] R. Jakobson, Postscriptum a *Questions de Poétique,* 1973, pp. 485-504, pp. 486-7.

[16] B. Eixenbaum, "La Teoría del *método formal",* en *Teoría de la literatura de los formalistas rusos,* pp. 21-54, p. 45.

[17] Gérard Genette, "Razones de la crítica pura", en *Los caminos actuales de la crítica,* pp. 155-172, pp. 168-9.

a la composición. Se consideraba el desarrollo del arte condicionado por necesidades técnicas. La peculiaridad del arte se manifiesta en el principio de *divergencia,* ligada al estatismo de la percepción y a la función del arte, divergencia captable a un triple nivel: *a)* a nivel de la representación de la realidad, como representación creadora; *b)* a nivel lingüístico, en el desvío frente al uso cotidiano; *c)* en el plano de evolución literaria, radicada en la modificación —o desviación— de la norma artística en vigor [18].

Entre 1924 y 1930 la escuela formalista atraviesa su momento más difícil. "Un monumento al error científico", publicado en la *Gazetta Literaria* por uno de sus más ardientes defensores, Šklovski, supone el cese, durante muchos años, de sus trabajos en la U.R.S.S. y su prolongación en el extranjero. Pero el encuentro de algunos representantes del formalismo ruso con el pensamiento checo supuso la aparición del Círculo lingüístico de Praga.

Análisis del cuento tradicional. Vladimir Propp

Sin haber pertenecido al grupo formalista, la obra del folclorista y etnólogo ruso Vladimir Propp presentaba indudables analogías con sus trabajos, esencialmente con los análisis sobre la prosa de Šklovski y Tomachevski. Su obra, *Morfología del cuento,* abrió nuevos caminos en el análisis del relato [19]. Partiendo de la escuela finlandesa de folcloristas,

---

[18] V. Erlich, *op. cit.,* p. 252. Acerca de la importancia del formalismo ruso, véase Antonio García Berrio, *Significado actual del formalismo ruso.* Barcelona, Planeta, 1973.

[19] La obra principal de Propp, *Morfologija skarzky,* se publicó en Moscú en 1928. La primera versión a una lengua occidental apareció en 1958, con la traducción inglesa, *Morphology of the Folktale.* Ed. e introducido por Svatava Pirkova-Jakobson, traducido por Laurence Scott. Indiana University Research Center in Anthropology, Folklore and Linguistics, Publ. 10. Bloomington, 1958. Reimpresiones en International Journal of American Linguistics, vol. 24, n.º 4, parte 3, y Bibliographical and Special Series of the American Folklore Society, vol. 9. Nueva traducción: *Morphology of the Folktale.* 2.ª ed., revisada, editado con un prefacio de Louis A. Wagner, nueva introducción de Alan Dundes, University of Texas Press, Austin-London, 1968.

La edición italiana traduce el artículo de Lévi-Strauss publicado inicialmente, bajo el título "La structure et la forme, réflexions sur un ouvrage de Vladimir Propp", en *Cahiers de l'Institut de science économique appliquée,* serie M, r.º 7, marzo de 1960, pp. 1-36; reproducido en *International Journal of Slavic Poetics and Linguistics,* vol. III, La Haya, 1960, pp. 122-149, y la réplica de Propr. *Morfologia della fiaba* bajo la supervisión de Gian Luigi Bravo. Turín, Einaudi, 1966.

La edición francesa reproduce el artículo de Mélétinski sobre la posteridad de Propp y el estudio de las transformaciones de los cuentos maravillosos. *Morphologie du conte,* seguido de *Les Transformations des contes merveilleux,* y de Mélétinski, *L'etude structurale et typologique du conte.* Traducción de Marguerite Derrida, Tzvetan Todorov y Claude Lévi-Strauss, 2.ª ed. París, Le Seuil, 1970 (trad. de la 2.ª ed. rusa, 1969.)

La edición española reproduce fielmente la edición francesa. *Morfología del cuento.* Seguida de *Las transformaciones de los cuentos maravillosos* y de E. Mélétinski, *El estudio estructural y tipológico del cuento.* Trad. María Lourdes Ortiz. Caracas, Fundamentos, 1971.

Propp intentó un estudio interno de los cuentos fantásticos, descubriendo, a través de la diversidad de personajes y argumentos, unos *elementos constantes,* que le permitieron aislar las partes constitutivas de todo cuento maravilloso. Su obra es una *morfología* en el sentido de que busca la descripción de los cuentos según sus partes constituyentes y las relaciones de estas partes entre sí y con el conjunto [20].

Todo cuento se compone de elementos variables —nombres de los personajes, atributos de los personajes, maneras de cumplir la función, etcétera— y de elementos constantes —las *funciones* o *"acción de un personaje definida desde el punto de vista de su significación en el desarrollo de la intriga"* [21].

Todo cuento maravilloso pertenece a un mismo tipo en cuanto a su estructura: las funciones son las partes fundamentales del cuento, el número de funciones es limitado, su sucesión es siempre idéntica. Propp distingue 31 funciones:

I. Alejamiento. (β)

II. Prohibición. (γ)

III. Transgresión. (δ)

IV. Interrogatorio. (ε)

V. Información. (ζ)

VI. Engaño. (η)

VII. Complicidad. (θ)

VIII. Fechoría. (A)

IX. Transición. (B)

X. Principio de la acción contraria. (C)

XI. Partida. ($\uparrow$)

XII. Primera función del donante. (D)

XIII. Reacción del héroe. (E)

XIV. Recepción del objeto mágico. (F)

XV. Desplazamiento del héroe. (G)

XVI. Combate. (H)

·XVII. Marca del héroe. (I)

XVIII. Victoria. (J)

XIX. Reparación. (K)

XX. Vuelta. ($\downarrow$)

XXI. Persecución. (P_2)

---

[20] *Morfología del cuento,* p. 31.

[21] *Ibidem,* p. 33.

XXII. Socorro. (Rs)
XXIII. Llegada de incógnito del héroe. (O)
XXIV. Pretensiones engañosas. (L)
XXV. Tarea difícil. (M)
XXVI. Tarea cumplida. (N)
XXVII. Reconocimiento. (Q)
XXVIII. Descubrimiento. (Ex)
XXIX. Transfiguración. (T)
XXX. Castigo. (U)
XXXI. Matrimonio del héroe. (W^o_o)

Estas funciones se reparten en la esfera de acción de siete personajes:

1. Héroe.
2. Agresor (o malvado).
3. Donante (o proveedor).
4. Auxiliar.
5. Princesa y su padre.
6. Mandatario.
7. Falso-héroe.

A ello se añaden personajes especiales para la unión de unas partes con otras e informadores particulares para la función ζ *(información)*.

Las funciones no se corresponden automáticamente con los personajes; tres tipos de soluciones son posibles: 1. La esfera de acción corresponde exactamente al personaje. 2. Un único personaje ocupa varias esferas de acción; 3. Una única esfera de acción se divide entre varios personajes [23].

Esto le permite sustituir una definición semántica del cuento maravilloso, siempre inestable, por una doble definición estructural: el cuento maravilloso es el que consta de estos siete personajes o el que comprende 31 funciones [24].

La obra de Propp pasó desapercibida sin poder ejercer su influencia sobre los estudios rusos de los años 30-40, dominados por la crítica marxista. Habrá que esperar el auge del estructuralismo metodológico aplicado a la antropología, folclore, crítica literaria, etc., y de la semió-

---

[22] *Ibidem*, p. 92.
[23] *Ibidem*, pp. 92-3.
[24] *Ibidem*, pp. 115-116.

tica para que la obra de Propp sirva de punto de partida de todos los estudios sobre la técnica del relato.

Su *Morfología del cuento* venía a coincidir, en los años que siguieron a la segunda guerra mundial, con los análisis del mito de Claude Lévi-Strauss y los análisis de las situaciones dramáticas de Etienne Souriau.

Análisis del relato o drama

Etienne Souriau

Con absoluta independencia frente a Propp y Lévi-Strauss, Souriau se propone:

1. Distinguir, mediante el análisis, las grandes *funciones dramáticas* sobre las que reposa la dinámica teatral.

2. Estudiar morfológicamente sus principales combinaciones.

3. Buscar las causas de las propiedades estéticas, tan diversas y variadas, de estas combinaciones o *situaciones*.

4. Observar cómo estas situaciones se encadenan o por qué inversiones se modifican y hacen avanzar la acción teatral [26].

Parte de una afirmación de Gozzi, recogida por Goethe y M. G. Polti: sólo existen 36 situaciones dramáticas. Pero la cifra le parece estrecha: todo dramaturgo se encontraría encerrado en un callejón sin salida y condenado a recrear a partir de temas manidos. Por eso propone un número mucho más esperanzador: ¡210.141 situaciones dramáticas! El abismo entre estas dos afirmaciones responde a "deux manières très différentes de poser le même problème" [27].

Propp partió de la división del cuento y de sus motivos —hasta él considerados mónadas indivisibles e incluso después de él en la formulación de A. Jones [28]— en elementos variantes e invariantes. Años después Souriau modificó la ʼformulación de Gozzi-Goethe-Peltri mediante el análisis de la situación dramática, descubriendo en ella "une combinaison, très délicate et variable, d'un certain nombre de facteurs simples, puissants et essentiels" [29], a los que denomina *funciones dramáticas*. El

---

[25] Etienne Souriau, *Les deux cents miles situations dramatiques*. París, Flammarion, 1950.

[26] *Ibidem*, p. 6.

[27] *Ibidem*, pp. 11-12. ("... a dos maneras muy diferentes de plantear el mismo problema.")

[28] A. Jones, *Einfache Formen*. Halle, 1929, 2.ª ed., 1956; trad. fr. *Les formes simples*. París, Le Seuil, 1972. Cfr. Mélétinski, *loc. cit.*

[29] Souriau, *op. cit.*, p. 13. ("... una combinatoria muy delicada y variable de un cierto número de factores simples, poderosos y esenciales.")

número de estas funciones es reducido: cinco o seis. Posteriormente busca las grandes *operaciones* o *parti-pris dramaturgiques* esenciales que caracterizan las grandes obras dramáticas y descubre que se reducen a cinco o seis (reunir dos o más funciones en un personaje; tomar una u otra función como principio rector de la obra, etc.)[30]. Para hallar el número de situaciones dramáticas posibles bastará manejar estos dos datos iniciales: seis factores combinados según cinco principios producen 210.141 situaciones distintas[31].

Una situación dramática se define como "la *figure structurale* dessinée, dans un moment donné de l'action, par un *système de forces*"[32]. Estas fuerzas son las *funciones dramáticas,* que se reducen a seis, que simboliza mediante símbolos astrológicos:

1. El león, o la fuerza temática.
2. El Sol, o el representante del valor, del bien deseado por el león.
3. El astro receptor. La Tierra, o el obtentor del bien deseado por el león.
4. Marte o el oponente.
5. La balanza, o el árbitro de la situación. El atribuidor del bien.
6. El auxilio. Reduplicación de una de las fuerzas precedentes. La Luna o el espejo de la fuerza. El ayudante.

Souriau prescindió de una séptima fuerza, el traidor.

La gran influencia de Propp en Occidente arranca de 1958, fecha de la traducción inglesa de la *Morfología del cuento.* Influyó en los estudios de antropología estructural de Claude Lévi-Strauss[33] y en los análisis de cuentos, mitos e incluso en la *Semántica estructural* de A. J. Greimas.

---

[30] *Ibidem,* p. 13.

[31] *Ibidem,* p. 14.

[32] *Ibidem,* p. 55. ("... la *figura estructural* trazada, en un momento dado de la acción, por un *sistema de fuerzas").*

[33] Lévi-Strauss había iniciado la aplicación del método estructural a la antropología con anterioridad a la aparición de la traducción inglesa de la obra de Propp y tal vez independientemente de ésta. En 1955 apareció su artículo "The Structural Study of Myth", en *Journal of American Folklore,* vol. 68. n.º 270, X-XII, pp. 428-444. Reproducido en *Myth. A Symposium,* Bloomington, 1958, pp. 50-66. Fue traducido al francés y refundido y publicado en su *Anthropologie structurale.* París, Plon, 1958. Prescindimos de la aportación del autor y de las modificaciones introducidas en los esquemas de Propp, puesto que nuestro propósito esencial es limitarnos a su aplicación a la literatura. Un resumen

Algirdas Julien Greimas

Greimas plantea, apoyándose en el sistema de Souriau y en el análisis del mito de Claude Lévi-Strauss, una reformulación de los personajes y funciones de Propp. Busca construir un modelo de análisis más general, utilizable en un mayor número de descripciones de micro-universos semánticos [34].

Compara los personajes de Propp con las funciones de Souriau, lamentando la exclusión, por parte del autor francés, de la séptima función, la función del traidor, lo que arrojaría una misma ordenación general para el cuento folclórico y el teatro.

Reduce los siete personajes de Propp a seis *actantes,* calcados sobre los actantes del discurso sintáctico [35].

Distingue los *actores* (personajes de Propp) de los *actantes.* Partiendo de la definición de personaje de Propp (definido a partir de su función), distingue los *actores* que aparecen en un cuento concreto y los *actantes* o clase (grupo) de actores caracterizados por desempeñar en todos los cuentos una misma función. Si diversas funciones (F_1, F_2, F_3) constituyen la esfera de acción de un actante A_1, los diversos actores *(a_1, a_2, a_3)* que, en diversos cuentos, cumplen estas funciones responden a este único actante A_1 [36]. De este modo una articulación de actores constituye un *cuento particular;* una estructura de actantes, un *género* [37].

Halla, tanto en el sistema de Propp como en el de Souriau, dos actantes presentes en la organización sintáctica del discurso, el *sujeto* y el *objeto:*

---

de sus teorías puede hallarse en E. Mélétinski, "El estudio estructural y tipológico del cuento", en Propp, *Morfología del cuento,* pp. 179-221.

[34] A. J. Greimas, "Le conte populaire russe. Analyse fonctionnelle", en *International Journal of Slavic Poetics and Linguistics,* 9, 1965, pp. 152-175; reproducido en *Sémantique structurale.* París, Larousse, 1966, pp. 172-221. "Eléments pour une théorie de l'interprétation du récit mythique", en *Communications,* 9, 1966, pp. 28-59, y en *Du Sens. Essais sémiotiques.* París, Le Seuil, 1970, pp.185-230. "La description de la signification et la mythologie comparée", en *L'Homme,* III, 3, 1963, pp. 51-66, y en *Du Sens,* pp. 117-134. (Existe traducción castellana de la *Semántica estructural.* Madrid, Gredos, 1971; el n.º 8 de *Communications* ha sido traducido y publicado en Buenos Aires, Ed. Tiempo Contemporáneo, 1970 (2.ª ed. 1972). *Du Sens* ha sido traducido como *En torno al sentido.* Madrid, Fragua, 1973. Citaré según la edición francesa de la *Sémantique structurale* y de *Du Sens).*

[35] El término *"actante"* procede de la lingüística estructural. Lucien Tesnière definió el actante como "les êtres ou les choses qui,... participent au procès". (Los seres y cosas que... toman parte en el proceso), *Eléments de syntaxe structurale.* Prefacio de Jean Fourquet, 2.ª ed. París, Klincksieck, 1959, p. 102. Tanto el sujeto como el objeto son *actantes.* Para su tercera categoría, Greimas recurre, de nuevo, a un término de Tesnière, les *circonstants (circunstantes),* que indican las circunstancias bajo las que se desarrolla el proceso.

[36] *Sémantique structurale,* pp. 174-175.

[37] *Ibidem.* p. 175.

sintaxis	sujeto	*vs.*	objeto
Propp	héroe	*vs.*	persona buscada (princesa)[38]
Souriau	fuerza temática	*vs.*	representante del valor[39]

Mientras que no es fácil captar la relación que une a estos dos actantes en el discurso ordinario, el teatro y el cuento nos muestran palpablemente que les vincula una relación de *deseo*, lo que produce una serie de relatos que se organizan en torno a la *búsqueda (quête)*. La relación que existe entre esta primera categoría de actantes responde a la *modalidad del querer*.

La segunda categoría de actantes corresponde en el discurso ordinario al *remitente (destinateur)* y al *destinatario (destinataire)*[40]. En el teatro corresponde al *árbitro, atribuidor del bien,* y al *obtentor virtual de ese Bien*. Propp distingue un doble remitente: el primero de ellos aparece confundido con el objeto bajo el personaje de la princesa y su padre. El segundo aparece como el mandatario. Puesto que tanto el uno como el otro envían al héroe a una misión, Greimas propone tomarlos como un único actante, considerándolos dos actores en los casos en que ambos aparecen. El destinatario aparece, en el cuento tradicional ruso, fundido con el héroe[41]. Por lo tanto, la segunda categoría de actantes se presenta en los tres niveles considerados, según el esquema siguiente:

discurso	remitente	*vs.*	destinatario
Propp	padre de la princesa, mandatario	*vs.*	fundido con el sujeto-héroe
Souriau	árbitro, atribuidor del bien	*vs.*	obtentor virtual de ese bien

[38] Greimas, que emplea la traducción inglesa de Propp, utiliza la expresión *sought-for person,* correspondiente a la *princesa.*

[39] *Sémantique structurale,* p. 177.

[40] Los términos *destinateur, destinataire* proceden de la teoría de la comunicación de Jakobson, que será posteriormente analizada. Para su traducción hemos aceptado los términos propuestos en la traducción española de la *Morfología del cuento* de Propp.

[41] *Sémantique structurale,* p. 178.

La relación entre el remitente y el destinatario corresponde a la modalidad del *saber*.

Estas dos categorías actanciales constituyen un modelo simple centrado sobre el objeto.

Para la tercera categoría de actantes, constituida por el *auxilio* y el *oponente* en Souriau, el *donante-auxiliar* (separados) y el *agresor (malvado)* de Propp, el discurso sintáctico no ofrece ningún modelo. Sólo halla una correlación para esta categoría, definida como relación entre el *ayudante* y el *oponente*, en los *circunstantes (circonstants) lingüísticos* [42].

discurso		circunstantes	(bien *vs.* mal, etc.)
Propp	donante auxiliar	*vs.*	agresor (malvado)
Souriau	auxilio	*vs.*	oponente

La relación entre los dos términos de esta categoría es la del *poder*. La analogía con el discurso lleva a Greimas a considerarla, tal vez precipitadamente, como una categoría secundaria.

Estas tres categorías actanciales están vinculadas entre sí por una doble relación sintagmática, representada por el siguiente esquema [43]:

Remitente ———— | Objeto | → Destinatario

Ayudante → | Sujeto | ← Oponente

Greimas halla este mismo sistema actancial en diversos micro-universos semánticos totalmente distanciados entre sí, lo que corrobora el valor del modelo de análisis:

1. En el filósofo de los siglos clásicos los actantes de su mundo de conocimiento son:

Sujeto .... *Filosofía*
Objeto .... *Mundo*

---

[42] *Ibidem*, pp. 178-179.
[43] *Ibidem*, p. 180.

Remitente .... *Dios*
Destinatario .... *Humanidad*
Oponente .... *Materia*
Ayudante .... *Espíritu* [44]

2. Ideología marxista:

Sujeto .... *Hombre*
Objeto .... *Sociedad sin clases*
Remitente ....*Historia*
Destinatario .... *Humanidad*
Oponente ....*Clase burguesa*
Ayudante .... *Clase obrera* [45]

3. Inversiones económicas del jefe de empresa:

Sujeto .... *Inversor*
Objeto .... *Beneficio de la empresa*
Remitente .... *Sistema económico*
Destinatario ...... *Empresa*
Oponente .... *Progreso técnico y científico*
Ayudante .... *Estudios preparatorios, intuición* [46]

Greimas reestructura las funciones de Propp para construir con ellas un modelo estructural simple, como hizo en el caso de los actantes. Reduce a 20 las 31 funciones de Propp, organizadas en grupos binarios. Cada pareja se organiza a la vez por implicación, relación sintagmática (es decir, dentro del cuento mismo), *S → no S,* y por disyunción, relación paradigmática (prescindiendo de su relación dentro del cuento mismo): *S vs. no S.* En efecto, dos funciones como *prohibición* y *transgresión* en el cuadro de la descripción sintagmática (es decir dentro del universo de un relato concreto) están unidas por una relación de implicación (la transgresión supone la prohibición). Pero, fuera de todo contexto sintagmático (fuera del cuento, en una relación paradigmática), la prohibición es la transformación negativa del mandato, como señaló Lévi-Strauss, y esto supone la aceptación del contrato por el héroe:

[44] *Ibidem.* p. 181.
[45] *Ibidem,* p. 181.
[46] *Ibidem,* pp. 182-3.

$$\frac{mandato}{aceptación} = \text{establecimiento del contrato.}$$

$$\frac{prohibición}{transgresión} = \text{ruptura del contrato.}$$

O, simbólicamente expresado:

$$\frac{a}{\text{no } a} \quad vs. \quad \frac{\bar{a}}{\text{no } \bar{a}} \quad \text{o} \quad \text{A } vs. \text{ } \bar{\text{A}}$$

Halla equivalentes entre las funciones iniciales, centrales y finales. De este modo, este mismo esquema —*contrato - mandato - aceptación*— permite reinterpretar la última función de Propp: el *matrimonio* [47].

Comprueba la validez del modelo de análisis aislado en el examen del cuento ruso, aplicándolo a otros dominios, como al análisis de los psicodramas [48].

Greimas intentó formalizar al máximo los modelos de análisis del relato y extendió su dominio de aplicación a universos distintos del cuento tradicional y del mito. Posteriormente integró sus análisis del relato dentro del marco de la semiótica, empleando para ello categorías de orden semiótico-lingüístico y proyectando la construcción de una gramática narrativa general [49].

Claude Brémond

Antes que Greimas, Claude Brémond intentó reformular el método de Propp teniendo en cuenta las objeciones señaladas por Lévi-Strauss. Pero, a diferencia de Greimas, que pretendía reestructurar y reducir las funciones y personajes de Propp, ayudándose de la comparación de su sistema

---

[47] *Ibidem*, pp. 195-196.
[48] *Ibidem*, pp. 213-221.
[49] "Eléments d'une grammaire narrative", en *L'Homme*, IX, 1969, 3, y *Du Sens*, pp. 157-183. Véase, Mélétinski, *loc. cit.*, pp. 220-230.
[50] Claude Brémond, "Le message narratif", en *Communications*, 4, 1964, pp. 4-32. Trad. esp. de Silvia Delpy. Buenos Aires, Ed. Tiempo Contemporáneo, 1972, pp. 71-104; "La logique des possibles narratifs", en *Communications*, 8, 1966, pp. 60-76. Trad. esp. de Beatriz Dorriots. Buenos Aires, Ed. Tiempo Contemporáneo, 1.ª ed., 1970, 2.ª ed., 1972, pp. 87-110.

con el de Souriau, Brémond se propuso comprobar la adecuación de un
modelo formal, válido para todos los discursos narrativos, elaborado a
partir de las conclusiones de Propp. Su propósito es extraer las reglas de
los posibles narrativos. Plantea la posibilidad de aplicar los análisis de
Propp a otros géneros narrativos: a la literatura, al cine, etc. Esta aplicación le obliga a introducir dos modificaciones fundamentales en el sistema de Propp. Rechaza: 1. La ausencia de funciones-pivotes, es decir, la
ausencia de dos alternativas tras cada función; 2. La sucesión necesaria de
todas las funciones en el cuento ruso, aun reconociendo la existencia
de lagunas.

¿Carece el cuento ruso de estas funciones-pivotes, de alternativas
abiertas tras cada función, o bien es el método de Propp el que las eli-
mina? Brémond se inclina por la segunda opinión. En su sistema la alternativa es imposible, puesto que la función se define por sus consecuencias:
al modificarse éstas se modifica la función. Así, una función como H,
combate, no abre la doble alternativa de *victoria* o *derrota del héroe.* A
la función H sigue necesariamente la función I *(victoria del héroe).* Si
el héroe fracasa no tendremos la función H, sino la función A *(fechoría)* o
F neg. *(castigo tras el fracaso en una prueba)* [51]. Otros amagos de alternativas, amagos del triunfo del malvado, etc., son rechazados por Propp,
para quien carecen de valor estructural, puesto que no hacen avanzar la
acción, sino que la retrasan [52]. Pero si una función se define según la
función que introduce, según su contexto, ¿cómo puede Propp reconocer
que existen cuentos con funciones ausentes? La ausencia de una función,
¿no modifica radicalmente la función precedente y la función siguiente?

Propp veía como necesaria la sucesión de las 31 funciones en el cuento ruso, aun reconociendo la posibilidad de que faltasen una o varias
funciones en algunos relatos determinados. La función no es libre, sino
fija. Si la función aparece en un lugar distinto del que le es habitual, no
será la misma función, sino una función diferente. Toda función está vinculada a la que le precede, con una necesidad a la vez *lógica y artística*[53].
Claude Brémond rechaza esta consideración denunciado su inoperancia,
incluso para el cuento ruso. Entre los cuentos citados por Propp existen
ejemplos en los que dos funciones, para él necesariamente unidas, aparecen
separadas por la inserción de otras funciones; así, entre las Pr y Rs *(perse-*

---

[51] Claude Brémond, "El mensaje narrativo", pp. 79-80.
[52] *Ibidem,* pp. 80-82.
[53] Propp, *Morfología del cuento,* p. 73.

cución del héroe - Socorro del héroe) el cuento 64 introduce las funciones D, E, F (bajo la forma D_1, *prueba,* E_1, *éxito frente a la prueba,* y F_9, *el donante se pone al servicio del héroe)* [54]. Para Brémond existen dos tipos de enlace entre las funciones: 1. Ciertas funciones se suceden lógica y necesariamente. No puede llegarse antes de haber partido, luego la *llegada* sigue necesariamente a la *partida,* o, como decía Propp, "el robo no puede producirse antes de echar abajo la puerta" [55]. 2. Otras funciones se suceden con gran frecuencia debido a comodidades reales o a hábitos culturales [56]. De ahí el error de Propp. El autor ruso confundió estos dos tipos de sucesiones, porque, aun en el caso de sucesiones no necesarias, el orden detectado se presentaba como muy probable para todos los cuentos. Pero con ello caía en el mismo defecto que reprochaba a sus predecesores: si éstos tomaban como unidad la intriga considerada como un todo, él toma como unidad no la función, puesto que no es libre, sino la secuencia, la serie. Brémond se propone rearticular el sistema de Propp en unidades menores que la serie pero mayores que la función: cada una de estas unidades o *secuencia elemental* es una serie de funciones que se implican necesariamente. Dentro de cada secuencia la posición de las funciones es rigurosamente fija, pero de una a otra es relativamente independiente, aunque las secuencias hagan muy probables ciertas aproximaciones y muy improbables otras [57].

Mediante esta rearticulación del sistema de Propp traza el plan de todas las posibilidades lógicas del relato. La función sigue siendo el *átomo narrativo,* y el relato se constituye mediante el reagrupamiento de estos átomos [58]. Una primera agrupación de tres funciones que se suceden lógica y necesariamente engendra la *secuencia elemental,* triada correspondiente a las tres fases obligatorias de todo proceso: apertura-realización terminación. Pero, a diferencia de Propp, el paso de la virtualidad al acto es potestativo, ninguna de estas funciones requiere la que le sigue en la secuencia. Toda función abre una doble alternativa positiva o negativa; ante la virtualidad del acto puede producirse su actualización o no actualización; tras su actualización, la consecución del logro o su no consecución, etc. De donde resulta una red de posibilidades que responden al siguiente modelo:

---

[54] Claude Brémond, "El mensaje narrativo", pp. 82-83.
[55] Propp, *Morfología del cuento,* p. 34.
[56] Claude Brémond, "El mensaje narrativo", p. 86.
[57] *Ibidem,* p. 87.
[58] Claude Brémond, "La lógica de los posibles narrativos", p. 87.

Virtualidad
(ejem.: fin a
alcanzar)

Actualización (ejem.: conducta para alcanzar el fin).

Fin logrado
(Ejem.: éxito de la conducta).

Fin no logrado (ejem.: fracaso de la conducta).

Ausencia de actualización
(ejem.: inercia, impedimento
de actuar) [59].

Una combinación de secuencias elementales constituye una *secuencia compleja*. Distingue tres tipos de combinaciones entre secuencias elementales para constituir una secuencia compleja [60]:

a)   *Encadenamiento por continuidad ("bout à bout"):*

Fechoría por cometer
       ↓
    Fechoría
       ↓
Fechoría cometida = Hecho por retribuir
                              ↓
                    Proceso retributivo
                              ↓
                    Hecho retribuido [61]

Una misma acción cumple simultáneamente dos funciones. La fase final de una secuencia constituye a la vez la fase inicial de una nueva secuencia.

b)   *Encadenamiento por enclave:*

Fechoría cometida = Hecho por retribuir

Proceso retributivo

Daños por infligir
Proceso agresivo
Daño infligido

Hecho retribuido

---

[59]   *Ibídem,* p. 88.
[60]   *Ibídem,* p. 88. Modificamos ligeramente los términos empleados en la traducción española según la versión francesa.
[61]   El signo = significa que el mismo acontecimiento desempeña simultáneamente dos funciones distintas.

En este caso el proceso incluye un segundo proceso que le sirve de medio el cual, a su vez, puede incluir un tercer proceso, etc.

c) *Encadenamiento por enlace:*

Daño por infligir	*vs.*	Fechoría por cometer
Proceso agresivo	*vs.*	Fechoría
Daño infligido	*vs.*	Fechoría cometida = Hecho por retribuir.

Este tercer tipo, inexistente en su primer artículo[62], supone la consideración del punto de vista de dos personajes y no de un único héroe. Lo que para un personaje es un "daño a infligir" es, para otro, una "fechoría por cometer", etc.

A partir de estos simples esquemas considera que se pueden trazar todas las posibilidades del ciclo narrativo, todos los posibles narrativos. El relato es "un discurso que integra una sucesión de acontecimientos de interés humano en la unidad de una misma acción"[63]. Para que los acontecimientos interesen es necesario que se organicen en torno a un proyecto humano al que favorecen o contrarían. Esto nos ofrece la primera alternativa fundamental: de un acontecimiento o serie de acontecimientos se seguirá un mejoramiento o empeoramiento de la situación. Analizando las posibilidades de cada una de estas dos opciones, traza la red de los posibles narrativos. Pero además, los tipos narrativos elementales se corresponden con las formas más generales del comportamiento humano[64]. De este modo estas distinciones permiten establecer una tipología universal de los relatos y, a su vez, un marco general para el estudio comparado de los comportamientos humanos[64].

Otros autores

Diversos autores han aplicado los métodos de Propp en análisis abstractos o concretos (Barthes, Todorov, etc.[65]). Del segundo tipo es el

---

[62] En «El mensaje narrativo» únicamente distingue dos tipos de combinación de las secuencias elementales en las secuencias complejas: por continuidad y por enclave (pp. 91-92). Acerca de esta tercera combinación, "La lógica de los posibles narrativos", p. 89.

[63] "La lógica de los posibles" narrativos, p. 90.

[64] *Ibidem*, p. 109.

[65] Serán considerados dentro del formalismo francés.

estudio de Umberto Eco sobre Ian Fleming, indirectamente relacionado
con la obra de Propp[66]. En todas las novelas del autor encuentra unas
parejas fijas, que constituyen los *invariantes* del autor:

a) Bond - M (jefe)
b) Bond - malo
c) El malo - la mujer   personajes
d) La mujer - el malo
e) El mundo libre - la Unión Soviética
f) Gran Bretaña - países no anglosajones
g) Deber - sacrificio
h) Codicia - ideal   valores
i) Amor - muerte
j) Peligro - programación
etcétera.

A diferencia de Brémond y Greimas, Eco intenta deducir de estas
estructuras su impacto sobre los lectores: el éxito de I. Fleming radica en
la repetición de un esquema invariable que el público conoce y disfruta.
La evasión se produce a partir de lo conocido y no de lo desconocido,
lo que halaga la pereza mental del espectador o lector, pereza
camuflada al añadírsele ciertos datos imprevistos. "Le plaisir du lecteur
consiste à se trouver plongé dans un jeu où il connaît les pièces et les
règles et même l'issue à part des variations minimes"[67].

Otros autores han aplicado los métodos de Propp, a través de la influencia de Greimas y Lévi-Strauss, a relatos periodísticos[68], al análisis de
chistes[69], etc.

Si en Francia, salvo en el caso de Lévi-Strauss, Propp ha suscitado
esencialmente estudios sobre la organización del relato literario, periodís-
tico, etc., en otros países se aplicó principalmente, como en su inicio, al
mito y al folclore[70]. Paralelamente sus estudios han servido de punto de

---

[66] Umberto Eco, "James Bond: une combinatoire narrative", en *Communications*, 8, 1966,
pp. 77-93. (Suprimido en la versión española.)

[67] *Ibidem*, p 90. ("El placer del lector consiste en verse sumergido en un juego del que conoce
las piezas y sus reglas e incluso su desenlace, salvo variaciones mínimas.")

[68] Ejem.: Jules Gritti, "Un récit de presse: les derniers jours d'un *grand homme*", en *Communications*, 8, 1966, pp. 94-101. (Vers. esp., pp. 111-120.)

[69] Ejem.: Violette Morin, "L'Histoire drôle", en *Communications*, 8, 1966, pp. 102 ss. (Vers.
esp. pp. 121-146.)

[70] E. Mélétinski, "El estudio estructural y tipológico del cuento", Postfacio a Propp, *Morfología
del cuento*, pp. 179-221.

partida para diversos congresos o coloquios sobre semiótica literaria, análisis del relato, etc. [71].

Pese a que el propósito inicial del autor no fuese sino el de contribuir al estudio del folclore ruso, su *Morfología del cuento*, redescubierta tras treinta años de olvido, ha constituido la base de la mayoría de los trabajos sobre semiótica del relato.

Estructuralismo checo. Círculo lingüístico de Praga

En 1926, a instancias de Vilem Mathesius, se constituía la primera reunión del Círculo de Praga, compuesto por Mathesius, Jakobson, exiliado desde 1920, Havránek, Rypka, Trnka. Pronto se unieron a ellos Cirevski, Mukařovski, René Wellek y los rusos venidos del Círculo de Moscú, Trubetzkoy y Bogatyrev [72]. Círculo célebre por su contribución a la lingüística sincrónica a través de su estudio de la fonología, su aportación en el terreno de la crítica literaria, hoy relegada, no fue menos importante.

En 1923, Jakobson en su estudio del verso checo, importante contribución a la teoría de la poesía, precisaba la existencia en la lengua de sonidos significativos y no significativos, precedente de la distinción entre *fonema* y *sonido*. Como en el Círculo moscovita, los estudios lingüísticos aparecen íntimamente vinculados a los estudios literarios.

En 1929 aparecería el primer trabajo colectivo del Círculo, sus tesis presentadas ante el primer congreso de filólogos eslavos, celebrado en Praga. En ellas, además de las bases de la lingüística estructural, que completaban las del primer congreso internacional de lingüistas de La Haya, en 1928, se contenía una definición del lenguaje poético como lenguaje centrado sobre el valor autónomo del signo: "Il résulte de la théorie disant que le langage poétique tend à mettre en relief la valeur autonome du signe, que tous les plans d'un système linguistique, qui n'ont dans le langage de communication qu'un rôle de service, prennent, dans le langage poétique, des valeurs autonomes plus ou moins considérables. Les moyens d'expression groupés dans ces plans ainsi que les relations mutuelles existant entre ceux-ci et tendant à devenir automatiques dans le langage de communication, tendent au contraire dans le langage poétique à s'actualiser"[73].

---

[71] Tzvetan Todorov, "L'analyse du récit à Urbino", en *Communications*, 11, 1968, pp. 165-167. (1er. Seminario Internacional sobre Análisis del Relato.)

[72] "Entretetien avec J. Mukařovsky", en *Change*, 3, pp. 65-71.

[73] "Resulta de la teoría de que el lenguaje poético tiende a poner de relieve el valor autónomo

El estructuralismo checo significó la reformulación de las tesis extremistas de los formalistas rusos [74]. Bajo la influencia de Ernst Cassirer (*Filosofía de las formas simbólicas*, Berlín, 1923-31), se consideró el lenguaje como el principal sistema de signos, mas no el único. Mukařovsky desarrolló la concepción de la poesía como parte integrante de la semiología y no de la lingüística, concepción que, treinta años después, se impondría en Europa occidental [75].

La segunda guerra mundial marcaría un corte en el Círculo de Praga y en su epígono, el Centro literario polaco de la Universidad de Varsovia, y en su influencia sobre la crítica literaria occidental.

Autores eslavos en el mundo occidental: Roman Jakobson

Partiendo de las funciones del lenguaje de K. Bühler [76], la Escuela de Praga [77] había desarrollado una teoría de la poesía que posteriormente recogería y completaría, gracias a la aportación de la cibernética y de la teoría de la información, Roman Jakobson, constituyendo la base de la poética europea en los últimos años.

---

del signo que todos los planos del sistema lingüístico, que en el lenguaje de comunicación sólo tienen una función pragmática, toman, en el lenguaje poético, valores autónomos más o menos importantes. Los medios de expresión comprendidos en estos planos, así como las relaciones mutuas que existen entre ellos y que tienden a hacerse automáticas en el lenguaje de comunicación, tienden, por el contrario, en el lenguaje poético a actualizarse". *Tesis de 1929*, publicadas en francés en los *Travaux du Cercle linguistique de Prague*, I, 1929, y reproducidas en *Change*, 3, pp. 19-51, p. 36. Traducidas al español por María Inés Chamorro, *Círculo lingüístico de Praga*, Madrid, Alberto Corazón Editor, Comunicación, Serie B, 1970. (Hemos traducido directamente del texto francés.)

[74] "Le structuralisme puise beaucoup dans le formalisme mais ne doit pas conserver celles de ses thèses qui n'ont été qu'une *maladie infantile* de cette nouvelle tendance de la science littéraire". R. Jakobson, "Formalisme russe, structuralisme tchèque", discusión del 10 de diciembre de 1934 entre Mukařovsky, A. Bem, R. Wellek, R. Jakobson; aparecida en *Slovo a slovesmost* en 1935, traducido del checo por O. Kulik y publicado en *Change*, 3, 1969, p. 59. (Discusión surgida en torno a la obra, *La Majestad de la Naturaleza* de Polak de Mukařovsky.) ("La influencia del formalismo sobre el estructuralismo ha sido decisiva pero éste no debe conservar las tesis formalistas que no son sino una *enfermedad infantil* de esta nueva tendencia de la ciencia literaria.")

[75] Jan Mukařovsky, "L'Art comme fait sémiologique", en *Actes du 8.ᵉ Congrès International de Philosophie à Prague, 2-7 septembre 1934*. Prague, 1936, pp. 1065-1072. Reproducido en *Poétique*, 3, 1970, pp. 387-392. Para apreciar la modernidad de la concepción de Mukařovsky basta recordar que, 25 años después, Roman Jakobson y, en general los estilólogos europeos y americanos, seguían considerando la poética o estilística vinculada a la lingüística, y no a la semiología.

[76] Karl Bühler, "Die Axiomatik der Sprachwissenschaft", en *Kant-Studien*, 38, 19-90, Berlín, 1933. *Teoría del lenguaje*. Trad. del al. por Julián Marías. Madrid, Rev. de Occidente, 1967, 3.ª ed. pp. 69-72, distingue tres funciones en el lenguaje, *expresión*, *apelación* y *representación*.

[77] Jan Mukařovsky, "La dénomination poétique et la fonction esthétique de la langue", en *Actes du 4.ᵉ Congrès International des linguistes*. Copenhague, Ejnar Munksgaard, 1938, pp. 98-104; reproducido en *Poétique*, 3, 1970, pp. 392-398. Acepta la triple distinción de Bühler para la lengua

Jakobson había sido uno de los más activos componentes del formalismo ruso y del estructuralismo checo. A él hemos acudido en diversas ocasiones para exponer teorías características de los círculos de Moscú y Praga. Desde 1919 *(La nueva poesía rusa,* publicada en 1921) definía la poesía como lenguaje presidido por una función estética y destacaba la importancia del estudio de la *literaturidad.* Con anterioridad frente a los *Principios de fonología* de Trubetzkoy, en su estudio del *Verso checo* (1933) rechazó una prosodia cinética o acústica, sustituyéndolas por una prosodia fonológica. Vió la importancia de los rasgos fonológicos en la métrica de una lengua determinada, sin que esto supusiese un determinismo absoluto. El poeta (escuela, movimiento, etc.) elige los rasgos prosódicos explotados entre las posibilidades que le ofrece la lengua. No ignoraba que la noción de poesía es inestable, sometida a los avatares del tiempo, pero hallaba entre lás tendencias más encontradas una constante, un punto estable: el predominio que en todo tipo de poesía cobra la *función poética,* dominante en la obra de arte [78]. La poeticidad "se manifeste en ce que le mot est senti comme mot et non en tant que simple substitut de l'objet" [79]. Posteriormente, su reflexión sobre las teorías literarias del poeta G. M. Hopkins le hacía reformular el principio de toda técnica poética como manifestación del principio del paralelismo: "à tous les niveaux de la langue l'essence, en poésie, de la technique artistique réside en des retours réitérés" [80]. La poesía se teje sobre una compleja relación de estructuras fonológicas y gramaticales de las que el poeta no ha de ser necesariamente consciente [81].

---

hablada, científica, etc., pero añade que, en el lenguaje literario, sin desaparecer estas tres funciones, el interés se centra sobre una cuarta función, de orden diferente, la función estética. Puesto que su aportación esencial ha sido en el campo de la semiología del arte, volveremos sobre él en el capítulo siguiente. Por otra parte, hemos visto anteriormente, con ocasión de los formalistas rusos, formulada la importancia de la función estética o poética en la literatura.

En unas conferencias pronunciadas en la Universidad de Masaryk en Brno durante la primavera de 1935 sobre el formalismo ruso, Jakobson distingue la función poética, la función referencial y la función expresiva. La obra poética se define como un mensaje verbal en el que la función estética es la dominante. El texto checo inédito de estas conferencias fue traducido al inglés bajo el título de "The Dominant" y publicado en L. Matejka y K. Pomorska (ed.), *Readings in Russian Poetics.* Cambridge y Londres, 1971, pp. 82-7. Ha sido traducido al fr. y publ. en *Questions de Poétique,* pp. 145-151.

[78] *Questions de poétique,* pp. 123-4. Riffaterre propuso sustituir la denominación de *función poética* por la de *función estilística* —y posteriormente por *función formal—* para evitar su posible reducción al dominio de la poesía versificada. "La Fonction stylistique", en *Essais de stylistique structurale,* páginas 145-158, especialmente, pp. 147-8.

[79] *Ibidem,* p. 124 ("se manifiesta en que la palabra se percibe como tal y no como mero sustituto del objeto").

[80] *Ibidem,* p. 234 ("a todos los niveles de la lengua, la esencia, en poesía, de la técnica artística reside en retornos reiterados").

[81] *Ibidem,* p. 292.

Especialmente conocido como lingüista, sus teorías poéticas influyeron en el mundo occidental especialmente a partir de 1960, fecha en la que apareció su obra en la que resucitaba o reformulaba algunas de sus posiciones anteriores junto a teorías del formalismo ruso y del estructuralismo checo [82].

El objeto de la poética es para el autor responder a la pregunta: *¿Qué hace de un mensaje verbal una obra de arte?* [83] Es decir, estudiar lo específico de la obra de arte, lo que la distingue de cuanto no lo es. Aunque Jakobson evite el término, hallamos una nueva formulación de la *literaturidad* como objeto esencial de los estudios poéticos.

Concibe la poética como parte de la lingüística, puesto que se ocupa de estructuras lingüísticas. Ahora bien, dadas las correspondencias existentes entre las distintas artes, la poética estudia procesos que sobrepasan los límites del arte del lenguaje y pertenecen de hecho a la ciencia de los signos, a la semiología o semiótica [84].

¿Qué diferencia el objeto de estudio de la poética y el objeto de estudio de la lingüística? ¿Cómo distinguir unívocamente el lenguaje poético del lenguaje ordinario? Para ello parte de las seis funciones del lenguaje, vinculadas a los seis factores del proceso de comunicación.

Todo proceso comunicativo se basa en la presencia de seis factores: el *remitente* que envía un *mensaje* a un *destinatario,* mensaje que requiere un contexto (o *referente)* y un *código* común para ser pertinente, y que se transmite gracias a un *contacto* —canal físico, conexión psicológica, etc.— entre emisor y receptor, o, esquemáticamente representado [85]:

CONTEXTO

REMITENTE ... MENSAJE ... DESTINATARIO

CONTACTO

CODIGO

Cada uno de estos seis factores origina una función lingüística distinta, aunque rara vez se dé una sola de ellas en la comunicación. Por el

---

[82] En 1960 apareció en inglés en *Style in Language,* "Linguistics and Poetics", pp. 350-377. Había sido objeto de una intervención final en la Conferencia Interdisciplinaria sobre el Estilo celebrada en 1958 en la Universidad de Indiana. Fue traducido al francés por Nicolas Ruwet e incluido en sus *Essais de linguistique générale.* París, Ed. de Minuit, 1963, pp. 209-248. Citaremos según la edición francesa.

[83] *Essais de linguistique générale,* p. 210.

[84] *Ibidem,* p. 210.

[85] *Ibidem,* p. 214. Cf. Esquema completo del proceso comunicativo entre dos máquinas presenta-

contrario, el predominio de una sobre las otras marca los diversos tipos de lenguaje (lenguaje científico, lenguaje literario, lenguaje de la propaganda, etc.). La orientación hacia el contexto constituye la *función denotativa, referencial, cognitiva*. La *función expresiva* o *emotiva* se centra sobre el remitente y, en la lengua, halla su expresión más pura en la interjección. La *función conativa* se centra sobre el destinatario (aparece representada en la lengua por el vocativo e imperativo). La *función fática* tiende a establecer o acentuar el contacto entre el emisor y el receptor (responden a ella frases que carecen de intención comunicativa, cuya única función es llamar la atención, verificar si un circuito funciona: ejem.: fr. "Allô!" en el teléfono; "Un, dos, tres", etc., para probar un altavoz. Es la primera función adquirida por los niños y la única poseída por los animales parlantes). En la *función metalingüística* la atención se concentra sobre el código mismo (ejem.: todo intento de verificar la comprensión o significado de una palabra, frase, etc., responde a esta función—ejem.: ¿ "Qué dice usted?", "Perdón, no le he entendido bien", "¿Qué quiere decir esta palabra?"). Finalmente, la *función poética* atiende al mensaje mismo[86].

No existe, sin embargo, coincidencia exacta entre función poética y empleo artístico del lenguaje: la función poética no agota las funciones del lenguaje artístico y existe fuera de él (lenguaje de la propaganda, etc.): "L'étude linguistique de la fonction poétique doit outrepasser les limites de la poésie, et, d'autre part, l'analyse linguistique de la poésie ne peut se limiter à la fonction poétique"[87].

Tras captar el modo de ser de la función poética, se plantea el problema de encontrar lo esencial de la obra poética, de ver qué elemento le es esencial. Lo halla en una fórmula hoy célebre: *La fonction poétique projette*

---

do por Umberto Eco, *La Estructura ausente. Introducción a la semiótica*. Trad. esp. de Francisco Serra Cantarell. Barcelona, Lumen, 1972, p. 52:

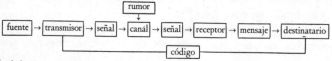

[86] *Ibidem*, pp. 214-220. En suma, existen seis funciones en el lenguaje que se corresponden con los seis factores constitutivos de la comunicación. Estas seis funciones son:

	referencial	
emotiva	poética	conativa
	fática	
	metalingüística (p. 220).	

[87] *Ibidem*, p. 219. ("El estudio lingüístico de la función poética ha de desbordar los límites de la poesía y, por otra parte, el análisis lingüístico de la poesía no puede limitarse a la función poética.")

*le principe d'équivalence de l'axe de la sélection sur l'axe de la combinai-
son*[88]. En el habla existen dos tipos de ordenación: la *selección* y la *combinación*. Antes de decir algo, el hablante elige un término entre varias posibilidades más o menos sinónimas. Su selección se produce sobre el principio de la equivalencia: semejanza o disparidad, etc. Por el contrario,
una vez que ha elegido los términos que empleará, su combinación reposa
únicamente sobre la contigüidad. Ahora bien, en poesía esta equivalencia
se extiende al eje sintagmático del discurso, convirtiéndose en principio
fundamental.

La importancia de Jakobson para los estudios de poética y semiótica
literaria occidentales ha sido decisiva. Los autores posteriores han retenido
especialmente tres aspectos:

1. Su análisis de las funciones y factores del lenguaje y su estudio
de la función poética.

2. Aunque para Jakobson la poética está incluida en la lingüística,
es "cette partie de la linguistique qui traite de la fonction poétique dans
ses relations avec les autres fonctions du langage"[89] (por lo tanto, en su
sentido amplio, no puede limitarse a la lengua poética); sin embargo,
señaló que ciertos procesos poéticos desbordan el marco de la lingüística
para entrar de lleno dentro del marco de la semiología y semiótica. A la
vez llamó la atención sobre los estudios de Peirce, Lévi-Strauss y Propp.
Esto ha favorecido el auge moderno de la crítica semiológica, de los estudios semiológicos sobre la literatura y de la consideración de la poética
como parte de la semiología y no de la lingüística.

3. Sin alcanzar la importancia de los puntos anteriores, parece probable que el resurgir de la retórica en los últimos años se deba al empleo
que hace el autor de los términos de la antigua retórica, y, especialmente,
a la utilización de los términos metonimia y metáfora para definir, en
líneas generales, el modo de ser de la poesía romántica y simbolista y de la
novela realista, respectivamente[90,91].

La determinación de las relaciones entre la poética y la lingüística, la
consolidación de las tareas peculiares de la primera, en este artículo,

---

[88] *Ibidem*, p. 220. ("*La función poética proyecta el principio de equivalencia del eje de la selección
sobre el eje de la combinación.*")

[89] *Ibidem*, p. 222. ("... la parte de la lingüística que estudia la función poética en sus relaciones
con las restantes funciones del lenguaje.")

[90] *Ibidem*, pp. 61-67 y 244.

[91] Se ha destacado la importancia de sus posiciones teóricas. El interés de sus análisis concretos
no es inferior. Versan a menudo sobre poemas breves y, en este aspecto, sus abundantes análisis sobre
obras en diversas lenguas eslavas, románicas y germánicas, han desarrollado un nuevo tipo de análisis estilístico.

aparecido en inglés en 1960, era el resultado de la convergencia del pensamiento ruso-checo con la reflexión americana, en parte representada por el *New Criticism*, convergencia de la que ya en 1948 era ejemplo la colaboración del antiguo miembro del Círculo de Praga René Wellek con el norteamericano Austin Warren [92, 93].

El "New Criticism" [94]

El *New Criticism* surgió hacia 1935 en un grupo de críticos del Sur animados, en un principio, por John Crowe Ramson, quien, en 1941, bautizó el movimiento [95]. En Vanderbilt University entraría en contacto con dos de los más activos participantes en el grupo: Allen Tate [96] y Cleanth Brooks [97]. A ellos suele añadirse Robert Penn Warren [98], colega de Brooks, Kenneth Burke [99], teórico ecléctico que supuso la síntesis de

---

[92] René Wellek y Austin Warren, *Teoría literaria*. Trad. esp. de José M.ª Gimeno. 4.ª ed. Madrid, Gredos, 1969. La obra se presenta como síntesis y reformulación de la teoría de la literatura, de la historia literaria, de la crítica histórica, etc.

[93] Existen indiscutibles puntos de confluencia entre el formalismo ruso, el estructuralismo checo y el *New Criticism*. Todos ellos concedieron prioridad al estudio de la obra y no del autor y consideraron esencialmente (o exclusivamente) los valores estéticos. Los puntos de contacto aumentan caso de tomarse como comparación, no el *New Criticism* en su conjunto, sino ciertos grupos, especialmente el de Cleanth Brooks y Robert Penn Warren, que destacan la unidad orgánica de la obra artística y la ambigüedad del lenguaje poético. Existen, sin embargo, diferencias importantes. A la concepción americana de posibles modelos para toda la poesía se opone el relativismo ruso; la búsqueda de una norma poética en la primera contrasta con la concepción del estilo más difundida entre los formalistas y estructuralistas como *desvío* frente a la norma. La reflexión rusa y checa sobre la literatura fue acompañada de importantes estudios lingüísticos, lo que influenció su método de análisis; por el contrario el *New Criticism*, aún insistiendo en que el texto es esencialmente obra del lenguaje, únicamente se favoreció de investigaciones semánticas. (V. Erlich, *Russian Formalism. History. Doctrine*, pp. 272-5).

[94] Puede parecer extraño incluir al *New Criticism* en un estudio de la estilística y poética. Sin embargo, pese a todas las diferencias señalables, creemos que existen entre todas las corrientes señaladas puntos de contacto importantes en cuanto a la concepción de la literatura y a la tarea de la crítica. H. Hatzfeld, al incluir a los formalistas rusos y a los *new critics* en su revisión de las tendencias estilísticas, señaló: "y pueden llamarse estilistas, puesto que se preocupan más de la artesanía literaria que de la inspiración artística". "Métodos de investigación estilística", en *Revista de Ideas Estéticas*, XIV, n.º 53, 1956, pp. 43-65, p. 56.

[95] J. C. Ramson, *The New Criticism*. Norfolk, 1941; *The World's Body*. New York, 1938; *Poems and Essays*. Nueva York, 1955.

[96] Allen Tate, *Reactionary Essays on Poetry and Ideas*. Nueva York, 1936; *Reason in Madness: Critical Essays*. Nueva York, 1941. *On the Limits of Poetry: Selected Essays, 1928-1948*. Nueva York, 1948. *The Hovering Fly*. Cummington, Mass., 1949; *The Man of Letters in the Modern World*. Nueva York, 1955; *The Forlorn Demon: Didactic and Critical Essays*. Chicago, 1968.

[97] Cleanth Brooks, *Modern Poetry and the Tradition*. Chapell Hill, N. C., 1929. *The Well Wrought Urn, Studies in the Structure of Poetry*. Nueva York, 1947.

[98] Robert Penn Warren es autor de diversas obras en colaboración con C. Brooks: C. Brooks y R. P. Warren, *Understanding Poetry*. Nueva York, 1938. *Understanding Fiction*. Nueva York, 1943.

[99] Kenneth Burke, *The Philosophy of Literary Form*. Baton Rouge, 1941.

la crítica marxista y del New Criticism, y R. P. Blackmur [100]. Como antes los formalistas europeos y sin relación con ellos, ya que la influencia de los primeros no se dejó sentir hasta los últimos años de la década de los cuarenta, sintieron la necesidad de crear una crítica intrínseca, prescindiendo de diversas interpretaciones extrínsecas, psicológicas, sociológicas y antropológicas. En esto se hacían eco de concepciones de poetas-críticos ingleses o americanos, Coleridge, T.S. Eliot, T.E. Hulme, Ezra Pound y de los pioneros de la semántica, I. A. Richards [101] y William Empson [102]. Ya Eliot había manifestado su profundo recelo frente a las interpretaciones subjetivas y el autobiografismo, viendo en el estudio de la poesía, y no del poeta, la tarea esencial de la crítica literaria.

Los *new critics* reclamaron un estudio intrínseco de la obra literaria, denunciando los inconvenientes de la crítica genética, psicológica, histórica, biográfica y sociológica. Tendieron a abolir la oposición tradicional entre fondo y forma, aunque la carencia de una terminología adecuada fue uno de los grandes escollos con el que tropezaron estos intentos. La técnica de análisis, basada en la lectura minuciosa, *close reading,* intenta descubrir las tonalidades particulares que definen los puntos de vista constituidos por la explotación particular que hace el poeta de la multivalencia de las palabras, de las asociaciones posibles entre ellas y de la posición del lector frente a los diferentes niveles de significación. Brooks considera el poema como una serie de estructuras en tensión, de estructuras de ironías y paradojas, motivadas por la incongruencia y el contraste de varios niveles de significado [103]. La esencia de la poesía se vio en la metáfora, uno de los aspectos más estudiados por los *new critics.*

Las consecuencias del movimiento sudista fueron positivas, aunque no llegaron a constituir un corpus doctrinal comparable al de la Rusia de los años 1915-30. Consiguieron destacar el papel de la crítica inmanente, situándola en el centro de los estudios literarios, rehabilitaron temas descuidados por la historia literaria tradicional, como el estudio de los poetas metafísicos ingleses, principalmente Donne, y proporcionaron, según el modelo de Eliot, afortunados análisis de la literatura moderna. Intentaron forjarse un aparato crítico objetivo y científico, pero no lograron un auxiliar eficaz en la lingüística. Mientras que el formalismo ruso

---

[100] R. P. Blackmur, *Language as Gesture.* Nueva York, 1952.
[101] I. A. Richards, *Principles of Literary Criticism.* Londres, 1924. *Practical Criticism.* Londres, 1929 (Nueva York, 1956). Ogden, C. K. y I. A. Richard, *The Meaning of Meaning.* 7.ª ed. Nueva York, 1945.
[102] William Empson, *Seven Types of Ambiguity.* Londres, 1930.
[103] Cleanth Brooks, *The Well Wrought Urn.* Nueva York, 1947.

se había caracterizado por un esfuerzo paralelo y constante en el estudio del lenguaje y en el análisis del lenguaje poético, siendo importante su aportación en ambos dominios, los *new critics* no contaron con otros conocimientos lingüísticos que las teorías semánticas de Richards y Empson, teorías aún en sus comienzos y carentes del necesario desarrollo. Esto, unido a las inconsecuencias terminológicas, debidas a la apropiación de términos pertenecientes a áreas muy diferentes (filosofía, semántica, etc.), explica la ambigüedad —e incluso las contradicciones— de su teoría, hoy, salvo logros parciales, en su conjunto, caduca.

Movimiento conservador, unido a los *Southern Agrarians,* se aprovechó del declive de la crítica marxista predominante en los EE. UU. durante el periodo anterior y, como reacción contra ella, creó una crítica interna. La carencia de unos métodos adecuados le impidió colmar sus propósitos y, a partir de 1950, se dejaron eclipsar ante la abundancia de ataques recibidos: entre estos ataques fue decisiva la intervención de una escuela, entonces rival, los *Chicago Critics* quienes, presididos por Ronald S. Crane [104], iniciaron una campaña contra sus teorías en la revista *Modern Philology.* Resucitando la poética aristotélica, Crane intentaba, con la consideración de los géneros, romper con la uniformidad de los análisis del *New Criticism.*

Tampoco el grupo de Chicago logró desarrollar unos conceptos de crítica intrínseca coherentes. Pronto una nueva tendencia, opuesta, iba a ocupar el predominio que antes ostentaron los *new critics:* la crítica del mito, empleando el término de Wellek, fusión de la antropología cultural y de los estudios sobre el subconsciente de Yung. Detrás de cada obra se buscó la imagen de un mito primitivo, tendencia que floreció en Inglaterra desde los años 30 (Maud Bodkin, *Archetypal Patterns in Poetry,* 1934) y en los EE. UU. unos años después. La crítica inmanente retrocedió ante orientaciones psicológicas psicoanalíticas o pseudopsicoanalíticas. Unicamente los mejores autores —esencialmente Northrop Frye en *Anatomy of Criticism,* 1957— incorporaron a la crítica del mito elementos aportados por el *New Criticism,* intentando una teoría total de la literatura, tal vez excesivamente ambiciosa, pero siempre coherente [105].

---

[104] Ronald S. Crane, *Critics and Criticism: Ancient and Modern.* Chicago, 1952; *The Language of Criticism and the Structure of Poetry.* Toronto, 1953.

[105] Bibliografía: G. I. Glicksberg, *American Literary Criticism, 1900-1950.* Nueva York, 1951; R. W. Stallman, ed. *Critiques and Essays in Criticism: 1920-48.* Nueva York, 1949; W. K. Wimsatt, Jr. y C. Brooks. *Literary Criticism. A Short History.* Nueva York, 1957; Londres, 1970; Keith Cohen, "Le *New Criticism* aux Etats-Unis", en *Poétique,* 10, 1972, pp. 217-243; René Wellek, "Las principales tendencias de la crítica en el siglo XX", en *Conceptos de crítica literaria.* Trad. esp. de Edgar Rodríguez Leal. Caracas, Ed. de la Biblioteca de la Universidad Central de Venezuela, 1968, pá-

El postformalismo soviético.
La poética de M. Bakhtine

La poética soviética de los últimos años es de tendencia esencialmente semiótica, pero entre ella y los formalistas de los años veinte, entre
la crítica inmanente y el realismo sociológico de la era estaliniana, habría que situar los trabajos de Mikhail Bakhtine [106].

En medio de la polémica en torno al formalismo, Pavel Medvedev,
V. Volochinov y Mikhail Bakhtine intentaron elaborar una nueva poética
que compaginase su método con la teoría marxista [107]. La obra poética es
considerada como un sistema de signos, pero se intenta superar el ahistori-
cismo formalista y su tajante separación inicial entre el poema y su ideología. Al análisis del sistema que constituye la obra se añade la consideración
de su situación en la historia de los sistemas significantes; se profundiza
su relación con las restantes obras. Bakhtine completa la poética formalista acudiendo a elementos puestos de relieve por la poética anterior a
los Círculos de Moscú y San Petersburgo, por la poética historicista de
Veselovsky [108]. Este diferente acercamiento a la obra literaria —acercamiento que supera las limitaciones del formalismo y, a la par, huye de
los extremos de un historicismo empobrecedor y de un sociologismo simplista— le lleva a descubrir como característica esencial de la obra de
Dostoievski la aparición de la *corriente dialógica* del XIX, frente a la *corriente monológica* representada por Tolstoi.

Bakhtine escudriña, bajo la apariencia acabada de la obra de arte, las
fuerzas populares que la han animado. Y, entre ellas, descubre una forma

ginas 255-269. Franz Günther, "Le *New Criticism*", en *Langue Française*, 7, 1970, pp. 96-101. Paul
Sporn, "Critique et science aux Etats Unis", en *Poétique*, 6, 1971, pp. 223-237.

A las obras de los *new critics* es necesario añadir las obras críticas de T.S. Eliot: *On poetry and
poets*. Londres, Faber and Faber, 1959. (Trad. esp., Buenos Aires, Sur, 1959); *Selected Essays, 1917-
1932*. Londres, Faber and Faber, 1955; *The use of poetry and the use of criticism*. Londres, Faber
and Faber, 1933. (Trad. esp. Barcelona, Seix Barral, 1968.) *Criticar al crítico*. Madrid, Alianza
Editorial, 1969.

[106] Mikhail Bakhtine, *La Poétique de Dostoievski*. Trad. del ruso por Isabelle Kolitcheff.
Présentacion de Julia Kristeva. París, Le Seuil, 1970. (Trad. de la 2.ª ed. rusa, 1963; 1.ª ed, 1929.)
L'Oeuvre de François Rabelais et la culture populaire au Moyen Age. Trad. del ruso por Andrée Robel.
París, Gallimard, 1970; "L'Enoncé dans le roman", en *Langage*, 12, 1968, pp. 126-132.

[107] Medvedev escribía: "Toda ciencia joven, y la teoría marxista lo es, debe estimar más al buen
enemigo que al mal compañero... La ciencia literaria marxista y el método formal se encuentran y
confrontan en torno al problema más actual —el problema de la especificidad del texto literario—".
Citado por J. Kristeva, "Une poétique ruinée". Presentation de Bakhtine en *La Poétique de Dostoievski*, pp. 5-21, p. 8.

[108] *Ibidem*, p. 10.

esencial que engendrará la sátira menipea, el diálogo socrático, el festín jocoso, la obra de Rabelais, etc.: el *carnaval*. Al carnaval, a la vieja fiesta popular, a la farsa, corresponde una corriente literaria abierta, una corriente que denomina *dialógica*. El carnaval irrumpe en la obra de Rabelais y la explica, lo que en parte —al menos en cuanto reminiscencia medieval, fuerza de la literatura popular— los críticos habían entrevisto. En cambio es plenamente nueva y revolucionaria su explicación de la obra de Dostoievski como manifestación, bajo una forma seria, de las corrientes dialógicas procedentes de los géneros carnavalescos: a ello responde "el aspecto tosco, inacabado, imperfecto de sus obras, su incapacidad para diferenciar perfectamente las voces de sus personajes, sus cambios de perspectiva, etc.". Frente a Dostoievski, encarna Tolstoi la corriente monológica, derivada de las formas "oficiales" y serias. Bakhtine no oculta sus preferencias por la primera corriente —relegada durante siglos por la crítica—, aun incurriendo en una excesiva simplificación y en injusticia respecto a la segunda [109].

Esta nueva concepción de la poética, paso hacia una ciencia integral de la literatura frente a la limitación formalista, tenía que solucionar diversos problemas previos. En efecto, la primera obra del autor, escrita en 1929, manifiesta la pobreza e imprecisión de un vocabulario poco válido para el cometido a él asignado. Pero no creemos que esto suponga la imposibilidad de esta poética, como parece desprenderse de la opinión de J. Kristeva [110]. Si la época en la que compuso sus obras le empujaba a una excesiva valoración de los elementos populares o populistas, prescindiendo del vaivén constante entre elementos cultos y tradicionales que en toda cultura milenaria suponen incluso las manifestaciones de apariencia más espontánea, es sumamente interesante el nuevo sesgo que confiere a la poética. La afianzación de esta ciencia, en efecto, supone la superación de su limitación inicial, sin recaer en una crítica extrínseca. En toda obra actúan de referente los sistemas significantes análogos, lo que precisa, determina y completa su significado propio, a la vez que modifica el conjunto de las restantes obras. La poética tiene que asumir la relación de la obra con la tradición literaria, relación concebida no como análisis genético

---

[109] Véase, David Hayman, "Au-delà de Bakhtine. Pour une mécanique des modes", en *Poétique*, 13, 1973, pp. 76-94.

[110] "... sous le nom de poétique hérité de ses prédécesseurs historicistes et formalistes, Bakhtine scrute un continent que les outils de la poétique ne peuvent atteindre". J. Kristeva, "Une poétique ruinée", présentation de Bakhtine en *La Poétique de Dostoievski*, pp. 5-21, p. 21. ("Bajo el término de poética, heredado de sus predecesores historicistas o formalistas, Bakhtine escudriña un universo que los instrumentos de la poética no pueden alcanzar.")

de tipo positivista, sino como comparación de sistemas significantes dentro del universo literario [111].

El formalismo francés [112]

Francia contaba con una larga tradición de poetas deseosos de crear un "arte puro", desvinculado de toda noción referencial. Mallarmé insistía en que la poesía "no se hace con ideas, sino con palabras". Valéry añoraba un arte en el que "la transmutación de los pensamientos los unos en los otros pareciese más importante que cualquier pensamiento, en el que el juego de las figuras contuviese la realidad del asunto" [113]. Sin embargo, su influencia no fue decisiva para crear una crítica inmanente, una crítica "pura", despreocupada de toda noción externa a la obra (autor, época, etcétera). Esta no triunfaría hasta los años sesenta, gracias a la convergencia de diversos factores: la reacción contra la crítica universitaria, convertida en una "estética de las motivaciones externas" —como, en parte injustamente, la denominó Barthes— y, esencialmente, la divulgación de las

---

[111] "... son mérite majeur serait d'être post-formaliste, c'est-à-dire d'avoir voulu dépasser ce refus d'interpréter, cette sèche anatomie à laquelle pour les formalistes devait se réduire la science de la littérature". ("... su mayor mérito sería el ser postformalista, es decir, el haber querido superar esa ausencia de interpretación, esa seca anatomía que para los formalistas constituían la ciencia de la literatura") Claude Frioux, "Bakhtine devant ou derrière nous", en *Littérature*, 1, 1971, pp. 108-115; véase también David Hayman, "Au-delà de Bakhtine. Pour une mécanique des modes", en *Poétique*, 13, 1973, pp. 76-94.

[112] Emplearemos el término extendido por M. Riffaterre, no sin connotaciones despectivas, para un grupo heterogéneo de autores con tendencias teóricas afines. Anteriormente el término había sido empleado por Barthes: "Enfin, le structuralisme (ou pour simplifier à l'extrème et d'une façon sans doute abusive: le formalisme)", en "Qu'est-ce que la critique", en el *Times Literary Supplement*, 1963, y en *Essais critiques*. París, Le Seuil, 1964, pp. 252-256. ("Finalmente, el estructuralismo –o simplificando al máximo y de una manera sin duda abusiva: el formalismo.") Gérard Génette lo recogió e intentó desprenderlo de las connotaciones peyorativas que podría encerrar y liberarlo de las confusiones que el término *forma* podía arrastrar. "Pues un formalismo, tal y como lo consideramos aquí, no se opone a una crítica del sentido (sólo hay crítica del sentido), sino a una crítica que confundiese sentido y substancia, y que descuidase el papel de la forma en el trabajo del sentido. Observamos por lo demás que se opondría en la misma cuantía (como lo han hecho efectivamente ciertos formalistas rusos) a una crítica que devolviese la expresión a su sola substancia fónica, gramatical o de otro tipo." "Razones de la crítica pura", en Los *Caminos actuales de la crítica*, pp. 155-172, p. 169.

Acerca del formalismo francés, véase: Michael Riffaterre, "Le Formalisme français", en *Essais de stylistique structurale*, pp. 261-285. Serge Doubrovsky, *Pourquoi la Nouvelle Critique. Critique et objectivité*. París, Mercure de France, 1968. *Les Chémins actuels de la critique*, éd. G. Poulet. París, Plon, 1967. (Trad. esp. en Ensayos Planeta, Barcelona, 1969). Robert E. Jones. *Panorama de la Nouvelle Critique en France*. París, S. E. D. E. S., 1968. Doubrovsky intenta contemporizar en la polémica de la "nouvelle critique" y la crítica universitaria, polémica a la que aludiremos al considerar a Roland Barthes.

[113] Citado por M. Riffaterre, *loc. cit.*, p. 268.

teorías de los formalistas rusos, preparadas y favorecidas por la aplicación
del método estructural a otros dominios de las ciencias humanas, esencialmente con Lévi-Strauss. Fue decisiva la llegada de eslavos, en particular de Tzvetan Todorov y Julia Kristeva, quienes difundieron los
textos formalistas y los estudios de semiótica soviética. En 1965, Todorov traducía y preparaba la *Teoría de la literatura,* antología de la teoría
formalista [114]. Marguerite Derrida, Tzvetan Todorov y Claude Kahn tra-
ducían en 1966 la *Morfología del cuento* de Vladimir Propp [115]. Poco antes Nicolas Ruwet había traducido del inglés los *Essais de linguistique générale,* de Roman Jakobson, superviviente del grupo formalista establecí-
do en los EE. UU. [116]. Julia Kristeva introdujo los estudios postformalis-
tas de Mikhail Bakhtine, presentando *La Poétique de Dostoievski* [117] y las
tesis de los semiólogos soviéticos [118], tarea de divulgación proseguida por
Todorov en la revista *Poétique.*

Ante estas influencias se ha producido la "reconversión" de críticos
antes encaminados en otras direcciones, como Roland Barthes, marcado
en sus primeros escritos por la crítica de Bachelard, de inspiración psicoanalítica o temática.

Sin haber constituido un movimiento homogéneo, suele incluirse bajo
el término de "formalismo francés" al grupo reunido en torno a la editorial Le Seuil y las revistas *Tel Quel, Critique, Communications* y *Poétique,*
siendo su figura más representativa Roland Barthes. Lo integran un grupo
de críticos: Roland Barthes, Gérard Genette, etc.; poetas, como Marcelin
Pleynet, Denis Roche; novelistas, como Philippe Sollers, Jean Ricardou,
Jean Thibaudeau, etc.; filósofos, como Foucault, Derrida, Julia Kristeva,
etcétera [119].

Influenciado por el estructuralismo y el formalismo, por el psicoanálisis
y los estudios de la imaginación poética de Bachelard y en parte por el
marxismo, el formalismo francés plantea la posibilidad de una crítica plenamente inmanente, consciente hasta sus últimas consecuencias del modo
de ser específico de la obra literaria. Parte de una concepción de la obra

[114] París, Le Seuil, 1965. Trad. del fr. al esp. por A. M. Nethol. Buenos Aires, Ed. Signos,
1970. Véase, anteriormente, pp. 51-54.
[115] París, Le Seuil, 1966; 2.ª ed. 1970. Véase, anteriormente, p. 54, nota 19.
[116] París, Ed. de Minuit, 1963. Véase, anteriormente, pp. 70-75.
[117] París, Le Seuil, 1970. Véase, anteriormente, páginas 78-80.
[118] Julia Kristeva, "La sémiologie aujourd'hui en U.R.S.S.", en *Tel Quel,* n.º 35. y "Le mot, le
dialogue et le roman", en *Semiotikê,* pp. 143-173.
[119] Michael Riffaterre, "Le Formalisme français", en *Essais de stylistique structurale,* pp. 261-
285, p. 261.

como "sistema autónomo de estructuras" construido en el lenguaje, cuyos elementos constituyentes el crítico ha de descifrar y reestructurar [120, 121].

El objeto de la ciencia de la literatura es el análisis de las estructuras de la obra [122]. Pero aquí el formalismo francés rechaza su adscripción a un método único e "infalible" y acepta el enfoque estructuralista, sociológico o psicoanalista.

En su búsqueda de un método de acercamiento, animados por el ejemplo de Lévi-Strauss, acuden con frecuencia a términos, categorías o modelos de análisis lingüísticos. Uno de los aspectos más constructivos de su crítica es la continua revisión de sus mismas bases, lo que ha llevado a algunos de sus representantes a dirigirse sucesivamente —o simultáneamente— a Saussure, Hjelmslev, Chomsky, Saumjan, etc. Su apropiación de elementos ajenos a la crítica literaria plantea uno de los grandes escollos de su teoría y de su práctica, no porque creamos que éstos deban ser

---

[120] Es interesante a este respecto la inversión realizada por Foucault de la relación ficción-lenguaje: "No es que haya ficción porque el lenguaje esté a distancia de las cosas, sino que la distancia de éstas es el lenguaje, y éste es además la luz y la inaccesibilidad de las cosas, el único simulacro de su presencia. Y todo lenguaje que, en lugar de olvidar esta distancia, se mantiene en ella y la mantiene en sí, todo lenguaje que habla de esta distancia avanzando en ella es un lenguaje de ficción." "Distancia, aspecto y origen", en *Teoría de conjunto.* Trad. de Salvador Oliva, Narcía Comadira y Dolores Oller. Barcelona, Seix Barral, 1971, pp. 13-28, p. 23.

[121] Esta concepción del lenguaje literario como una utilización del lenguaje prescindiendo de su referencia externa a él mismo, sustentada esencialmente por Roland Barthes, ha suscitado diversas críticas, entre las que citaremos las de Doubrovsky y Riffaterre: "Ecrire, donc, n'est pas se couper du monde pour s'enfermer dans le langage: c'est, au contraire, tenter d'enfermer le monde le langage". S. Doubrovsky, *Pourquoi la nouvelle critique?*, p. 100 ("Así, pues, escribir no es separarse del mundo para encerrarse en el lenguaje: es, por el contrario, intentar encerrar el mundo en el lenguaje.") "... leur concept d'autonomie référentielle leur masque les modalités de la perception du message littéraire: ainsi, bien que la poésie soit centrée sur les mots plutôt que sur les choses, le lecteur, conditionné par une utilisation constante du langage référentiel, *rationalise comme s' il y avait une référence."* M. Riffaterre, *Essais de stylistique structurale,* p. 268. ("... el concepto de autonomía referencial [= autonomía frente a una referencia exterior al lenguaje; en la lengua hablada el lenguaje remite siempre a algo exterior: objeto, concepto, etc.], les oculta las modalidades de la percepción del mensaje literario; pues, aunque la poesía se centre más sobre las palabras que sobre las cosas, el lector, condicionado por una utilización constante del lenguaje referencial, *racionaliza como si hubiese una referencia."*)

Anteriormente Sartre había señalado que "l'objet littéraire, quoiqu'il se réalise *à travers* le langage, n'est jamais donné *dans* le langage". *Situations,* II, p. 93; citado por Gerard Genette, *Figures,* I, París, Le Seuil, 1966, p. 191. ("... aunque el objeto literario se realice *a través del* lenguaje, nunca está comprendido *en* el lenguaje.")

[122] Análogas concepciones aparecen, con ligeras variantes o sin ellas, en la mayoría de las escuelas o tendencias estructuralistas contemporáneas. Citaremos un único ejemplo: "La tarea de una moderna crítica de arte consiste esencialmente en seleccionar modelos de reescritura adecuados, en función de los modelos implicados en el objeto estético, con el fin de permitir su mediata reformulación en lenguaje verbal." Emilio Garroni, "La heterogeneidad del objeto estético y los problemas de la crítica literaria", en *Lingüística formal y crítica literaria.* Trad. esp. de M.ª Esther Benítez, Comunicación 3. Alberto Corazón, Ed. Madrid, 1970, p. 24.

patrimonio exclusivo de una ciencia —que con frecuencia los había tomado a su vez de otra—, sino porque sería de desear un empleo más riguroso y una serie de definiciones unívocas en los casos en los que se modifica su sentido originario. La crítica estructuralista ha heredado uno de los aspectos más negativos de la lingüística moderna: su tendencia excesiva al neologismo, su afición a multiplicar la terminología y su desprecio por todo intento de unificación [123].

Pese a reiterados esfuerzos teóricos nos hallamos muy lejos aún de un *corpus* doctrinal sólido y definitivo. La reflexión teórica no siempre se acompaña de una práctica que ponga a prueba el valor de sus hipótesis. Esto dificulta la valoración de sus estudios [124]. Por otra parte, cada día, a pesar de sus esfuerzos de conjunto, son más patentes las diferencias entre los diversos acercamientos a la literatura con puntos de partida lingüísticos o semiológicos.

Nos ofrecen el innegable interés de haber eliminado la clásica relación autor-obra en favor de la lector-obra (o *escritura-lectura*, en términos de Sollers), señalando la auténtica naturaleza de la creación (obra) literaria: un mundo construido por el lenguaje y dentro del lenguaje [125].

---

[123] La actitud de J. Kristeva nos parece significativa a este respecto: "On sait que tout renouvelement de la pensée scientifique s'est fait à travers et grâce à un renouvellement de la terminologie: il n'y a d'invention à proprement parler que lorsqu'un terme nouveau apparaît..." *Semeiotikê*, p. 33. "Renonçant ainsi à la terminologie humaniste et subjectiviste, la sémiotique s'adresse au vocabulaire des sciences exactes. Mais, comme nous l'avons indiqué plus haut, ces termes ont une *autre* aception dans le nouveau champ idéologique que la recherche sémiotique *peut* se construire..." *(Ibidem*, p. 34.) A partir de los ejemplos que cita —y que hemos suprimido para abreviar— tiene razón: todo descubrimiento se acompaña de la denominación de lo descubierto. Pero corremos el peligro de una renovación *únicamente* terminológica. Y, en último término, no basta utilizar una terminología científica o pseudocientífica para hacer de la crítica literaria una ciencia. ("Es cosa conocida que toda renovación del pensamiento científico se ha hecho mediante y gracias a una renovación de la terminología; a decir verdad, sólo existe invención cuando aparece un término nuevo". "... La semiótica renuncia a la terminología humanista y subjetivista, optando por el vocabulario de las ciencias exactas. Pero, como indicamos anteriormente, estos términos toman una acepción *distinta* en el nuevo campo ideológico en que la investigación semiótica *puede* construirse...")

[124] Riffaterre es mucho más tajante al rechazar sus logros en el dominio de los análisis concretos: "Là où les formalistes français achoppent, me semble-t-il, c'est que leur sélection d'un modèle structural aplicable au texte revient souvent à sélectionner une mythologie différente de celle du texte." *Essais de stylistique structurale*, p. 269. ("En mi opinión, en lo que los formalistas franceses fracasan es en que su selección de un modelo estructural aplicable al texto se reduce a menudo a la elección de una mitología diferente de la del texto.")

[125] Aunque habremos de volver sobre el concepto de *escritura*, es interesante señalar la opinión de Le Clézio, recogida por Roland Barthes: "La poésie, les romans, les nouvelles sont des singulières antiquités qui ne trompent plus personne, ou presque. Des poèmes, des récits, pour quoi faire? Il ne reste plus que l'écriture". Prefacio a *La Fièvre*; citado por Roland Barthes, en *Critique et vérité*. París, Le Seuil, 1965, p. 46, nota 1. ("La poesía, las novelas, las novelas breves son extravagantes antiguallas que a nadie, o casi a nadie, engañan. Poemas, relatos, ¿para qué? Sólo permanece la escritura.") No nos hallamos muy lejos del viejo ideal de Valéry, hoy muchas veces repetido, de llegar a escribir un día una historia literaria sin nombres de autores, sin géneros, etc.

Aunque algunas de sus interpretaciones estén sujetas a revisión, la novedad de sus planteamientos, en Francia les permite colmar el vacío existente entre la crítica tradicional y el deseo de un análisis más adecuado de la obra literaria. Divulgación y reformulación del formalismo ruso, es discutible cuando se sitúa en posiciones extremas o se considera un corpus doctrinal cerrado, pero importante cuando se ve en él una reflexión abierta y constante sobre la problemática de una poética aún vacilante.

Mas es inevitable que una presentación global incurra necesariamente en simplificaciones y generalizaciones inexactas, por lo que intentaremos resumir la aportación de algunos de los autores más representativos del llamado "formalismo francés", especialmente interesante para nosotros, dada la repercusión que está teniendo en los últimos años tanto en España como en los países de habla española, donde se están traduciendo gran parte de sus obras.

Roland Barthes

Los escritos teóricos de Roland Barthes giran esencialmente en torno a un problema: el ser propio de la crítica literaria. No en balde fue él quien desencadenó la polémica de la *nouvelle critique,* quien defendió su ideología (o ideologías), quien fijó, en un principio al menos, sus posiciones y rechazó —en nombre de ella— la crítica universitaria. Con Barthes la crítica se acerca al rango de la literatura, pero, al mismo tiempo, manifiesta su precariedad: queda reducida a un metalenguaje, a un edificio "lógico" superpuesto al edificio de la obra literaria, sometido al momento, a la época y a sus ideologías dominantes. Porque hay un problema que le preocupa particularmente: dejar la puerta abierta a todas las aproximaciones características de la "nouvelle critique". y descubrir tras cada acercamiento —y esencialmente tras el acercamiento "positivista", para él ostentado por la crítica universitaria— el presupuesto ideológico que lo anima. Para ello Barthes ha destruido la noción tradicional de "verdad" de la crítica, sustituyéndola por la de "validez". Barthes, que se ha erigido en portavoz del estructuralismo, no ha definido su método, porque no cree en un método único [126]. Lo que interesa al autor es el modo de ser de la crítica y

---

[126] "... en analyse structurale il n'existe pas de méthode canonique, comparable à celle de la sociologie ou de la philologie, telle qu'en l'appliquant automatiquement à un texte on en fasse surgir la structure"; "Par où commencer?", en *Poétique,* 1, 1970, pp. 3-9. p. 3 ("... no existe para el análisis es-

su situación dentro del mundo moderno. Pero estas afirmaciones requieren una explicación y, sobre todo, una justificación.

Barthes desencadenó la *polémica de la "nouvelle critique"* en dos artículos aparecidos en 1963 en *Modern Languages Notes* ("Les deux critiques") y en el *Times Literary Supplement* ("Qu'est-ce que la critique?"), reproducidos en *Essais critiques*[127], disputa de la que el principal beneficiado sería la "nouvelle critique" misma. Respondía a un artículo de Jean Pommier, "Baudelaire et Michelet devant la jeune critique", publicado en 1957 en la *Revue d'Historie litteraire de la France.* Por aquel entonces, Barthes no habla de "nouvelle critique", sino de "crítica de interpretación", opuesta a la crítica positivista, universitaria. Es en la respuesta de R. Picard[128] donde aparece el término que él recoge en *Critique et Vérité.* Los dos tipos de crítica —aunque muchos de los representantes de la "crítica de interpretación" son universitarios o profesores universitarios— parecerían abocados a una coexistencia pacífica; la crítica universitaria, convencida de ostentar el único método objetivo, se preocuparía del establecimiento erudito de los hechos biográficos y literarios. Su objeto se sitúa en un *más-allá* de la obra. Quedaría el lugar para una crítica interna, inmanente, de la que se ocuparía la crítica de interpretación. Pero no es así. La coexistencia es imposible. La crítica universitaria tiene una ideología ("su" ideología) que oculta cuidadosamente: el "lansonismo" es el positivismo y sólo es capaz de aceptar toda "nouvelle critique" que sea un "ailleurs à l'oeuvre" ("externa a la obra"), que sea psicológica, e incluso psicoanalítica, como muestra la entusiasta acogida que recibió la tesis doctoral sobre psicocrítica de Charles Mauron. Pero rechaza una crítica inmanente, una crítica que trabaje en el interior mismo de la obra; piensa audazmente que a nada conduce interrogarse sobre el ser mismo de la obra literaria, ya que es algo perfectamente evidente.

Barthes se libra muy mucho de caer en el exclusivismo que censura en la crítica lansoniana, o universitaria, o positivista. Cuatro grandes "filoso-

---

tructural un método canónico, comparable al de la sociología o al de la filología, que automáticamente aplicado a un texto haga surgir su estructura.") En este mismo artículo pone de relieve la importancia de la *intuición* y *sensibilidad estructural* del joven crítico. No deja de ser curioso hallar en él un aspecto por el que muchas veces han sido criticados los representantes de la estilística idealista, pese a que él le da un contenido ligeramente distinto.

[127] París, Le Seuil, 1964, pp. 246-251 y 252-256.

[128] Raymond Picard, *Nouvelle critique ou nouvelle imposture.* París, J. J. Pauvert, 1965. Respuesta durísima a los ataques contra la crítica universitaria de Barthes. Arremete especialmente contra *Sur Racine,* de R. Barthes (París, Le Seuil, 1963) y contra Weber.

fías" —valga la palabra, puesto que él la emplea—, el existencialismo, el marxismo, el psicoanálisis y el estructuralismo, han configurado las cuatro formas de la "nouvelle critique"[129], que es *nacional* (es decir, "original") y *actual,* o, lo que es lo mismo, infiel a la crítica francesa tradicional, la de Sainte-Beuve, Taine y Lanson[130]. Cuatro caminos críticos por los que Barthes declara haber transitado simultáneamente[131]. ¿Cómo justificar esta diversidad de acercamientos en un mismo crítico? Sencillamente, la "ideología" que ataca en la crítica universitaria no es lo esencial, y la crítica no se mide por el rasero de su "verdad" o "veracidad". Pero esta última afirmación puede parecer aberrante sin exponer lo que, para Barthes, es la esencia de la crítica literaria.

El escritor habla del mundo, de un mundo que ha encerrado en palabras: "le monde existe et l'écrivain parle, voilà la littérature"[132]. Pero el objeto de la crítica no es el mundo, es la literatura, por lo que la crítica se convierte en "un discours sur le discours"[133]. Y avanzando un poco más, aceptando la distinción de los lógicos —ya utilizada por Jakobson— entre lenguaje-objeto y metalenguaje (lenguaje que habla del lenguaje, reflexión —mediante el lenguaje— sobre el lenguaje mismo), si la literatura es el lenguaje-objeto, la crítica es un lenguaje segundo, un metalenguaje. Como en el caso de la lógica, el objeto de este lenguaje segundo no es descubrir "verdades", sino "valideces". "En soi, un langage n'est pas vrai ou faux, il est valide ou il ne l'est pas: valide, c'est-à-dire constituant un système cohérent de signes"[134]. ¿Pero, qué nos muestra que una práctica crítica es válida?

Su sistema se completa mediante un artículo escrito hacia la misma época en el que revisa la problemática del estructuralismo[135]. Comprobando la diversidad de autores que han introducido el término "estructura" en sus análisis —término por otra parte antiguo y de origen anatómico y

---

[129] Un breve bosquejo de estas cuatro corrientes críticas, es decir, de las tendencias englobadas bajo el término "nouvelle critique", puede hallarse en el apéndice.

[130] Barthes simplifica hasta el punto de olvidar los grandes precedentes de la "nouvelle critique". Véase Gérard Genette, "Raisons de la critique pure", en *Chemins actuels de la critique*, pp. 125-141.

[131] *Essais critiques*, p. 254.

[132] "El mundo existe y el escritor habla: esto es la literatura." *Ibidem*, p. 255.

[133] *Ibidem* ("un discurso sobre el discurso"). Nótese el sentido peculiar del término *discours*, empleado en su sentido lingüístico. En efecto, en la lingüística guillaumiana, el lenguaje consta de *langue* y *discours*, distinción que sólo a grandes rasgos se corresponde con la dicotomía saussureana de *langue* y *parole (Lengua / habla)*.

[134] *Ibidem*, p. 255. ("En sí mismo, un lenguaje no es verdadero ni falso, sino válido o inválido, válido en el sentido de que constituye un sistema coherente de signos.")

[135] Roland Barthes, "L'Activité structuraliste", aparecido en 1963 en *Les Lettres Nouvelles*, reimpreso en *Essais critiques*, pp. 213-220.

gramatical, aunque divulgado por la lingüística estructural–, señala que el estructuralismo no es una escuela ni menos un movimiento, sino, esencialmente, una actividad que tiene como cometido reconstruir un objeto de forma que esta reconstrucción manifieste sus leyes de funcionamiento [136]. Es una actividad de imitación, de *mímesis*, que reside en la verdadera fabricación "d'un monde qui ressemble au premier, non pas pour le copier mais pour le rendre intelligible" [137]. Reposa sobre dos operaciones: 1. La primera consiste en el *découpage* ("segmentación") y tiene como objeto detectar las unidades comprendidas en la obra; 2. La segunda, su *agencement* ("disposición"), destinada a descubrir en estas unidades o fijar en ellas sus reglas de asociación [138]. El hombre estructuralista es, en resumidas cuentas, el producto de nuestra época, el *Homo signifians*, el hombre "fabricante de sentidos", fórmula que resume el propósito de Roland Barthes [139].

Se había entablado la polémica. En nombre de esta crítica universitaria tan maltratada por R. Barthes, contestó R. Picard, lamentándose de la imprecisión de los conceptos barthianos, de su gusto por el término científico empleado sin ningún rigor, de su jerga acuñada a partir de retazos de diversas ciencias, de su barroquismo, de su vacío "espíritu de sistema", etcétera. Su obra *Sur Racine,* obra indiscutiblemente floja, se disolvía y desaparecía ante las pullas lanzadas a partir de frases cuidadosamente seleccionadas [140]. La respuesta de Barthes no se hizo esperar [141]. Admite, generosamente, que todas las vanguardias son incomprendidas por sus contemporáneos [142]. Incluso se sorprende de que los ataques vengan tras varios años de "nouvelle critique", de que la crítica tradicional haya podido soportarla durante este tiempo. ¿Puede atacarse a la "nouvelle critique" en nombre de la "objetividad", de lo "justo" y de la "claridad"? Picard olvida que los dos últimos términos huelen a clasicismo (siglo XVII) y el primero, a positivismo; y la "nouvelle critique" ha decidido enterrar las anticuallas. La primera parte del libro

---

[136] *Essais critiques,* p. 214.

[137] *Ibidem,* p. 215. ("... de un mundo que se parezca al primero, no para copiarlo, sino para hacerlo inteligible.")

[138] *Ibidem,* p. 216.

[139] Véase, Gérard Genette, "L'Envers des signes", en *Figures, I,* pp. 185-204.

[140] Entre tanto, la querella había saltado a los periódicos y diversos cronistas habían apoyado la posición de Picard. Véase su enumeración en *Critique et Vérité,* p. 10.

[141] *Critique et vérité.* París, Le Seuil, 1966.

[142] "... lançant contre ses oeuvres... les interdits qui définissent d'ordinaire, par répulsion, toute avant-garde": *Ibidem,* pp. 9-10. ("... lanzando contra sus obras... las interdicciones que suelen definir, rechazándola, toda vanguardia.")

vale lo que vale toda polémica y, puesto que ésta está enterrada hace tiempo, la dejaremos de lado.

Halla un rasgo común en las diversas tendencias de la "nouvelle crítique", rasgo no captable a nivel de los métodos empleados, sino en "la solitude de l'acte critique, affirmé désormais, loin des alibis de la science ou des institutions, comme un acte de pleine écriture" [143]. Nuestra época, afirma siguiendo a Le Clézio, asiste a un movimiento cultural en el que las diferencias tradicionales —poetas, novelistas, etc.— desaparecen, para permanecer sólo el concepto de *escritura* [144]. El crítico se convierte en escritor, porque comparte con éste su enfrentamiento con el problema del lenguaje [145]. La crítica asume el problema de la relación de la obra con el lenguaje y del simbolismo de la obra —simbolismo entendido en un sentido diferente del que recibe en semiología, pero cercano del que le dio la Edad Media. En efecto, un concepto capital para Barthes —el que le permite integrar armónicamente los diversos acercamientos a la obra reunidos bajo la denominación de "nouvelle critique"— es el de la *pluralidad de sentidos de la obra,* concepto desafortunadamente expresado en lo que llama *langue plurielle* [146]. Es un hecho incontestable el que, a lo largo de los siglos, o bien en un momento determinado, una obra recibe diversas interpretaciones ("sentidos" para Barthes) diferentes. Si, de acuerdo con un sistema de pensamiento, éstos sentidos son coherentes, son válidos: "l'oeuvre détient en même temps plusieurs sens, par structure, non par infirmité de ceux qui la lisent. C'est en cela qu'elle est symbolique: le symbole, ce n'est pas l'image, c'est la pluralité même des sens" [147]. La Edad Media supo comprenderlo al distinguir cuatro sentidos en la obra [148], la época moderna lo olvidó: "... une oeuvre est *éternelle,* non parce qu'elle impose un sens unique à des hommes différents, mais parce qu'elle suggère des sens différents à un homme unique..." [149]. En efecto, la lengua hablada

---

[143] *Ibidem,* pp. 46-47. ("... la soledad del acto crítico, indefectiblemente considerado, prescindiendo de los pretextos de la ciencia y de las instituciones, como un acto de auténtica escritura.")

[144] *Ibidem,* p. 46.

[145] *Ibidem,* p. 47.

[146] *Ibidem,* p. 49.

[147] *Ibidem,* p. 50. ("La obra encierra, a la vez, diversos sentidos por su estructura misma y no por defecto de los que la leen. En este aspecto es simbólica: el símbolo no es la imagen, sino la misma pluralidad de significados.")

[148] Barthes olvida que en la Edad Media estos cuatro sentidos estaban en cierto modo predeterminados por su contenido mismo: uno de ellos aludía indefectiblemente a las relaciones hombre-Iglesia-Dios, etc.

[149] *Ibidem,* p. 51. La única novedad, en este caso, es su intento de justificar los diversos métodos empleados por la "nouvelle critique" y sobre todo por el mismo Barthes. Bajo una formulación más acertada hallamos esta misma idea en el perspectivismo de Wellek y Warren. ("... una obra es eterna, no por imponer un sentido único a hombres diferentes, sino por sugerir sentidos diversos a un mismo hombre.")

comporta ya, de suyo, una carga de ambigüedad que se acrecienta considerablemente en el lenguaje literario, ya que en la primera la *situación*
reduce esta ambigüedad y la segunda carece de esta posibilidad [150]. Esta
pluralidad de sentidos en la obra justifica la existencia de diversos discursos críticos sobre ella y esencialmente de dos:

a) Un discurso que intenta captar todos los sentidos que incluye,
al que denomina *ciencia de la literatura.*

b) Un discurso que apunta sólo a uno de estos sentidos, al que reserva el nombre de *crítica literaria* [151].

A ellos añade un discurso no escrito, la *lectura.*

La ciencia de la literatura, construida sobre un modelo lingüístico,
tendrá por objeto, no el contenido, sino las condiciones del contenido, es
decir, las formas. Del mismo modo que la gramática generativa intenta
describir la gramaticalidad de las frases [152] y no su sentido, la ciencia literaria intentará descubrir la aceptabilidad de las obras y no su sentido [153].
La obra, una vez escrita, se asemeja al mito: el autor no puede ya explicárnosla, carece de poder sobre ella. Y en el fondo: "L'auteur, l'oeuvre
ne sont que le départ d'une analyse dont l'horizon est un langage: il ne
peut y avoir une science de Dante, de Shakespeare ou de Racine, mais
seulement une science du discours" [154]. Barthes sabe que el primer obstáculo
para construir una ciencia de la literatura reside en el hecho de que lo peculiar
de la obra es su individualidad, mientras que sólo se puede hacer ciencia
atendiendo a los caracteres generales. Decidido a construir esta ciencia, prescinde de lo individual, de la obra aislada. A esta ciencia se aproximan los análisis del relato, que prescinden de lo peculiar de las obras para construir una
tipología general. Por otra parte, coincide con ciertas corrientes poéticas.

La crítica no es ciencia, ni pretende "traducir" la obra, sino "engendrar"
(sic) en ella un sentido a partir de una forma, que es la obra [155]. Este sentido,
según la orientación del crítico, podrá tomar un matiz diferente: sociológico,
psicoanalítico, etc.

---

[150] *Ibidem,* p. 54.

[151] *Ibidem,* p. 56. Señalaremos las coincidencias, salvando las distancias, del doble acercamiento
a la obra, señalado por Barthes, con los dos acercamientos estilísticos y críticos señalados por Dámaso
Alonso.

[152] La gramática generativa intenta describir la gramaticalidad de las frases, es decir, detectar
qué frases son gramaticales y cuáles no lo son e incluso señalar diversos grados de agramaticalidad,
etcétera.

[153] *Ibidem,* p. 58.

[154] *Ibidem,* p. 61. ("El autor, la obra, no son sino el punto de partida de un análisis cuyo horizonte es un lenguaje: no puede existir una ciencia de Dante, de Shakespeare o de Racine, sino únicamente una ciencia del discurso.")

[155] *Ibidem,* p. 64.

Existe un tercer acercamiento a la obra, el acercamiento de la mera lectura, acercamiento ínfimo, pero a pesar de ello insustituible; previene contra la ilusión contraria, porque "le critique ne peut en rien se substituer au lecteur" [156], frase que, aunque pronunciada con diversas intenciones, recuerda indefectiblemente la opinión de Dámaso Alonso.

Separa tajantemente crítica y lectura, porque entre ambas se sitúa la escritura; leer la obra es desearla en sí misma; hacer crítica sobre ella es cambiar el deseo de la obra por el de la escritura de la que ella ha surgido [157].

Tras este breve bosquejo de su concepto de la crítica, podemos interrogarnos acerca de la aportación de Barthes al dominio de las letras. En él confluyen nociones muy diversas. Y en sus obras polémicas, su aportación esencial reside en su trabajo de síntesis y selección. El representante de la entonces "novísima crítica", de la crítica "actual" y "revolucionaria", intenta principalmente justificar los diversos acercamientos a la literatura, propugnando un relativismo sin otro límite que su sujeción a la ley de coherencia y validez. Pero la novedad esencial de Barthes no se halla en esto [158]; estriba en sus incursiones fuera del campo de la literatura, en su modificación del concepto de semiología, etc. Abandonamos a Barthes habiendo analizado una ínfima parte de su producción crítica. Sucesivamente, al considerar la semiología, el concepto de estilo, etc., habremos de retornar a él.

Gérard Genette

Hemos elegido deliberadamente a Gérard Genette para oponerlo —y completar— a Barthes.

Con Genette aparece una manera diferente —ni agresiva, ni impresionada por la novedad—, del estructuralismo francés. Es más fácil detectar

---

[156] *Ibidem*, p. 76 ("el crítico en nada puede sustituir al lector").

[157] *Ibidem*, pp. 78-79.

[158] "Aussi, paradoxalement, ce représentant notoire de la critique la plus "nouvelle" est-il le seul à honorer dans son oeuvre le sens ancien du mot critique, qui désigne un acte militant d'appréciation et de contestation. La critique littéraire est bien une sémiologie de la littérature; mais sa sémiologie, à son tour, n'est pas seulement une étude des significations mais aussi, au sens le plus vif du terme, une critique des signes". G. Génette, "L'Envers des signes", *Figures*, I, pp. 185-204. ("Paradójicamente, este representante de la crítica más "nueva" es el único en conservar en su obra el sentido antiguo del término "crítica" como acto militante de apreciación y discusión. La crítica literaria no deja de ser una semiología de la literatura; pero, paralelamente, su semiología no es únicamente un estudio de las significaciones, sino también, en el sentido más fuerte del término, una crítica de los signos.")

en él las influencias recibidas: formalistas rusos, Lévi-Strauss, Jakobson, Merleau-Ponty, Barthes, etc. Hay dos aspectos en él que resaltaremos esencialmente: 1. Sus esfuerzos por vincular, como en parte Poulet desde otro punto de vista, el nuevo estructuralismo a la reflexión francesa anterior, representada por Mallarmé, Valéry y, en el dominio de la crítica, Thibaudet [159], o, lo que es lo mismo, repensar, replantear las conquistas del pasado, salvar de él todo lo utilizable que un excesivo afán de modernismo puede anegar; de ahí su interés por la retórica; 2. Su análisis detenido de los problemas delimitativos del estructuralismo. Frente a las grandes síntesis de Barthes, Genette supone un afianzamiento de los mejores logros del estructuralismo.

La expresión que Lévi-Strauss empleaba para caracterizar el pensamiento mítico, "une sorte de bricolage intellectuel" [160], se convierte con Genette en característica de la crítica en general. Pero, para nosotros, esto mismo define la actividad crítica del autor. Muchas de sus opiniones se desprenden de sus análisis de las opiniones de otros autores o reuniendo opiniones diversas: el modo de ser de la crítica, el objeto de la crítica estructuralista surge de una reflexión (a veces diálogo o disputa contra el autor) en torno a Lévi-Strauss, Merleau-Ponty, Ricoeur, etc. El modo de ser de la literatura le viene inspirado por Valéry, autor que en muchos momentos le sugiere un entronque con el pasado; define la crítica partiendo de Thibaudet, el lenguaje poético a partir de Jean Cohen, etc.

No es extraño, pues, que sea una constante en su obra el deseo de reintegrar a los estudios literarios el estudio de la retórica, a lo que contribuirá publicando *Les Figures du discours* de Fontanier.

Con Genette hallamos un "nouveau antique" imbuido por la presencia de autores-críticos: Valéry, por la crítica anterior, por la tradición. No hay aceptación pasiva; hay un dinamismo que lleva a salvar del olvido, a recoger, reformar y reintegrar en su momento el pasado.

Hemos recogido la caracterización de Lévi-Strauss, aplicada al pensamiento mítico, que en manos de Genette se convierte en definición de la crítica literaria y que para nosotros caracteriza particularmente su actividad crítica personal. Pero esto requiere una explicación, que Genette nos brinda siguiendo a Lévi-Strauss [161]. Lo característico del *bricolage*

---

[159] Genette no comparte la afirmación de Barthes de que la "nouvelle critique" ha hecho tabla rasa con la crítica tradicional.

[160] "Una especie de chapucería intelectual". El punto de contacto entre ambas actividades es, para Lévi-Strauss y Genette, el emplear materiales que no han sido pensados para esta actividad, como se verá posteriormente.

[161] Gérard Genette, "Structuralisme et critique littéraire", en *Figures I*, pp. 145-170.

("chapucería") es que su actividad se ejerce a partir de materiales no constituidos en vista a esta actividad[162]. El *bricoleur* elabora a partir de residuos de obras[163], el crítico construye su obra a partir de residuos de obras literarias, desmantela la estructura inicial que es la obra para aislar en ella los motivos, temas, etc., a partir de los cuales construye su obra crítica[164]. El texto de Lévi-Strauss, según el método más frecuente en el autor, le permite penetrar en la crítica misma —en la que distingue tres tipos— y señalar las diferencias entre el crítico y el escritor. La actividad crítica se desdobla en tres funciones: a) Una función "crítica", encargada de juzgar y apreciar las obras recientes para guiar la elección del público; b) una función "científica", o estudio positivo encaminado a descubrir las condiciones de existencia de las obras literarias; c) una función "literaria", por la que el crítico se hace escritor, hace literatura[165]. Pero esta tercera forma requiere analizar las diferencias que separan al crítico del escritor. Recoge la diferencia que veía Barthes y la completa añadiéndole un segundo rasgo:

a) El escritor trabaja sobre un material ilimitado y primario, mientras que el crítico trabaja sobre un material secundario y limitado.

b) El escritor opera mediante conceptos; la crítica, mediante signos[166].

Al analizar las posibilidades y límites del análisis estructural nos hallamos muy lejos de la seguridad confiada de Barthes. Rechaza todo formalismo extremo que reduzca los análisis a los significantes (en sentido saussureano), prescindiendo de su contenido y propone: "l'analyse structurale doit permettre de dégager la liaison qui existe entre un système de formes et un système de sens, en substituant à la recherche des analogies terme-à-terme celle des homologies globales"[167]. ¿Qué diferencia existe entre las "analogías literales, término por término" y las "homologías globales" ya que pretende sustituir las primeras por las segundas? Para mostrarla recurre al ejemplo de la tradicional —y "discutida"—

---

[162] *Ibidem*, p. 145.

[163] *Bricoleur:* hombre que hace pequeñas chapuzas, que arregla pequeñas cosas, "chapucero", "factotum".

[164] *Ibidem*, p. 147.

[165] *Ibidem*, p. 146.

[166] *Ibidem*, p. 148.

[167] *Ibidem*, p. 151 ("... el análisis estructural debe permitir captar la relación que existe entre un sistema de formas y un sistema de sentido, sustituyendo la búsqueda de las analogías literales por las homologías globales"). En efecto, en la lengua literaria existen correspondencias entre el plano de la expresión y el plano del contenido, empleando los términos de Hjelmslev adoptados por el autor. Ahora bien, estas correspondencias no consisten en correspondencias literales, en correspondencias de un término de un plano con un término del otro plano, sino en homologías globales entre ambos planos.

cuestión del "color de las vocales", es decir, de la expresividad fónica[168]. Poetas y fonetistas la han defendido; otros se han alzado contra ella en nombre de la diversidad de impresiones sugeridas. La solución estructural supone que ambas posiciones no son irreconciliables: existen discrepancias, evidentemente, en el "color" evocado por cada vocal concreta, pero lo cierto es que existe un espectro de las vocales y un espectro de los colores y que ambos sistemas se atraen y evocan. Una analogía literal se sustituye por una homología global.

La viabilidad del método estructural aplicado a la crítica literaria es evidente en el caso de las cuestiones que tradicionalmente correspondían a la forma y al estilo, para los que reclama la existencia de una *translingüística,* de una lingüística de unidades superiores a la frase, que, fiel a su tendencia, "serait une nouvelle rhétorique"[169]. Pero los problemas surgen en torno al contenido. Analiza el reparto de la literatura entre un campo de análisis estructural y un campo de análisis hermenéutico, propuesto por Paul Ricoeur; el primero, realizado al estilo de Propp, comprendería lo que está alejado o no atrae al crítico; el segundo, lo que permite ser revivido por el crítico. Pero, con Lévi-Strauss, ve que la diferencia entre una literatura "viva" y una literatura "alejada" está, no en el objeto, sino en el crítico, y considera la posibilidad, mediante su alejamiento consciente, de considerar bajo el método estructuralista esta literatura "viva".

Genette se aleja de toda posición extrema, de toda intransigencia. Particularmente preocupado por el problema de la retórica, al plantear un problema siente la necesidad de llevarlo hasta el final. No puede aplicarse el método estructuralista a la literatura sin haber analizado sus relaciones con la hermenéutica. Pero estructuralismo no significa tampoco prejuicio sincrónico. Pretende construir una historia estructural de la literatura —*estructuralismo histórico*— siguiendo el modelo de la lingüística diacrónica estructural de Jakobson, Wartburg o Martinet: "L'idée structurante, ici, c'est de suivre la littérature dans son évolution globale en practiquant des coupes synchroniques à diverses étapes, et en comparant les tableaux entre eux"[170].

---

[168] Es decir, atribuir un color determinado a cada vocal. Diversos poetas lo han intentado (V. Hugo, Rimbaud, etc.), pero no existe concordancia entre las anologías de colores atribuidas a las diversas vocales por distintos poetas, incluso tratándose de poetas que se expresan en la misma lengua. Esta carencia de conformidad ha hecho que muchos autores hayan negado la existencia de una expresividad fonética. Otros se han basado en el testimonio de los poetas para creer en ella.

[169] *Ibidem,* p. 154 ("... sería una nueva retórica"). Pero esto invalida su propósito. Una translingüística no podrá ser una retórica.

[170] *Ibidem,* p. 167. ("La idea estructuradora es, en este caso, seguir la literatura en su evolución global, practicando cortes sincrónicos en diversas etapas, y comparando estos cortes entre sí.")

Genette comprende que las retóricas clásicas, tan denigradas, poseían un sentimiento muy moderno que los críticos del siglo XIX nos han hecho olvidar: su atención a los datos antropológicos de la literatura, su consideración de la psicología colectiva, etc.

Genette no es original. O mejor, es original precisamente en su tradicionalismo, en haber reivindicado, junto a Jakobson, los formalistas rusos y Lévi-Strauss, el lugar que corresponde a Valéry, Mallarmé, Thibaudet y la retórica clásica; costumbre, por otra parte muy francesa, que ante las novedades exteriores redescubre sus precedentes "nacionales", hasta entonces desapercibidos. Ante cualquier cuestión, Genette acude a esta doble corriente, y de ahí la maduración, serenidad y acierto de la mayoría de sus posiciones. La confianza y osadía de Barthes se hacen reflexión sosegada en Genette[171].

Tzvetan Todorov[172]

Búlgaro establecido en Francia, su papel divulgador en este país, y, a través de él, en diversos países occidentales, ha sido considerable.

En su obra crítica original, Todorov plantea la posibilidad de construir una poética que asuma el estudio global del *discurso literario* manifestado a través de las diversas obras: "Ce n'est pas l'oeuvre littéraire elle-même qui est l'objet de l'activité structurale: ce que celle-ci interroge, ce sont les propriétés de ce discours particulier qu'est le discours littéraire. Toute oeuvre n'est alors considérée que comme la manifestation d'une structure abstraite beaucoup plus générale, dont elle n'est qu'une des réalisations possibles. C'est en cela que cette science se préoccupe non plus de la littérature réelle, mais de la littérature possible, en d'autres mots: de cette propiété abstraite qui fait la singularité du fait littéraire, la *littérarité*"[173].

---

[171] En su crítica concreta, Genette empezó siendo bachelardiano para hacerse posteriormente estructuralista.

[172] Pese a su origen extranjero es hoy considerado como representante del formalismo francés, ya que es uno de los que más ha influenciado su desarrollo inicial gracias a su labor de divulgación. Con él entramos plenamente dentro del dominio de la semiótica literaria y sólo la necesidad de una agrupación coherente nos obliga a separarlo del capítulo siguiente. Habría que añadir la influencia de Propp sobre él, enlazando con los estudios de Greimas, Brémond, etc.

[173] Tzvetan Todorov, "La Poétique", en *Qu'est-ce que le structuralisme?* París, Le Seuil, 1968, pp. 97-166. ("El objeto de la actividad estructural no es la obra misma; lo que ésta analiza son las propiedades de este discurso particular, del discurso literario. En este caso, se considera la obra como la manifestación de una estructura abstracta mucho más general, de la que ella no es sino una de sus realizaciones posibles. En este sentido puede decirse que esta ciencia se preocupa no ya de la literatura real, sino de la literatura posible o, en otras palabras, de la propiedad abstracta que confiere su carácter específico al hecho literario, de la *literaturidad*.")

El análisis del discurso literario ha de ser un análisis global, un análisis que asuma todos los aspectos del proceso de la enunciación y del enunciado e incluso la materialidad misma del texto.

Sus estudios versan, esencialmente, sobre la *poética de la prosa*. Intenta construir una *gramática de la prosa*, o, de un modo más concreto, una *gramática del relato* que dé cuenta de todas sus características, es decir, de las características de todas las obras literarias que pertenezcan a este tipo e incluso de las obras meramente posibles. Esta gramática, que atiende a lo general y no ya al caso individual, será la *ciencia de la literatura*, o la *ciencia del relato*, capítulo esencial de la ciencia de la literatura.

Todorov entrevé la posibilidad de una gramática universal, la cual sólo puede basarse en una realidad psicológica para gozar de esta universalidad, por lo que esta gramática habrá de existir en otros dominios exteriores a la lengua y, por tanto, en el relato literario. Paralelamente, la construcción de una gramática del relato contribuirá al conocimiento de esta hipotética gramática general.

Distingue tres aspectos generales presentes en todo relato:

1. *El aspecto semántico*, es decir, "lo que el relato representa y evoca, los contenidos más o menos concretos que aporta".

2. *El aspecto sintáctico* o "combinación de las unidades entre sí, las relaciones mutuas que mantienen".

3. *El aspecto verbal*, "frases concretas a través de las cuales nos llega el relato" [174].

Si su análisis de las *Liaisons dangereuses* había considerado esencialmente el aspecto literal del enunciado [175], al intentar construir la gramática del cuento boccacciano prescinde totalmente del aspecto verbal, atendiendo especialmente al aspecto sintáctico y, secundariamente, al aspecto semántico. Su propósito es reescribir, mediante símbolos, los elementos constitutivos esenciales de cada cuento.

Introduce una primera distinción básica entre *oración* y *secuencia*, empleando el término de Propp. La oración es la unidad sintáctica fundamental, correspondiente a la acción "indescomponible"; ejemplo: "Juan roba dinero" [176]. Una serie de oraciones relacionadas entre sí mediante *relaciones lógicas* [177] (relación de causa a efecto, una oración es la causa

---

[174] T. Todorov, *Gramática del Decamerón*. Vers. esp. y prólogo de María Dolores Echeverría. Madrid, Taller de Ediciones, 1973, pp. 35-36.

[175] T. Todorov, *Littérature et signification*. París, Larousse, 1967. Trad. esp. en col. Ensayos Planeta.

[176] *Gramática del Decamerón*, p. 38. También, "La Grammaire du récit", en *Poétique de la Prose*. París, Le Seuil, 1971, pp. 118-128.

[177] Representadas mediante el símbolo de implicación $\Rightarrow$.

de otra que se manifiesta como su consecuencia), *temporales*[178] (la única relación existente entre dos oraciones es su contigüidad temporal) o *espaciales*[179] constituyen una *secuencia* o "serie de oraciones percibidas como acabadas, capaces de constituir una historia independiente"[180].

Para descomponer las oraciones en sus unidades inferiores distingue un doble plano:

a) Plano sintáctico, mediante el cual las oraciones se descomponen en agente (sujeto y, caso de existir, objeto) y predicado.

b) Plano semántico, en el que se descomponen en nombres propios, sustantivos, adjetivos y verbos.

Existe una relación uniforme entre ambos planos, puesto que los agentes son siempre nombres propios, y los adjetivos, sustantivos y verbos sólo pueden ser predicados. De este modo la delimitación sintáctica entre agente y predicado se corresponde con la delimitación semántica entre *denominación* (identificación) —a la que corresponden en la lengua los nombres propios, los pronombres indicadores y los artículos— y la *descripción* (información precisa sobre alguien o algo) —correspondiente a los sustantivos, adjetivos y verbos. Estas dos categorías, imperfectamente distinguidas en la lengua natural, se manifiestan como las delimitaciones esenciales en la gramática del relato.

La gramática de la narración comprende tres categorías primarias:

a) *Nombre propio,* que realiza la función sintáctica de *agente.* Introduce aquí su diferencia esencial con Propp, Souriau, Greimas, etc., al vaciar al agente de toda propiedad semántica, lo que le lleva a *no distinguir diversos tipos de agente,* como hicieron los autores anteriores. El agente es, estructuralmente, uno. Los diversos tipos distinguidos por los restantes autores dependen, no del agente, sino del predicado. En efecto, "el justiciero" se reduce a "X (nombre propio) hace justicia (iterativo)"[181]. La diferencia entre el verbo y el adjetivo se basa únicamente en que el verbo indica una acción, proceso aislado, y el adjetivo tiene un carácter iterativo[182]. De ahí que ambos sean considerados predicados, contra los

---

[178] Representadas mediante el signo + .

[179] Prescinde de ellas. *Ibidem,* p. 39.

[180] *Gramática del Decamerón,* p. 40.

[181] *Ibidem,* p. 57.

[182] Considerar al adjetivo como un predicado con carácter iterativo —concepto fundamental dentro de su sistema, puesto que permite reducir a uno solo el número de agentes y hallar un carácter común al verbo y al adjetivo— supone invertir la noción tradicional de Port-Royal, para quien el verbo encierra un auxiliar y un atributo: "Pedro canta" = "Pedro está cantante". Chomsky ha reformulado esta vieja teoría viendo en el predicado la fusión del auxiliar, que conlleva el tiempo, aspecto, etc., y una noción semántica.

hábitos de la gramática tradicional, que tienden a hacer del adjetivo una categoría nominal.

El nombre propio es el que realiza la función sintáctica de agente; un nombre propio puede representar a varios agentes, y un agente puede estar representado por varios nombres propios[183].

b) Adjetivo. Todos los adjetivos tienen una misma función sintáctica, que es la de expresar una "cualidad", un "rasgo característico", pero, semánticamente, pueden distinguirse tres tipos:

α) Adjetivos de estados, constituidos por la oposición "feliz/desgraciado" y sus variantes.

β) Adjetivos de propiedades: "bueno/malo".

γ) Adjetivos de estatutos: que indican un estado biológico (sexo, etcétera), religioso (cristiano, judío, moro, etc.), social, civil, (soltero, casado, etc.), etc. Son los únicos que no admiten grados.

c) Señala tres *verbos* sintácticos, representados por *a, b, c,* aunque posteriormente[184], indica la posibilidad de reducirlos a una única función sintáctica con tres categorías semánticas, lo que, indiscutiblemente, habría simplificado su sistema.

El verbo *a* aparece en todos los cuentos de Boccaccio bajo características semánticas diferentes. Supone la "acción que tiene por objeto modificar la situación"[185]. El verbo *b* supone realizar una mala acción ("pecar", etc.) y el verbo *c,* su correlato, "castigar".

Para completar la descripción del relato añade diversas *categorías semánticas* que atañen al predicado:

a) negación y *oposición:* Ejem.: "bueno"/negación "no-bueno"/oposición "malo", simbolizadas por -y *no*

b) comparativo, representado por ! el positivo, y por —! el negativo.

c) modos, ya sean de la voluntad (obligativo y optativo) o de la hipótesis (condicional y predicativo), representados poniendo la oración entre paréntesis y añadiendo el nombre del modo.

d) voluntativo, que supone que la acción ha sido realizada voluntariamente por el sujeto de la oración. Se simboliza añadiendo V^o después del predicado y, caso de ser negativo, $—V^o$.

e) visión, sólo señalada si el personaje tiene una falsa visión de la acción. Se representa poniendo la oración entre paréntesis y haciéndola preceder del personaje que tiene la visión.

[183] *Gramática del Decamerón,* p. 58.
[184] *Ibidem,* p. 161.
[185] *Ibidem,* p. 67.

Las secuencias incluyen diversas oraciones relacionadas entre sí según los diversos tipos de relaciones temporales o causales. De estas relaciones, unas son oligatorias (tienen que estar presentes en todas las secuencias: el deseo y la modificación); otras facultativas y otras alternativas (de ellas sólo una puede y debe estar presente: la inversión del atributo y el castigo) [186]. Son estas relaciones alternativas las que distinguen los dos tipos de secuencias: habla de *secuencias atributivas,* si la relación alternativa que aparece es la inversión del atributo, y de *secuencia de leyes,* si la relación alternativa es el castigo, es decir, si la secuencia se inicia con la infracción de una ley. Puesto que toda secuencia consta, o bien de una inversión del atributo, o bien de una mala acción (y castigo), toda secuencia que contenga a ambas, o dos o más inversiones de atributo, o dos o más castigos, será una *combinación de secuencias.* Señala tres tipos de combinaciones de secuencias: 1. Encadenamiento; 2. Inserción; 3. Alternancia [187].

A partir de este reducido sistema de conceptos básicos, se puede reescribir estructuralmente todos los cuentos del *Decamerón.* Para dar un ejemplo de ello reproducimos dos de los análisis presentados por el mismo autor. Para ello el cuento queda reducido a su esquema argumental básico, ya que se intenta hacer una gramática del relato y no de la obra en su totalidad.

Ejemplo de secuencia atributiva:

La relación alternativa entre dos oraciones es la de inversión de un atributo [188].

Es el cuento I, 9. "Una dama de Gascuña es ultrajada por "unos malvados" durante su estancia en Chipre. Quiere quejarse al rey de la isla, pero le dicen que sería inútil, ya que el rey permanece indiferente ante los insultos que recibe él mismo. Sin embargo, la dama va a verle y le dirige unas palabras amargas. El rey se siente afectado y abandona su pasividad." El atributo invertido es el del rey: de blando se vuelve implacable [189].

Estructuralmente esta secuencia supone:

$$X — A + YB (XA) \text{ opt. } Y \Rightarrow Ya \Rightarrow XA$$
+ indica una relación temporal;
$\Rightarrow$ una relación causal;
X rey de Chipre

[186] *Ibidem,* p. 112.
[187] Cf. Claude Brémond, anteriormente, pp. 63-67.
[188] Además de los símbolos ya indicados, emplea X, Y... para los agentes; A, B para los atributos.
[189] *Ibidem,* pp. 117-118.

Y dama de Gascuña
A enérgico
B desgraciado
a dirigir palabras vejatorias (acción encaminada a modificar la si-
·situación).

Los agentes son X e Y; A y B son los atributos; *a*, el predicado. El
atributo opuesto a A (enérgico), es decir, "blando", se presenta mediante
— A. (XA) opt. Y se traduce semánticamente por "la dama de Gascuña
desea que el rey de Chipre se vuelva enérgico".

Existen dos oraciones con relaciones temporales: "El rey es blando" y
"La dama es desgraciada y desea que el rey se vuelva enérgico". La
consecuencia de esto es que "la dama le dirige palabras vejatorias" (Y*a*).
El efecto de esta acción es que se produce la inversión del atributo: "el
rey se vuelve enérgico" (XA).

Ejemplo de secuencia de leyes:
La relación alternativa presente en esta secuencia es el castigo.
Es el cuento VII, 2 [190]. "Peronnella recibe a su amante en ausencia
del marido, pobre albañil. Pero un día éste vuelve pronto. Para esconder
a su amante Peronnella le hace meterse en una barrica; cuando el marido
entra le dice que alguien quería comprar la barrica y que ese hombre se
encuentra ahora examinándola. El marido la cree y se alegra de la venta.
Va a raspar la barrica para limpiarla; mientras tanto el amante hace el
amor con Peronnella, que ha colocado su cabeza y sus manos en la abertu-
ra de la barrica, para taparla."

Esta secuencia se puede escribir estructuralmente:

$$X b \ (\Rightarrow Y c X) \ \text{obl.} \ + \ (Y - c X) \ \text{opt.} \ X \Rightarrow X a \Rightarrow Y(X - b) \ Y - c X + X b$$

X Peronnella
Y marido
b cometer adulterio
c castigar
a falsear la situación.

O semánticamente: "X (Peronnella) comete adulterio, por lo que Y
(su marido) ha de castigar a X. Pero X desea que Y ignore el adulterio,

---

[190] *Ibidem*, p. 122.

crea que no existe el adulterio y, en consecuencia, X falsea la situación.
En consecuencia, Y (el marido) tiene una falsa visión de la acción, cree
que no existe adulterio. Y no castiga a X y X comete el adulterio".

Pese a su aparente complejidad, la gramática narrativa de Todorov
supone una simplificación de los esquemas narrativos de Propp, etc., y
un intento de describir en su totalidad la secuencia narrativa. Sin embargo, esta ambiciosa pretensión conllevaba sus riesgos. Para ponerla en
marcha parte de una hipótesis muy discutible, la creencia en una gramática universal —vieja pretensión resucitada—, y recurre a gramáticos y lingüistas de todas las épocas, prescindiendo de sus enormes diferencias;
según las necesidades del análisis recurre a las teorías más diversas, procedentes ora de autores antiguos y medievales, ora de representantes de
la gramática histórica y comparada, ora de las más modernas tendencias
de la lingüística contemporánea.

No sería justo, por el contrario, atacarle en aquello que el autor deliberadamente descarta. Su estudio no valora *toda* la obra, puesto que
únicamente intenta partir de un ejemplo concreto para plantear un método
de construcción de una gramática general del relato. Y, en último término, no podemos sino ratificar la conclusión del autor: "si bien ESTA
gramática particular del relato puede ser discutida, creemos que no sucede
lo mismo en cuanto a la idea general que se desprende del conjunto y
que implica la existencia de LA gramática de la narración" [191].

Posteriormente, el autor emprendió el estudio del *discurso fantástico,*
atendiendo principalmente al aspecto verbal y semántico, pero sin
descuidar el aspecto sintáctico. En el aspecto verbal descubrió dos
rasgos característicos del discurso fantástico en: 1. El empleo del discurso
figurado tomado al pie de la letra, según una compleja combinación
de diversos procedimientos retóricos; 2. El empleo del discurso figurado
como rasgo característico de la enunciación [192].

En el aspecto semántico o temático organizó sus temas característicos
en dos grandes grupos denominados "temas del yo" y "temas del tú".

Todorov, partiendo de los estudios del relato eslavos y franceses, se
ocupa principalmente de construir una *poética de la prosa,* concebida como
ciencia de los discursos literarios. Interesa esencialmente al autor la descripción estructural de las características de un grupo de obras, de un
discurso literario.

---

[191] *Ibidem,* p. 162.
[192] *Introduction à la littérature fantastique.* París, Le Seuil, 1970.

Diversidad de la poética

No existe univocidad en la definición del término "poética". Su diversidad radica esencialmente en el empleo que se hizo de él en dos momentos históricos diferentes:

1. La *poética* fue concebida por Aristóteles como teoría de los géneros literarios, teoría de los tipos de mímesis. Sobre un sentido análogo se construyó la poética histórica de Veselovski, de algunos autores americanos, alemanes, etc. En esta perspectiva habría que situar la obra de Emil Staiger, en la que la poética se entiende como reflexión sobre la esencia de los tres grandes géneros tradicionales, reflexión sobre lo lírico, lo épico y lo dramático. Halla la determinación del estilo lírico en el recuerdo, de lo épico en la representación y de lo dramático en la tensión, sin que estos tres elementos se correspondan estrechamente con los tres géneros, antes al contrario, "una obra es más perfecta cuando los tres géneros tienen todos la mayor participación posible y están completamente equilibrados"[193]. Partiendo de presupuestos muy distintos, Bakhtine analiza la obra en relación con los tipos de sistemas significantes.

2. Los formalistas rusos dieron a este término una dimensión distinta. Como en el caso anterior, equivale a "ciencia de la literatura", pero basada en un peculiar concepto de la obra y de la tarea del crítico. La poética estudia esencialmente la literaturidad, lo que hace de un mensaje literario una obra estética. En un sentido análogo la emplean los formalistas franceses, como estudio inmanente de la literatura, aunque recientemente, por influencia de la semiótica literaria y de los análisis del cuento o relato, se tiende a hacer de la poética el estudio de los tipos de discursos literarios; las obras en sí sólo interesan en la medida en que son manifestaciones concretas de esta entidad abstracta que reúne obras con características afines.

Rasgos comunes

Pese a la diversidad anteriormente destacada, es posible distinguir una serie de rasgos comunes que definen las tendencias más cultivadas de la poética contemporánea:

---

[193] Emil Staiger, *Conceptos fundamentales de poética.* Traducción y estudio preliminar de Jaime Ferreiro Alemparte. Madrid, Rialp, 1966, p. 256.

1. Es una crítica inmanente, frente a la crítica psicoanalítica, socio-lógica, etc., juzgadas críticas externas.

2. Estudia lo que hace de una obra verbal una obra de arte [194].

3. No es crítica valorativa. Ciertos autores distinguen la crítica lite-raria, valorativa, de la ciencia de la literatura, la poética, que estudia el modo de ser de la obra prescindiendo de su juicio valorativo o relegando a un estadio futuro este juicio valorativo.

4. Distingue, como medio operativo, las partes constituyentes de la obra, mediante las que elabora la organización interna, la sintaxis narrati-va de la obra.

5. Rechaza un método único.

En líneas generales, podemos apreciar que las diferencias entre la poética literaria y la estilística son comparables a las diferencias entre diversas es-cuelas estilísticas.

---

[194] Excepto en el caso de análisis del cuento o del relato, estudios que pertenecen a la poética, semiótica o semiótica literaria y que únicamente para lograr una ordenación coherente, respetando las afinidades entre los autores, hemos incluido en este apartado.

Capítulo 3

LA SEMIOTICA POETICA:
ESTUDIO DE LA OBRA DE ARTE COMO SISTEMA
DE COMUNICACION Y/O SISTEMA SIGNIFICANTE

Semiótica y semiología

No se puede establecer una diferencia tajante entre semiótica literaria y poética: existen estudios poéticos que pertenecen a la semiología literaria, frente a otros en los que no se da este carácter. Al hablar de Propp señalamos su influencia sobre los estudios semióticos de la prosa, aunque él nunca considerase la semiótica propiamente dicha. Algunos de los autores anteriormente citados podrían haber figurado en este capítulo, pero la necesidad de una clasificación y agrupación clara, así como su relación con estudios no semióticos, nos obligó a excluirlos.

Nos interesa esencialmente, en este lugar, la semiótica literaria, pero su presentación nos obligará a hacer ciertas incursiones por los estudios semióticos en general.

Hace más de dos siglos que John Locke concibió la existencia de una ciencia de los signos y de las significaciones constituida a partir de la lógica entendida como ciencia del lenguaje. En realidad. Locke resucitaba el viejo término estoico, "semiótica", interesándose por una ciencia que, bajo diversas denominaciones, gozaba ya de larga tradición. En efecto, el término procedía de los griegos, para quienes indicaba en un principio una de las tres ramas de la medicina, encargada del diagnóstico y pronóstico de las enfermedades a través de sus síntomas. Los estoicos hicieron de ella una división básica de la filosofía, perpetuándose su tradición a través de la Edad Media, de Leibniz y del empirismo ingles [1]. Pero habría que esperar al siglo XX para que dos autores coetáneos y sin relación entre sí postulasen esta ciencia: el norteamericano Charles Sanders Peirce (1839-1914) y el suizo Ferdinand de Saussure (1857-1913).

"La lengua es un sistema de signos que expresan ideas, y por eso comparable a la escritura, al alfabeto de los sordomudos, a los ritos simbólicos, a las formas de cortesía, a las insignias militares, etc. Sólo que es el más importante de todos esos sistemas".

»Se puede, pues, concebir *una ciencia que estudie la vida de los signos en el seno de la vida social.* Tal ciencia sería parte de la psicología social, y por consiguente de la psicología general. Nosotros la llamaremos *semiología* (del griego *semeîon,* "signo"). Ella nos enseñará en qué consisten los signos y cuáles son las leyes que los gobiernan. Puesto que todavía no existe, no se puede decir qué es lo que ella será; pero tiene derecho a la existencia, y su lugar está determinado de antemano. La lingüística no es más que una parte de esta ciencia general. Las leyes que la semiología descubra serán aplicables a la lingüística, y así es como la lingüística se encontrará ligada a un dominio bien definido en el conjunto de los hechos humanos" [2].

Saussure pensaba en una ciencia de los signos cuyas leyes serían intercambiables con las leyes lingüísticas, puesto que la lingüística sería sólo una parte importante de esta ciencia que se incluiría dentro de la psicología social. A pesar de su descubrimiento, nunca le dedicó la atención que le concedía su contemporáneo de ultramar. Peirce, que consagraría su vida al estudio de los signos, símbolos, iconos, etc., había empleado el término de Locke para designarla: "I am, as far as I know, a pioneer, or rather a backwooksman, in the work of clearing and open-

---

[1] Véase, Charles Morris, *Signos, lenguaje y conducta.* Trad. esp. de José Rovíra Armengos. Buenos Aires, Losada, 1962, pp. 273-275.

[2] Ferdinad de Saussure, *Curso de lingüística general.* Publicado por Charles Bally y Albert Sechehaye, con la colaboración de Albert Riedlinger. Traducción, prólogo y notas de Amado Alonso. 5.ª ed. Buenos Aires, Losada, 1965, p. 60.

ing up what I call *semiotic,* that is, the doctrine of the essential nature and fundamental varieties of possible semiosis" [3].

Con anterioridad a 1914 se habían dado dos intentos aislados de crear una ciencia de los signos, aunque sin coincidir en el campo de estudio que se le asignaba.

Antes de la segunda guerra mundial, partiendo de Saussure, miembros de la Escuela de Praga, P. Bogatyrev, Jan Mukařovsky, etc., habían iniciado el estudio de la semiología. En la década de los cuarenta la semiótica y la semiología recibirían nuevas consideraciones, pero aún se mantenían dos corrientes tajantemente delimitadas: la corriente europea, de raigambre saussureana (denominada *semiología*), y la corriente americana, heredera de la semiótica de Peirce *(semiótica)* [4]. Unicamente Bühler representaba la transición entre ambas, partiendo de principios behavioristas, como años después partiría Charles Morris.

Eric Buyssens

Diversos lingüistas postsaussureanos se ocuparon de la semiología, esencialmente Eric Buyssens, quien en 1943 publicaba *Les Langages et le discours* [5], primer intento sistemático de construir la semiología que reclamaba Saussure. Buyssens concebía la semiología como estudio de todos los sistemas de comunicación, concepto que posteriormente recogería Luis J. Prieto, y sentaba las bases sobre las que se desarrollaría el análisis de los sistemas de comunicación no lingüísticos.

Buyssens propugnaba un acercamiento semiológico para los estudios lingüísticos basándose en la limitación del conocimiento humano: puesto que el conocimiento y la subsiguiente comparación de todas las lenguas del mundo excede la capacidad de cualquier lingüista, plantea, en su lugar, una comparación entre los procedimientos de comunicación de las lenguas naturales y de otros sistemas semiológicos [6].

---

[3] Charles Sanders Peirce, *Collected Papers.* Cambridge, Harvard University Press, 1931, 5, 488. Umberto Eco, *La estructura ausente,* p. 29. ("Soy, que yo sepa, un pionero o, más bien, un solitario, en esta tarea de desbrozar y descubrir lo que he llamado *semiótica,* es decir, la teoría de la naturaleza esencial y las variedades principales de las posibles semiosis.")

[4] Ante la imposibilidad de hacer un estudio completo de esta doble corriente semiótica, hemos prescindido de los estudios americanos anteriores a Charles Morris, remitiendo a la historia de la semiótica trazada por Charles Morris, *Signos, lenguaje y conducta,* pp. 273-300. El autor trata esencialmente de la escuela americana, ignorando a Saussure, Hjelmslev, etc.

[5] Eric Buyssens, *Les Langages et le discours.* Bruxelles, Office de la Publicité, 1943. Refundido en *La communication et l'articulation linguistique.* París, P.U.F., 1967.

[6] Buyssens, *La communication et l'articulation linguistique,* p. 7.

La semiología estudia los procesos de comunicación reconocidos como tales, en tanto que medios para influenciar a otras personas[7]. Para que exista verdadera comunicación es necesario que exista intención de comunicar y que se recurra a un medio convencional para hacerlo, lo que distingue su concepción de la semiología de la denominada Escuela de París, constituida en torno a Barthes. Caso de no existir intención de comunicar existirá un *indicio,* mas no un *hecho semiológico.* Con el primero tendremos la mera manifestación de un estado psicológico sin recurrir a un medio convencional para expresarlo. En el segundo caso, emisor y locutor reconocen la presencia de un medio convencional destinado a comunicar. Cita los ejemplos siguientes: el temblor de una persona nos indica su temor, aunque ésta no intente comunicárnoslo y menos aún realice el acto de temblar para comunicárnoslo. Su temblor es un indicio y no un hecho semiológico, como lo es el gesto del perro intentando comunicarnos su deseo de entrar[8].

El objeto de la semiología es el estudio de las *semias,* término menos ambiguo que el de "lenguaje" aplicado tanto al mero indicio como a la verdadera comunicación. Una *semia* comprende un sistema de *semas* organizados según relaciones de oposición. El carácter abstracto del *sema* lo distingue del *acto sémico concreto.* La comunicación se realiza a través de un acto sémico, en el que existen una serie de elementos funcionales comunes a otros casos en los que la misma comunicación se produce —que constituyen el sema.

Refundiendo su primera clasificación, propone una organización de las semias de acuerdo con cinco puntos de vista:

1. *Sensorial.*—Las semias se distinguen según el sentido interesado en el proceso de comunicación. Existen, por lo tanto, cinco tipos: semias auditivas, visuales, táctiles, gustativas y olfativas. Son evidentes las mayores ventajas de las dos primeras: las auditivas en cuanto que permiten comunicar desde relativamente lejos, sin necesidad de la luz, y las segundas por su persistencia en el tiempo.

2. *Semántico.*—Existen *semias directas* (ej. las lenguas orales) y *semias sustitutivas* (ejem.: la escritura, el código telegráfico, el morse, la escritura Braile, etc., algunas de ellas sustitutivas en segundo grado, al sustituir a la escritura). Entre ambos tipos existe una diferencia semántica: una semia directa tiene como significado el contenido del mensaje, mientras que

---

[7] *Ibidem,* p. 11.
[8] *Ibidem,* pp. 16-7.

el de un sema sustitutivo es el significante de otro sema; en el caso de la lengua escrita, su significante no remite directamente al mensaje, sino a los fonemas de la lengua hablada (significante de ésta), que a su vez remiten al mensaje.

3. *Económico.*–Existen semias articuladas y semias no articuladas. Para lograr mayores posibilidades de comunicación con un reducido número de elementos, algunas semias utilizan semas articulados, es decir, semas descomponibles en elementos inferiores, que reciben el nombre de *signo* si una parte formal se corresponde con una parcela significativa; ejem.: en el Código de Circulación, el círculo significa conminación, el color rojo prohibición y el color azul obligación; cada uno de estos elementos constituye un signo, puesto que a un rasgo formal, a un rasgo del significante (el círculo, el color rojo o azul), corresponde un elemento significativo (la conminación, la prohibición o la obligación). Existen otros tipos de articulación diferentes del señalado; existen articulaciones no globales como la de los fonemas, en la que el sema es divisible en elementos puramente formales (no existe un significado indefectiblemente vinculado a un fonema dado), a su vez compuestos por rasgos fonológicos (fricativo, sordo, etc.).

4. *Social.*–Las semias se distinguen desde este punto de vista según su mayor o menor extensión. En general las semias responden a un grupo social (lenguaje matemático, etc.); en algunas se da un sentido único (ejem.: el código de circulación mediante el cual las autoridades comunican con el automovilista, peatón, etc., pero no viceversa); la única semia universal es el lenguaje, pero éste presenta limitaciones indiscutibles, que han dado origen a las semias técnicas o científicas.

5. *Legislativo.*–Ciertas semias están sometidas a la autoridad (código de circulación, etc.); otras no (lenguaje natural, salvo nomenclatura científica).

Su análisis del sema y del acto sémico, su estudio tipológico interno de las clases de semia, posteriormente completado y profundizado por Luis J. Prieto, constituyen una de las aportaciones fundamentales de los últimos tiempos a la semiología lingüística. Este planteamiento le permite destacar el aspecto social del lenguaje y completar ciertas formulaciones saussureanas, esencialmente la distinción entre *langue* y *parole,* que completa mediante la adición de un tercer término, *discours,* que le permite distinguir dos fenómenos confundidos bajo el término de *parole:* a) el mecanismo de exteriorización de la comunicación, para el que reserva el término *parole (habla),* correspondiente en semiología al hecho sémico; *b)* la sucesión de elementos que garantizan la comunicación *(discours)*, equivalente al sema[9].

Con anterioridad a la publicación de esta segunda obra *(La Communication et l'articulation lingüistique)*, Georges Mounin había propuesto, intentando paliar el carácter excesivamente complejo de su clasificación primitiva aparecida en *Les Langages et le discours*, una ordenación basada en los diversos sistemas semiológicos analizados[10].

1. Procedimientos sustitutivos del lenguaje hablado: escritura, alfabeto fonético, de los sordomudos, de la marina, de la telegrafía o criptografía, etc. A este grupo tradicionalmente aceptado por los lingüistas Mounin añade las insignias, diversos tipos de ideogramas (ideogramas de los ferrocarriles, de las guías turísticas, etc.).

2. Procedimientos de comunicación sistemáticos: empleo de las cifras, signos o símbolos matemáticos, de la lógica simbólica, símbolos universales para definir unidades de medida (sistema métrico, sistema de unidades físicas, de unidades químicas, etc.), código de la carretera, etc.

3. Procedimientos de representación sobre el espacio: cartografías, planos, diagramas, esquemas, etc.

4. Procedimientos basados en la utilización de la imagen artística: ilustración, publicidad, etc.

A ello añade el lenguaje de los animales, que estudios recientes han hecho considerar como "comunicación"[11].

Luis Hjelmslev

En 1943 publicaba Luis Hjelmslev los *Prolegómenos a una teoría del lenguaje (Omkring sprogteoriens grundlaeggelse)*[12]. En ellos traza los principios generales de su lingüística y señala que estos principios son aplicables a sistemas diferentes de la lengua "natural", a los que llama *semióticas*. Una semiótica es, pues, cualquier sistema de comunicación distinto de la lengua natural o "cualquier estructura que sea análoga a la lengua"[13]. La define como *"una jerarquía, cualquiera de cuyos componentes admite su análisis ulterior en clases definidas por relación mutua, de modo que cual-*

[9] *Ibidem*, pp. 40-42.

[10] Georges Mounin, "Les systèmes de communication non linguistique et leur place dans la vie du XXᵉ siècle", en *Bulletin de la Societé de Linguistique de Paris*, LIV, 1, 1959, pp. 176-200. Reproducido en *Introduction à la sémiologie*. París, Ed. de Minuit, 1970, pp. 17-40. (Trad. esp. de Carlos Manzano. Barcelona, Ed. Anagrama, 1972. Citaremos según la edición francesa.)

[11] Georges Mounin, "Communication linguistique humaine et communication non linguistique animale", reproducido en *Introduction à la sémiologie*, pp. 41-56. (Artículo aparecido en 1959.)

[12] Citaremos según la versión española de José Luis Díaz de Liaño. Madrid, Gredos, 1971.

[13] *Prolegómenos a una teoría del lenguaje*, p. 150.

quiera de estas clases admite su análisis en derivados definidos por muta-ción mutua''[14]. La tarea de la semiología saussureana es el estudio de estas semióticas[15].

Hjelmslev se interesa particularmente por dos cuestiones: el lugar que corresponde a la lengua dentro del conjunto de estas estructuras semióticas y la separación entre semióticas y no semióticas. El primer problema se resuelve al decidir que "En la práctica, una lengua es la se-miótica a la que pueden traducirse todas las demás semióticas —tanto las demás lenguas como las demás estructuras semióticas concebibles"[16].

Esta afirmación, precedente de la inversión introducida por Barthes en la relación entre semiología y lingüística y posteriormente admitida por la mayoría de los críticos franceses[17], puede haber ocasionado la inter-pretación, inadmisible, de Georges Mounin: "La conséquence en est —dans son esprit toujours et sous sa plume assez souvent— que sémiologie et linguistique sont synonymes; qu'une langue est une sémiotique et que toute sémiotique est une langue (ou un langage)''[18], identificación única-mente existente en la mente del traductor francés. Los rasgos comunes destacados no permiten esta identificación, especialmente si recordamos que postula la existencia de semióticas no lingüísticas[19]. El problema es esencialmente terminológico: Hjelmslev no gozó de una tradición en la que se hubiesen separado convenientemente los sistemas de comuni-cación lingüísticos y no lingüísticos, siendo frecuente el empleo del término "lenguaje" para ambos, problema que intentó solucionar utili-zando el término "semiótica". En relación con el segundo problema, con la delimitación entre las semióticas y las no-semióticas, considera a los juegos situados en ese límite.

Uno de los conceptos más importantes para la semiología poética es su distinción de tres tipos de semióticas:

---

[14] *Ibidem*, p. 50.

[15] Hay que destacar que Hjelmslev emplea el término *semiótica* en un sentido muy distinto al que le dio Peirce o al que se suele emplear hoy. Hoy se entiende por *semiótica*, como antes Peirce, la ciencia de los *signos*, mientras que para Hjemslev semiótica es cada uno de los sistemas estudiados por la ciencia de los signos, la *semiología*. Salvo en el análisis de Hjelmslev, emplearemos el término en su sentido más frecuente. Posteriormente analizaremos otros intentos de distinguir entre *semiótica* y *semiología*.

[16] *Prolegómenos a una teoría del lenguaje*, p. 153.

[17] Para Saussure la semiología, en cuanto ciencia global de todos los signos, incluía a la lin-güística. Barthes invirtió esta relación considerando a la semiología parte de la lingüística, precisa-mente porque a ella puede verterse cualquier otro sistema de signos. Véanse, posteriormente, pp. 127-132.

[18] Georges Mounin, *Introduction à la sémiologie*, p. 96. ("La consecuencia de esto es que —en su espíritu siempre y en su pluma con gran frecuencia— semiología y lingüística son sinónimas; que una lengua es una semiótica y que toda semiótica es una lengua o un lenguaje.")

[19] *Prolegómenos a una teoría del lenguaje*, p. 154.

1. *Semióticas denotativas:* ninguno de sus planos (expresión y contenido[20]) es una semiótica. Un ejemplo de ello son las lenguas "naturales".

2. *Semióticas connotativas:* aquellas semióticas cuyo plano de la expresión es una semiótica. Ejemplo de ello es la obra literaria.

3. *Metasemióticas:* su plano del contenido es una semiótica[21]. Lo que los lógicos y, a su vez, los lingüistas denominan "metalenguaje", el lenguaje que versa sobre el lenguaje mismo, es, en realidad, una metasemiótica.

Hjelmslev definía, pues, la obra literaria como semiótica connotativa. Años después, sus teorías tendrían una gran repercusión en la semiótica literaria.

Luis J. Prieto

Prieto parte de los estudios de Buyssens y se interesa esencialmente por el problema del proceso de la comunicación, de la transmisión de un mensaje o *acto sémico* y de sus mecanismos de funcionamiento y economía[22].

La *señal* es un instrumento destinado a transmitir mensajes entre un *emisor* y un *receptor.* Para que exista esta transmisión del mensaje es necesario y suficiente que: 1.º el receptor perciba el propósito del emisor de transmitirle un mensaje; 2.º el receptor identifique cuál es este mensaje[23]. Estas son, pues, las dos *funciones* que ha de realizar la *señal.*

Toda señal admite ciertos mensajes y excluye otros, luego el mensaje transmitido habrá de ser uno de los que admite la señal. Esta proporciona una *indicación* insuficiente acerca del mensaje, pero es completada por las circunstancias. El receptor entiende que el mensaje transmitido es el más favorecido por las circunstancias entre todos los mensajes admitidos por la señal[24]. La indicación proporciona un *indicio* que disipa total

---

[20] Partiendo de la definición saussuriana, "la lengua es una forma y no una sustancia", Hjelmslev distingue un doble plano en la lengua: la forma y la sustancia, la primera designa lo específicamente lingüístico; la segunda, lo exterior al dominio de la lingüística. Ambas constan de un doble plano: de un plano de la expresión y de un plano del contenido. De este modo, en su adaptación posterior a la estilística, *forma* no se opone a *contenido,* sino a *sustancia.* (*Prolegómenos a una teoría del lenguaje,* pp. 73-89.).

[21] *Ibidem,* p. 160.

[22] Luis J. Prieto, *Principes de noologie. Fondements de la théorie fonctionnelle du signifié.* La Haya, Mouton, 1964, y especialmente, *Messages et signaux.* París, P.U.F., 1966, y "La Sémiologie", *Langage,* Encyclopédie de la Pléiade, París, Gallimard, 1966.

[23] *Messages et signaux,* pp. 9-10.

[24] *Ibidem,* pp. 12-14.

o parcialmente la incertidumbre de la señal [25]. Ahora bien, el indicio no indica una cosa, sino una *clase de posibilidades,* y esta clase sólo se define negativamente por comparación con otra clase llamada su *complemento.* Para determinar la clase es necesario partir de otra clase más amplia, "cuyos miembros son los únicos considerados" [26], es decir, de lo que los lógicos llaman un *universo de discurso.* Prieto parte de un principio binario: todo sistema de clasificación ha de componerse de clases que se excluyan entre sí; es decir, en una biblioteca, utilizando su ejemplo, no pueden clasificarse los libros en libros de lingüística, de geografía y de literatura, porque no podría colocarse, en esta clasificación, un libro de botánica, puesto que no pertenece a ninguna de estas tres clases; tampoco podrían clasificarse en libros de lingüística, libros de no-lingüística y libros encuadernados; la clasificación válida será libros de lingüística/ libros de no-lingüística (o libros de botánica / libros de no-botánica, etcétera), puesto que todo nuevo libro podrá inmediatamente adscribirse a uno u otro grupo. Traspuesto al plano del acto sémico, nos hallamos con una *clase de posibilidades* y una *clase de no-posibilidades* o *complemento* de la primera, las cuales constituyen, entre ambas, el universo del discurso. En otras palabras, la clase de posibilidades unida a su complemento constituyen el *universo del discurso;* la primera, de signo positivo, incluye el indicio y todos los hechos susceptibles de proporcionar la misma indicación; la segunda, de signo negativo, incluye a su complemento [27].

A las dos condiciones anteriormente señaladas para la transmisión de un mensaje (que el receptor perciba que se le envía un mensaje y que identifique cuál es este mensaje) corresponden las dos indicaciones que, en general, contiene toda señal:

1. *Indicación notificativa,* que indica al receptor que el emisor se propone remitirle un mensaje.

2. *Indicación significativa:* la señal indica que la información transmitida es una de las informaciones que la señal admite [28].

Distingue un *plano de lo indicado* y un *plano de lo indicante,* repartición que halla su complemento en la noción de *campo noético* y *campo semántico.* "El conjunto de todos los mensajes admitidos por una señal determinada o por otra señal que pertenece al mismo código constituye

[25] *Ibidem,* pp. 16-17.
[26] *Ibidem,* p. 19.
[27] *Ibidem,* p. 25.
[28] *Ibidem,* p. 29.

el *campo noético* de este código"[29]. Es decir, el campo noético es el conjunto de mensajes admitidos por un código dado, que la señal divide en dos clases complementarias: una constituida por los mensajes que la señal admite, la otra, por los que excluye; corresponde, pues, al plano del indicado[30]. El campo noético está constituido por todos los sentidos comunes a todas las señales de un código dado[31]. Paralelamente, "el conjunto de todas las señales que pertenecen a un código determinado es denominado el *campo semántico* de este código"[32]. Por otra parte, el *significado* de una señal consiste en la clase constituida por los mensajes admitidos por esta señal[33]. El *significante* de una señal es la clase a la que pertenece la indicación significativa de esta señal[34].

Es decir, adaptando los esquemas empleados por Luis J. Prieto, señalaremos:

Acto sémico[35]:

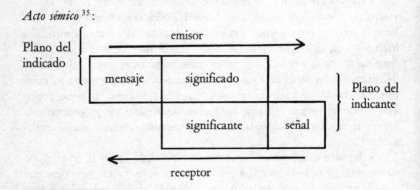

Plano del indicado[36]:

Campo noético: circunferencia B: comprende todos los mensajes de este código, es decir que comprende:

1. El *significado:* circunferencia A; clase positiva (incluye los mensajes que la señal admite).

---

[29] *Ibidem,* p. 35.
[30] *Ibidem,* p. 36.
[31] "La sémiologie", p. 111.
[32] *Messages et signaux,* p. 37.
[33] *Ibidem,* p. 36.
[34] *Ibidem,* p. 37.
[35] *Ibidem,* p. 50.
[36] *Ibidem,* p. 36. Obsérvese que el campo semántico atañe al significante y no al significado, como se esperaría según el empleo más frecuente de este término en lingüística.

2.   El *complemento del significado:* corona B — A (incluye todos los mensajes del campo noético excluidos por la señal).

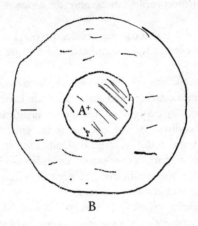

B

Plano del indicante [37]:

Campo semántico: circunferencia B': comprende todas las señales de este código, es decir:

1.   El *significante:* circunferencia A'; clase positiva, clase a la que pertenece la señal.

2.   *Complemento del significante:* corona B' — A'.

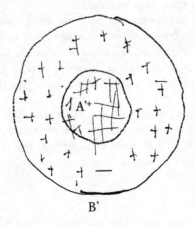

B'

[37] *Ibidem,* pp. 36-8.

Define, siguiendo a Buyssens, el *sema* como la unión de un significante y un significado[38]. Las señales o mensajes que componen el significante o significado reciben el nombre de *variantes* de este significante o significado[39].

Se ha indicado que todas las señales proporcionan, en general, una doble indicación notificativa o significativa. En casos extremos una de las dos puede faltar:

a)   Algunos códigos carecen de indicación significativa, sólo presentan indicación notificativa, como en el caso de los bastones blancos de los ciegos. Ocurre en códigos en los que el significante coincide con el campo noético, códigos en los que todas las señales tienen un mismo significado. Al tener todas el mismo significado, la señal no descarta ninguna posibilidad, por lo que carece de indicación significativa, limitándose a la indicación notificativa, es decir, a indicar al receptor que el emisor se propone transmitirle un mensaje[40].

b)   Un pequeño número de códigos carecen de indicación notificativa. Son los códigos con significante cero, es decir, aquellos en los que la ausencia de una señal positiva funciona como señal[41]. Un ejemplo de ellos, citado por el autor, es el sistema de luces intermitentes de los automóviles: una luz a la derecha indica giro en esta dirección; a la izquierda, en sentido opuesto; pero la ausencia de luz también es significativa: indica que el conductor sigue en la misma dirección. La ausencia de una señal funciona en este caso como señal, a diferencia de otros códigos en los que carece de significado. Puesto que la ausencia de señal funciona como señal no existe indicación notificativa.

Prieto añade al funcionamiento del acto sémico la consideración de las posibles causas de fracaso de éste —debido a que el emisor interpreta defectuosamente las circunstancias o a que la indicación significativa que el receptor recibe no es la misma que la que el emisor quiere transmitir—, los rasgos pertinentes del mensaje y la relación lógica entre significados y entre significantes.

Mediante la conmutación aísla los *rasgos pertinentes* de un mensaje, únicamente inexistentes en los códigos con semas únicos (códigos sin indicación notificativa): "Les traits d'un message qui composent le signifié d'un sème employé pour le transmettre sont les traits 'pertinents'.

---

[38] *Ibidem,* p. 39.
[39] *Ibidem,* p. 42.
[40] *Ibidem,* pp. 43-44.
[41] *Ibidem,* p. 45.

de ce message. Les autres traits sont les traits non-pertinents"[42].

Cuatro tipos de relaciones lógicas son posibles entre dos clases cualesquiera[43]:

1. Identidad: ambas se recubren (fig. 1).

2. Inclusión: una comprende a la otra, pero no a la inversa (fig. 2).

3. Intersección: ambas tienen elementos comunes y elementos diferentes (fig. 3).

4. Exclusión: no tienen ningún elemento en común (fig. 4).

Pues bien, entre los significados de dos semas son posibles relaciones de inclusión, de intersección o de exclusión, mas no relaciones de identidad, ya que, en este caso, constituirían un único sema[44]. Por el contrario, los significantes de dos semas sólo pueden presentar entre sí relaciones de exclusión[45].

Tras el estudio del funcionamiento del acto sémico, Prieto atiende a los mecanismos de economía de los diversos códigos, lo que le lleva a trazar una tipología de los diversos sistemas de signos.

---

[42] *Ibidem*, p. 61. ("Los rasgos de un mensaje que componen el significado de un sema empleado para transmitirlo son los rasgos pertinentes de este mensaje. Los restantes rasgos son los rasgos 'no-pertinentes'.")

[43] *Ibidem*, pp. 68-69.

[44] *Ibidem*, p. 73.

[45] *Ibidem*, p. 76.

Los mecanismos de economía se agrupan en dos tipos según su finalidad:

1. Unos tienden a reducir el costo de la indicación significativa;
2. Otros se refieren a la cantidad necesaria en cada caso para asegurar la transmisión de un mensaje [46].

Los mecanismos que tienden a reducir el esfuerzo que supone la transmisión del mensaje, el esfuerzo que cuesta la indicación significativa, se basan en el principio de que "les classes dont les correspondances permetten à cette indication d'avoir lieu résultent de la multiplication logique de deux ou plusieurs classes plus larges" [47]. Si se aplica este principio, los significados y significantes de los semas son analizables en clases más amplias, denominadas *factores* "dont ces signifiés ou ces signifiants sont des produits logiques" [48]. El hecho de explotar o no, o bien de explotar diversamente este principio, da lugar a diversos tipos de códigos. Estos procedimientos constituyen lo que en lingüística se denomina "primera o segunda articulación".

Si en un código un factor del significante se corresponde con un factor del significado, se dice que presenta la primera articulación, articulación que permite un mayor rendimiento, un mayor número de semas, con un número reducido de factores, pero que obliga a diversas clasificaciones. Prieto cita como ejemplo de esta primera articulación la numeración de las habitaciones de un hotel y la numeración decimal. Tomemos su primer ejemplo. Supongamos un hotel con noventa habitaciones numeradas según el siguiente sistema [49]:

14		19
13		18
12		17
11		16
10	a	15

Primer piso

---

[46] *Ibidem*, p. 80.

[47] *Ibidem*, p. 80 ("... las clases cuyas correspondencias permiten que esta indicación se produzca resultan de la multiplicación lógica de dos o más clases más amplias.")

[48] *Ibidem*, p. 81 ("... de las que estos significados o significantes son productos lógicos.")

[49] *Ibidem*, p. 96.

Y el mismo sistema para los restantes pisos, anteponiendo el "prefijo" 2, 3, etc., según el piso. En este caso, todo significante, por ejemplo / 25 /, puede dividirse en dos factores / 2 — / y / —5 /, que se corresponden cada uno con un significado: 2 indica 2.º piso; 5 indica primer lugar a la derecha; constituyendo el significante y el significado el sema 25. En tal caso se habla de *primera articulación*, mecanismo que, en el caso concreto del ejemplo anterior, permite reducir de 90 a 19 el número de correspondencias entre las clases de señales y las clases de mensajes. *Prieto emplea el término "signo" para designar la unión de un factor del significante* (ejem.: / 2 — / en 25) *y un factor del significado* (ejem.: "2.º piso"). La unión del factor del significante / 2 — / con el factor del significado "2.º piso" constituye el signo 2 —[50]. El sema 25 *está articulado* y su significado o significante es el producto lógico de los factores de cada uno de ellos.

Se habla de *segunda articulación* en el caso de que:

a)   Los significantes de los semas sean analizables en factores, pero estos factores no se correspondan con los factores del significado.

b)   O bien, cuando presenta la primera articulación, pero los significantes de los signos (factores de los que resultan los significantes de los semas) pueden analizarse, a su vez, en factores aún más amplios y éstos carecen de correspondencia en el plano del significado[51].

A los signos, en el caso de la primera articulación, corresponden ahora las *figuras*[52]. Una figura es un factor del significante de un sema o de un signo que no se corresponde con un factor de su significado respectivo[53]. Ejemplos de figuras son los fonemas y grafemas de las lenguas. Las lenguas naturales presentan ambas articulaciones (la primera y la segunda articulación) pero, frente a esto, contienen significantes que no permiten su descomposición en figuras[54]. En el caso de una señal como ¿*El viene?*, el sema ¿*El viene?* se descompone en tres signos *él, viene,* y ¿? Los significantes / el/ y / viene/ se descomponen en figuras / e — /, / — /, etc., pero el signo de entonación es indescomponible. Así pues, ya

[50]   *Ibidem*, p. 105.
[51]   *Ibidem*, p. 107.
[52]   Prieto recoge y reformula una distinción de Hjelmslev. El lingüista danés veía en la lengua un sistema de signos compuestos de no-signos llamados *figuras*. La lengua está organizada de modo que, combinando de diversas maneras un pequeño número de figuras (ejem.: fonemas, etc.) pueda construirse un número ilimitado de signos. Este es el gran principio de economía de una lengua, lo que la hace utilizable y, por tanto, una característica básica y esencial de la estructura de toda lengua. (*Prolegómenos a una teoría del lenguaje*, pp. 65-72.)
[53]   *Ibidem*, p. 108.
[54]   *Ibidem*, p. 109.

que existen en las lenguas naturales signos indescomponibles en figuras, diremos que las lenguas naturales presentan la segunda articulación incompleta.

En los códigos de este tipo —y de nuevo las lenguas naturales son el ejemplo más patente— suele haber posibilidades que la lengua no explota, lo que introduce una distorsión entre el campo semántico real y el campo semántico posible, dejando la puerta abierta a la adquisición o creación de nuevos términos.

Un segundo grupo de mecanismos de economía busca un fin muy diferente. Si los anteriores pretendían "reducir" el costo de la indicación significativa, éstos intentan proporcionar al receptor el mínimo posible de información necesaria para la correcta interpretación del mensaje.

La indicación significativa tiende a disminuir la incertidumbre (ambigüedad), pero la cantidad de información transmitida depende de las circunstancias. Para recoger el ejemplo del autor, según las circunstancias, para transmitir el mensaje: "orden de entregar al emisor el lapiz negro del receptor", en unos casos será necesario decir *dame tu lápiz negro;* en otros, *dame el lápiz negro, dame el lápiz, dame el negro, dame el tuyo* o *dámelo.* Ahora bien, por una parte esta posibilidad no existe en todos los códigos —de hecho sólo ofrece un gran margen de selección en las lenguas naturales— y, por otra, no es total en las lenguas naturales: se puede expresar la "orden de entregar el lápiz negro del receptor" prescindiendo de indicar el lápiz o la idea de posesión, pero no se puede prescindir de indicar el género y el número masculino singular, ni de que la orden vaya dirigida a uno o varios receptores *(dame* o *dadme,* no existe imperativo en castellano que omita esta referencia), etc.

Prieto se plantea el problema de cuáles son las características funcionales de los códigos que permiten esta posibilidad de elección y cuáles son sus límites. Para ello vuelve a las relaciones lógicas entre los significados de dos semas, anteriormente establecidas[55]. Los códigos que permiten esta posibilidad de elección —que permiten adaptar el mensaje a las circunstancias— son los que contienen semas cuyos significados están en relaciones de exclusión entre sí, otros semas en relaciones de inclusión entre sí y otros de intersección; mientras que carecen de esta posibilidad los códigos en los que los significados de los semas sólo presentan relaciones de exclusión.

Imaginemos un sema cuyo significado incluya los rasgos *a, b, c, d,* en un código en el que todos los significados de los semas se hallen en

---

[55] Véase, anteriormente, p. 115.

relación de exclusión: evidentemente, sólo el significante / *abcd* / podría ser utilizado, aun cuando las circunstancias hiciesen posible prescindir —no hacer pertinentes— de los rasgos *c* y *d*. Por el contrario, en un código que posea relaciones de inclusión e intersección, según las circunstancias podremos emitir el mensaje con los significantes / *abc*/, / *abd*/ o / *ab*/, etc., como en el ejemplo anterior de *dame tu lápiz negro, dame el lápiz, dame el negro, dámelo,* etc.

Prieto analiza cuatro códigos hipotéticos que recubren un mismo universo de discurso:

Código A: Unicamente relaciones de exclusión entre los significados de los semas. Número de semas muy reducido: 8. Imposible reducir la información que se proporciona según las circunstancias. Para cada mensaje hay una sola posibilidad.

Código B: Relaciones de exclusión, otras de inclusión y otras de intersección entre los significados de los semas. Gran número de semas: 26. Posibilidad de adaptar la información proporcionada a cada circunstancia. Diversas posibilidades para expresar cada mensaje; la elección entre ellas depende de las circunstancias.

Código C: Relaciones de exclusión, de inclusión y de intersección entre los significados de los semas. Número de semas algo inferior: 20. Posibilidad de adaptar la información proporcionada no completa. Diversas posibilidades para expresar cada mensaje, pero no completas.

Código D: Relaciones de exclusión, otras de inclusión y otras de intersección. Número de semas reducido: 14. Posibilidad de adaptar la información proporcionada a cada circunstancia existente, pero reducida. Algunas posibilidades para expresar el mensaje, pero no completas[56].

Los códigos C y D son una imagen simplificada de las lenguas. Existen en francés (o castellano, etc.), como en el código C, casos en los que puede hacerse pertinente un rasgo sin hacer o haciendo otro pertinente, pero no al revés —ejem.: en el ejemplo anteriormente citado, pueden hacerse pertinentes los rasgos "(C.D.) sing." y "(C.D.) lápiz", *dame el lápiz;* puede hacerse pertinente el rasgo "(C.D.) sing." sin el rasgo "(C.D.) lápiz", *dámelo;* pero no es posible hacer pertinente el rasgo "(C.D.) lápiz" sin hacer pertinente el rasgo "(C.D.) sing."—; existen otros casos en los que, como en el código D, la pertinencia de un rasgo está en dependencia recíproca de otro —ejem.: "(posesor del C.D.) sing." y

---

[56] El número inicial de ocho semas en un código capaz de transmitir ocho mensajes diferentes es, evidentemente, una elección convencional.

"(posesor del C.D.) de l.ª pers.", pueden hacerse pertinentes los dos rasgos o ninguno, pero no uno independiente del otro[57].

El ejemplo de los cuatro códigos hipotéticos permite a Luis Prieto captar las posibilidades de cada tipo de código: el código A excluye toda elección, pero funciona con un menor número de semas. El código B, que permite adaptar el mensaje a todas las circunstancias, supone un mayor número de semas. Entre estos dos códigos, las lenguas naturales han hallado su equilibrio en una combinación de elementos del tipo de los de los códigos C y D.

Este doble análisis de los mecanismos de economía le permite plantearse el problema de la clasificación de los códigos. No intenta realizar una clasificación exhaustiva; sólo cita los ejemplos de códigos que le salen al paso, más preocupado por el mecanismo que explica y diversifica cada código considerado que por agotar la enumeración de los códigos o sistemas semióticos posibles. Y, pese a ello, esta clasificación según la estructura propia de los códigos ofrece indiscutibles ventajas en comparación con las clasificaciones que siguen las delimitaciones tradicionales, en general partiendo de principios externos al funcionamiento del código (ejem.: la de Umberto Eco y, en parte, la de Georges Mounin).

Su clasificación responde, en líneas generales, a los dos aspectos que gobiernan la organización de su estudio:

I. *Clasificación de los códigos según su mecanismo de funcionamiento:* Clasificación marginal, de menor importancia, pues, en general, todos los códigos tienen en común su funcionamiento y se diferencian por el sistema de economía empleado. Pero permite separar ciertos códigos "marginales":

A. Según que el *código no presente indicación significativa o la presente,* tendremos, en el primer caso, los códigos en los que el significado coincide con el campo noético, los códigos de sema único, como el de los bastones blancos de los ciegos; en el segundo caso tendremos los restantes códigos.

B. Según que *no exista indicación notificativa o exista,* se distinguen los códigos con significante cero, en los que la ausencia de una señal efectiva funciona como señal: así, en el código de las luces intermitentes de los automóviles o en las insignias, galones, que indican el grado en los militares (la ausencia de insignia supone grado inferior), etc.; en el segundo caso están los restantes códigos.

---

[57] *Messages et signaux,* p. 145.

II. *La clasificación* esencial *se basa en el mecanismo de economía* de los diversos códigos:

A. Según los mecanismos destinados a *reducir el coste de la indicación significativa:*

1. Códigos sin primera articulación (ejem.: semáforos).
2. Códigos sin primera articulación pero con segunda articulación (ejem.: señales manuales de los marineros). La segunda articulación puede ser plena (todos los semas pueden analizarse en figuras que son comunes a varios significantes) o parcial (algunos semas no pueden analizarse en figuras o las figuras no son comunes a varios significantes, como en el código de los aviadores).
3. Códigos que presentan la primera articulación y no la segunda. Pueden tener una primera articulación plena, como el sistema de la numeración decimal, o una primera articulación parcial, como el código de la carretera.
4. Códigos con doble articulación: las lenguas naturales, los números telefónicos de las P.T.T. francesas, etc. Cuatro subtipos son posibles:

—con primera articulación plena y segunda articulación plena
—con primera articulación parcial y segunda articulación plena
—con primera articulación plena y segunda articulación parcial
—con primera articulación parcial y segunda articulación parcial.

Las lenguas constan de una primera articulación plena y una segunda articulación parcial.

B. Según que contengan o no *mecanismos que les permitan adaptar a las circunstancias* en las que .se produce el acto sémico *la cantidad de indicación significativa que proporciona la señal:*

1. Códigos sin semas cuyos significados se hallen en relaciones de inclusión o de intersección: todos los códigos excepto las lenguas naturales.
2. Códigos con semas cuyos significados se hallan en relaciones de inclusión o intersección: las lenguas naturales [58].

La semiología postsaussureana. Semiología y lingüística

De lo anteriormente expuesto, podemos concluir que la semiología realizada por lingüistas, de entronque directo con Saussure, salvo las teorías independientes de Hjelmslev, se caracteriza por la consideración

---

[58] *Messages et signaux,* pp. 153-165.

exclusiva de los *sistemas de comunicación*[59], sin atender a la semiología literaria. El rigor de sus estudios obliga a considerarla como una de las concepciones semiológicas más elaboradas. Su punto de partida lingüístico les ha llevado a profundizar los rasgos que separan la lingüística de la semiología y las lenguas naturales de los restantes sistemas de comunicación. Mounin reduce a seis estos rasgos distintivos[60]:

1.   La lengua natural supone una intención de comunicación, por lo que, dentro de la antigua concepción del signo, habría que distinguir lo que Trubetzkoy llamó indicios y síntomas.

2.   El signo lingüístico es arbitrario, lo que lo distingue de sistemas de signos no arbitrarios o *símbolos*.

3.   Las lenguas son un medio de comunicación sistemático, mientras que existen medios de comunicación asistemáticos.

4.   Las lenguas presentan un carácter lineal; la semiología se ocupa, además, de sistemas no lineales.

5.   La lingüística estudia signos de carácter discreto (o diferencial en Saussure); la semiología considerará signos no discretos (o no diferenciales).

6.   Las lenguas naturales presentan una doble articulación, de la que carecen otros medios de comunicación.

Pese á su preferencia por la semiología de Buyssens y Prieto, Georges Mounin asigna a esta disciplina un campo de estudio mucho más amplio que el que le asignaron los autores citados.

Buyssens y Prieto únicamente consideran los códigos en los que existe intención de comunicación, es decir, los códigos compuestos por signos y señales, prescindiendo de los indicios y de los síntomas. En esto se adaptan fielmente al propósito de Saussure, para quien la semiología era la ciencia de los *signos*. En efecto, para Prieto, las señales se diferencian de los indicios que no son señales en que las primeras se producen con la intención de servir de indicios —lo cual falta en los segundos— y en que esta finalidad puede ser reconocida por el receptor sin dificultad[61]. En esto vemos la diferencia esencial que separa a la semiolo-

---

[59] Existe una segunda corriente semiológica, de la que nos ocuparemos posteriormente, que atiende esencialmente a la mera *significación*.

[60] *Introduction à la sémiologie*, pp. 67-76.

[61] Luis J. Prieto, "La sémiologie", pp. 95-6. No son señales los indicios propiamente dichos; por ejemplo, el color oscuro del cielo es indicio de que se aproxima una tormenta; o los síntomas, como por ejemplo los síntomas de enfermedades, etc., puesto que no se producen con la intención de comunicar algo. Tanto los indicios que no son señales (puesto que para el autor toda señal conlleva un indicio, aunque este doble empleo del término "indicio" pueda inducir a error), como los síntomas

gía europea saussureana de la semiología americana. En la concepción de Peirce, los indicios y los síntomas entraban dentro del campo de estudio de la semiótica.

Charles Morris y la semiótica norteamericana

Frente a la semiología europea, se había constituido en América, bajo la influencia de Peirce, una semiótica independiente, representada por Charles Morris [62]. La principal diferencia con los estudios europeos coetáneos consiste en su planteamiento conductista y en la ausencia de un trasfondo lingüístico. La semiótica, en este caso, está realizada por un filósofo.

Parte de Peirce, cuyas "concesiones mentalistas" critica. Propugna la constitución futura de la semiótica como ciencia de los signos —elemento capital en la vida humana, ya que "Men are the dominant sign-using animals" [63]. Esta ciencia ocupará un día el puesto de honor antes sustentado por la filosofía, ya que será el instrumento básico de todas las ciencias que operan con signos o sobre signos.

El método conductista es el más adecuado, en opinión del autor, para determinar la existencia de un signo, de ahí la definición que de él nos propone: "Si algo (A) rige la conducta hacia un objetivo en forma similar (pero no necesariamente idéntica) a como otra cosa (B) regiría la conducta respecto de aquel objeto en una situación en que fuera observada, en tal caso (A) es un signo" [64]. Es signo todo lo que rige la conducta de forma similar a como lo haría otra cosa, y una conducta encaminada a

---

quedan excluidos de su estudio. También Buyssens excluye del objeto de estudio de la semiología a los indicios.

[62] La obra principal de Charles Morris en este dominio es *Signs, Language and Behavior*, publicada en 1946 (Nueva York, Prentice-Hall), de la que ya había aparecido una edición abreviada en 1940. Citaremos según la versión castellana de José Rovira Armengel. Buenos Aires, Losada, 1962. Pero, anteriormente, en 1938, había aparecido en la *International Encyclopedia of Unified Science*, Vol. I, n.º 2, su *Foundations of the Theory of Signs*. Para unificar los dos dominios sobre los que versaban sus estudios, se propuso estudiar las relaciones de la semiótica con la axiología en *Signification and Significance. A Study of the Relation of Signs and Valued*. The M.I.T. Press, Massachusetts Institute of Technology, Cambridge, Mass., 1964. Las dos primeras obras, el primer capítulo de la tercera y diversos artículos anteriores han sido recogidos en *Writings on the General Theory of Signs*. La Haya-París, Mouton, 1971. Excepto para *Signs, Language, and Behavior*, para la que utilizamos la edición castellana, y *Significatio and Significance*, para la que preferimos la edición completa, citaremos según la edición general. Véase también *The Pragmatic Movement in American Philosophy*, Nueva York, George Braziller, Inc., 1970.

[63] *Writings*, p. 17. ("El hombre es el animal que se caracteriza esencialmente por usar signos.")

[64] *Signos, lenguaje y conducta*, p. 14.

algo y controlada por un signo es una *conducta semiósica*[65]. Desde *The Foundations of the Theory of Signs* (1938) consideraba, siguiendo a Peirce, cinco elementos en el proceso semiósico, teoría posteriormente reformada en *Signs, Language, and Behavior*. La conducta semiósica incluye el *signo,* el *intérprete* del signo —cualquier organismo para el que algo es signo; en el caso del perro hambriento al que se ha habituado a dirigirse a un lugar determinado al sonido de un timbre, en busca de comida, y se dirige al lugar prescindiendo de que exista o no, el intérprete es el perro—; el *interpretante* es la disposición de un intérprete a responder a un signo, es decir, en el caso anterior, la disposición del perro a buscar comida (el hambre); "lo que permite completar la serie de respuestas para la cual el intérprete se encuentra preparado a causa del signo" es el *denotado (denotatum,* lo que denominaríamos "referente") del signo, y, volviendo a nuestro ejemplo, sería la comida denotada por el timbre; "Aquellas condiciones que son de tal índole que todo lo que las llene sea un denotatum" constituyen el *significado* del signo *(significatum)*[66], o sea, en el ejemplo del perro, la condición de objeto comestible[67].

El signo tiene que significar necesariamente, pero es indiferente el que denote o no. Es decir, el timbre significa para el perro que hay comida en un lugar determinado, aunque no exista realmente. La distinción entre el denotado y el significado le permite solucionar el problema de los signos que remiten a cosas inexistentes: en este caso el signo tiene significado, pero no denotado[68].

Postula la existencia de una triple subdisciplina dividida, a su vez, en dos vertientes: una vertiente *pura* (o teórica, que elaboraría sistemáticamente el metalenguaje a utilizar) y una vertiente *descriptiva* (o aplicación de este lenguaje a situaciones concretas):

a) La *semiótica semántica,* encargada de estudiar la relación de los signos con los objetos que representan.

b) La *semiótica pragmática,* que analiza los signos en relación con sus intérpretes, es decir, que estudia los aspectos psicológicos, sociológicos y biológicos de los signos.

---

[65] *Ibidem,* p. 14.

[66] *The Foundations...,* pp. 19-21; *Signos, lenguaje y conducta,* p. 25; En *Signification and significance* sustituye *denotatum* por *contexto* y añade que esta caracterización no define a todos los signos (p. 2).

[67] En *The Foundations...* emplea los términos *designatum* y *denotatum;* el *designatum* es aquello a lo que se refiere el signo, y el *denotatum,* el objeto de referencia, caso de existir en la realidad, (pp. 19-21).

[68] *The Foundations...,* p. 20; *Signos, lenguaje y conducta,* p. 26.

c) La *semiótica sintáctica,* que considera la relación formal de los signos entre sí [69].

Existen dos tipos de signos: si un signo sustituye a otro signo y significa lo mismo que éste, hablaremos de *símbolo;* en el caso contrario, de *señal;* el símbolo puede ser *icónico* (si es semejante a lo que significa) o *no icónico* (en el caso contrario) [70].

Ve la necesidad de trazar los límites entre el lenguaje humano y otro tipo de signos, aunque su delimitación hoy haya sido superada. No ignora que la debatida cuestión de atribuir o no un "lenguaje" a los animales se resuelve en un problema terminológico: todo depende de que hagamos a "lenguaje" sinónimo de "comunicación" o le demos un significado más estrecho [71]. Así lo hace el autor y distingue cinco características en el lenguaje humano: 1. Un lenguaje se compone de una pluralidad de signos. 2. Tiene un significado común para un cierto número de intérpretes, es decir, los signos son interpersonales [72]. 3. Los signos del lenguaje son *consignos,* es decir, pueden ser producidos por los miembros de una *familia de intérpretes* [73] con el mismo significado para los productores y los demás intérpretes. 4. Los signos son plurisituacionales, es decir, presentan una relativa constancia de significado en cualquier situación. 5. Deben constituir un sistema de signos interrelacionados y capaces de combinarse de ciertos modos y no de otros [74]. En el lenguaje subhumano (lenguaje animal) los requisitos 3 y 5 no se cumplen abiertamente: es dudoso que los signos sean consignos, que tengan un mismo significado cuando ellos los producen y cuando son producidos por otro organismo, y, sobre todo, no se combinan según las restricciones de comunicación que constituyen un sistema de lenguaje [75].

Critica la distinción de Ogden y Richards (en *The Meaning of Meaning)* entre términos "referenciales" y términos "emotivos". Clasifica los signos por su significado, sus denotados, su modo de combinarse con otros

[69] *The Foundations...,* pp. 21-22.

[70] *Signos, lenguaje y conducta,* p. 26. Volveremos sobre esta distinción al considerar el signo estético.

[71] *Signos, lenguaje y conducta,* p. 65.

[72] *Signos, lenguaje y conducta,* pp. 46-7. Esto supone el replanteamiento del carácter social del lenguaje: el lenguaje es social en cuanto que surge dentro de la conducta social; ahora bien, los signos del lenguaje pueden aparecer fuera de la conducta social; es el caso del poema escrito y destruido antes de haber sido leído por nadie: no existe conducta social, pero existe lenguaje.

[73] *Familia de intérpretes* es el conjunto de intérpretes para quienes un signo tiene una misma "significación". *Signos, lenguaje y conducta,* p. 29.

[74] *Ibidem,* pp. 44-5.

[75] *Ibidem,* pp. 65-6.

signos y su relación hacia sus intérpretes[76]. "Según las diferencias en las disposiciones para reaccionar"[77] distingue cinco *modos de significar* (o *especies de significado)*:

1. Los identificadores, que indican la situación espacio-temporal.
2. Los designadores, que significan características del ambiente.
3. Los apreciadores, que significan categoría preferencial.
4. Los prescriptores, que significan la necesidad de respuestas específicas[78].
5. Los formadores, signos que se agregan a otros signos, afectando "la conducta de la persona frente a la situación ya significada por los signos a los que acompañan" [ejem.: "o", "( )", etc.][79].

Los signos constan de cuatro usos principales, a los que denomina:

1. Uso informativo: el signo se emplea para informar al organismo acerca de algo.
2. Uso valorativo: el signo se emplea para ayudar al organismo en su elección preferencial de los objetos.
3. Uso incitativo: el signo se emplea para provocar series de respuestas de cierta familia.
4. Uso sistemático: el signo se emplea para extender una conducta de influencia ya provocada por otros signos, para organizar la conducta procedente de otros signos[80].

Señala la relación existente entre estos cuatro usos primarios de los signos y los cuatro modos de significar[81]: "Los designadores reconocen ante todo un empleo informativo; los apreciadores, valuativo; los prescriptores, incitativo, y los formadores, sistemático"[82].

Intenta establecer una tipología general de los discursos, distinguiendo 16 *tipos de discursos*[83]. Distingue tres posibles criterios para aislar los tipos de discursos:

---

[76] *Ibidem*, p. 73.
[77] *Ibidem*, p. 77.
[78] *Ibidem*, pp. 78-79.
[79] *Ibidem*, p. 102.
[80] *Ibidem*, pp. 109-110.
[81] Morris vacila en distinguir cuatro modos primarios de significar o cinco modos. Si en un principio, siguiendo a C. J. Ducasse, distingue los identificadores de los designadores, posteriormente, al definir los tipos de discursos literarios o al señalar las relaciones existentes entre los modos de significar y los usos principales de los signos, prescinde de los identificadores, ya que considera que "la conducta nunca se manifiesta hacia una región espacio-temporal como tal, sino hacia varios objetos" *(Ibidem*, p. 89), por lo que un identificador "significa entonces la colocación de una u otra cosa, pero no significa en sí mismo acerca de tal cosa". *(Ibidem*, p. 89).
[82] *Ibidem*, p. 110.
[83] El término "tipos de discursos", aplicado a la lengua literaria, hará fortuna en la semiótica literaria francesa.

a)   Según los modos de significar.
b)   Según los empleos.
c)   Según los modos de significar y los empleos.

Tras discutir las ventajas de los tres criterios de clasificación, opta por el tercero y distingue 16 tipos de discurso según los cuatro modos de significar principales —prescindiendo del modo identificador—, según los modos designativo, apreciativo, prescriptivo y formativo, y los cuatro empleos capitales de los signos: empleos informativo, valorativo, incitativo y sistemático.

Tipos principales de discursos [84]

MODOS	EMPLEOS			
	informativo	*valorativo*	*incitativo*	*sistemático*
designativo	científico	de ficción	legal	cosmológico
apreciativo	mítico	poético	moral	crítico
prescriptivo	tecnológico	político	religioso	de propaganda
formativo	lógico-matemático	retórico	gramatical	metafísico

Morris acuña una terminología personal, específica para la semiótica, lo que lo aleja de los semióticos europeos. Atribuye esta necesidad a la vaguedad de la terminología lingüística. Pero no cabe duda de que existe en el autor una clara afición por el neologismo y la clasificación. Su obra ha sido duramente atacada [85]. Hoy muchas de sus nociones están superadas o requieren revisión; atiende mucho más a unas tipologías abstractas que a una organización concreta de los sistemas semióticos, pero su influencia en el auge moderno de la ciencia de los signos ha sido decisiva. Sería injusto, por otra parte, criticar como concepciones acabadas lo que en el pensamiento del autor era únicamente un inicio, un fijar las ba-

---

[84] Esquema adaptado de *Signos, lenguaje y conducta,* p. 143.
[85] Véase una respuesta a muchas de estas críticas en "Signs about Signs about Signs", *Philosophy and Phenomenological Research,* IX, n.º 1, 1948; reproducido en *Writings...,* pp. 434-455. También la reseña excesivamente dura, ya que prescinde de su importancia como pionero

ses poco sólidas sobre las que otros habían de construir la ciencia de los signos.

Desde 1939 Morris se planteó el estudio semiótico de las artes [86]. Ve en la crítica estética dos vertientes asimilables por las dos ciencias sobre las que han versado sus estudios: la obra de arte es un signo compuesto por una estructura de signos, luego objeto de la *semiótica estética*, y su significado *(designatum)* son propiedades de valores, luego analizable por la *axiología estética*. El acercamiento semiótico constituye el *análisis estético;* el acercamiento axiológico, el *juicio estético*.

¿Cuáles son las características que definen al signo estético? *El signo estético es un signo icónico cuyo designatum es un valor.* Es más, en el *sign-vehicle* estético están encerradas parte de —si no todas— las propiedades de valor, y a ellas se dirige la percepción estética. Por ello "the artist often draws attention to the sign vehicle in such a way as to prevent the interpreter from merely reacting to it as an object and not as a sing"[87]. La percepción estética es diferente de los restantes tipos de percepción[88], concepto frecuente en la crítica moderna a partir del formalismo ruso.

Al plantearse en *Signos, lenguaje y conducta* la adscripción de las artes a uno u otro modo de significar específico o a un tipo de discurso, señala: "Las artes, como la música y la pintura, pueden, por lo tanto, significar en cualquiera de los modos. Y como pueden emplearse con varios propósitos, pueden también ilustrar en varios grados todos los tipos de discurso que hemos distinguido... Para diferenciar la música y la pintura de otros lenguajes, no podemos basarnos en lo significado o en cómo se significa, sino en el papel preponderante que adoptan las imágenes en el significar"[89]. Hallamos en él una concepción de las artes que, diferentemente formulada y salvando todas las distancias, aparecerá en Jakobson[90];

—tras Peirce— en U.S.A., de G. Mounin, "La sémiotique de Charles Morris", en *Introduction à la sémiologie*, pp. 57-66.

[86] "Esthetics and the Theory of Signs", en *The Journal of Unified Science*, VIII, 1939, páginas 131-150; reproducido en *Writings on the General Theory of Signs*, pp. 415-433. Ha sido refundido en el capítulo V de *Signification and Significance*, "Art, Signs, and Values", pp. 65-80.

[87] *Writings...*, p. 421, ("el artista suele hacer que la atención se fije en la materialidad del signo mismo para evitar que el intérprete sólo reaccione ante él como ante un objeto y no como ante un signo". Se ha intentado buscar una expresión que diese en castellano el sentido de *sign-vehicle*, partiendo de la distinción que establece el autor entre *sign* ("signo") y *sign-vehicle* ("transmisor del signo", "materialidad del signo"). Morris necesita recurrir a esta distinción, no siempre observada en su obra, ya que prescinde de un análisis interno del signo como había hecho la lingüística y como haría la semiótica europea.

[88] *Signification and Significance*, p. 69.

[89] *Signos, lenguaje y conducta*, p. 215.

[90] Véase, anteriormente, pp. 70-75. No es difícil establecer una relación entre las seis funciones de Jakobson —prescindiendo de las influencias recibidas por los autores y de sus puntos de partida su-

el arte emplea signos destinados a diversos propósitos, pero de modo que se dé una valoración de los signos mismos o, en términos de Jakobson, refiriéndose al arte del lenguaje, el mensaje centrado sobre el mismo mensaje, sobre los signos: "El rasgo común de las bellas artes de varios medios lingüísticos parecería residir, ante todo, en que emplean valorativamente signos que significan objetivos, con la exigencia adicional de que el modo cómo se emplean los signos ha de provocar una valoración positiva de ellos mismos como objetivos (ello es, ser al menos una parte, y quizá en el caso límite el todo, de su uso valorativo)"[91].

Hacia los mismos años en los que Morris escribía su primer artículo sobre la semiótica estética concebía Mukařovsky la semiología del arte. El segundo tiene el indiscutible interés de haber intentado mostrar de modo convincente por qué es signo el objeto artístico, pese a que esté excesivamente influenciado por el modelo lingüístico. Morris no logra el rigor deseable. Aquí, como en su teoría general del signo, se hecha en falta un análisis cerrado de los signos en sí mismos, de su diferenciación, etc., partiendo de signos concretos. Su teoría adolece de imprecisión y vaguedad, pero su ejemplo ha sido decisivo y, en último término, refleja una corriente que independientemente se ha manifestado en diversos lugares.

Semiología de la significación

Salvo para un reducido número de lingüistas, no habría que buscar en Buyssens, Prieto o Morris el interés que la semiología ha suscitado en los últimos años en Europa y particularmente en Francia. Ha sido la obra de Roland Barthes la que, a la vez, ha divulgado su conocimiento y ha introducido algunas de las confusiones que constituyen el escollo más importante de la semiología moderna.

Barthes se interesó por la semiología en su obra *Mythologies* [92] y posteriormente se propuso sistematizar su teoría en los *Eléments de sémiologie* [93].

---

mamente alejados— y los cuatro empleos o usos de los signos de Morris: en líneas muy generales diremos que a la función referencial de Jakobson corresponde la función informativa de Morris; a la función conativa del primero, la función incitativa; a la función metalingüística de Jakobson, la función sistemática de Morris; pero este último autor reúne las funciones emotiva y poética del primero en la función valorativa y prescinde de la función fática. La superioridad de Jakobson radica en haber dado a sus funciones un punto de partida sólido —la consideración de los factores de la comunicación—, del que carece Morris.

[91] *Signos, lenguaje y conducta*, p. 216.
[92] Roland Barthes, *Mythologies*. París, Le Seuil, 1957.
[93] Roland Barthes, "Eléments de sémiologie", en *Communications*, 4, 1964, pp. 91-134. Re-

Barthes parte de Saussure, de Hjelmslev, de Lévi-Strauss, etc., pero adolece del defecto de emplear sin el rigor necesario conceptos y términos perfectamente delimitados en lingüística [94]. Inconscientemente, creyendo contribuir a la semiología saussureana, se aleja de su propósito inicial —el descubrir los sistemas de comunicación no lingüísticos— para convertirla en una ciencia de la manifestación, de la significación. Pero Barthes no nos indica el paso de una perspectiva a otra. Hjelmslev se había enfrentado con el problema terminológico, no resuelto en su época, del término "lenguaje" aplicado a procedimientos no lingüísticos. Partiendo de él, Barthes juzgaba que todos los "sistemas comunicativos" por él descubiertos podían ser tratados según el modelo lingüístico. Basándose en la afirmación hjelmsleviana antes señalada [95] de que todo sistema semiótico podía ser vertido a la lengua natural (lo cual es, sin duda, acertado), Barthes invierte la proposición saussureana de la semiología como ciencia general de los signos, de la cual la lingüística sería una parte importante: "En suma, es necesario admitir desde ahora la posibilidad de invertir algún día la proposición de Saussure: la lingüística no es una parte, ni siquiera privilegiada, de la ciencia general de los signos; es la semiología la que es una parte de la lingüística: precisamente esa parte que se haría cargo de las *grandes unidades significantes* del discurso. De este modo podría volverse aparente la unidad de las investigaciones que se realizan actualmente en antropología, en sociología, en psicoanálisis y en estilística alrededor del concepto de significación" [96].

El planteamiento de Barthes ha sido adoptado por la mayoría de los formalistas franceses. El éxito de la inversión barthiana reside en una corriente de pensamiento muy difundida en nuestros días. Ya Charles Morris señalaba que "una cultura es, a grandes rasgos, una configuración de signos" y que, además, se transmite mediante la transmisión de signos [97]. Pero Morris no ignoraba la confusión existente en torno al término "comunicación", por lo que lo había suprimido de su definición del signo. En un sentido amplio, el término "comunicación" "incluye cualquier ejemplo en que se establezca comunidad, es decir, que se haga

---

producido en *Le degré zéro de l'écriture, suivi des Eléments de sémiologie.* París, Le Seuil, 1964. El número 4 de *Communications* ha sido traducido por Silvia Delphy. Buenos Aires, Tiempo Contemporáneo, 1970 (2.ª ed. 1972), pp. 15-70.

[94] No le falta razón a Georges Mounin al señalar su afición desmedida al término científico empleado sin el rigor necesario. Véase su crítica de uno de los artículos más desarrollados de su obra *Mythologie*, "Le monde où l'on catche", en *Introduction à la sémiologie*, p. 192.

[95] Véase, anteriormente, p. 109.

[96] *Elementos de semiología* (trad. esp.), p. 12.

[97] Charles Morris, *Signos, lenguaje y conducta*, p. 229.

común alguna propiedad frente a un número de cosas" [98]. Así, un radia-
dor "comunica" su calor. Introduce una distinción entre *comunicación* y
comunización (¡la afición al neologismo del autor es realmente sorprendente!): el primer término designa "el empleo de los signos con el fin
de establecer una comunidad de significado"; el segundo, el "establecimiento de una comunidad que no sea de significado —por signos o por
otros medios" [99].

Posteriormente, la teoría de la información —en parte influenciada
por el ejemplo de la antropología estructural de Lévi-Strauss— ha afirmado
que toda la vida social es comunicación, luego estudiable por la semiología [100]. Frente a esta doble posibilidad, los semiólogos se han pronunciado unos a favor de un concepto restrictivo de "semiología", otros a favor de un concepto amplio. U. Eco es un ejemplo de esta última tendencia. Al intentar delimitar un campo de estudio en concordancia con todos los fenómenos que hoy suelen considerarse incluidos en la semiótica,
sin incurrir en la asimilación precipitada de todos estos fenómenos a "sistemas de signos", parte de la hipótesis de que todo proceso cultural puede estudiarse como proceso de comunicación. Así, "la semiótica estudia
todos los procesos culturales... como *procesos de comunicación*" [101].

Resumiendo, podríamos considerar que ambas corrientes semióticas
(la corriente representada por Buyssens, L. J. Prieto, que llamaremos
semiología saussureana o semiología de la comunicación, empleando el
término de L. J. Prieto; la corriente inaugurada por Barthes, llamada por
el mismo autor semiología de la significación) reclaman como objeto de
su estudio los *procesos de comunicación:* la diversidad habría, pues, que
buscarla en la polisemia del término "comunicación", que puede ser sinónimo de "indica, quiere decir" o de "transmite". En el primer caso
diremos que "el vestuario *significa* (o comunica) la riqueza (clase social,
etcétera) de una persona"; en el segundo, que "una persona comunica
(transmite un mensaje mediante el uso de un código destinado a este
fin) a otra algo". No carece de interés recordar a este respecto la distinción de Amado Alonso, hecha a propósito de la definición de la "estilística de la lengua", de la estilística inaugurada por Bally [102], de que una frase *significa* algo, es *signo* de algo, pero, además, *sugiere* algo, es *indicio*

[98] *Ibidem,* p. 134.
[99] *Ibidem,* p. 134.
[100] Cesare Segre, *Crítica bajo control.* Trad. de Milagros Arizmendi y María Hernández-Esteban.
Barcelona, Planeta, 1870, pp. 51, 67-8.
[101] Umberto Eco, *La estructura ausente,* p. 32.
[102] Véase, anteriormente, p. 27.

de algo ¹⁰³. Paralelamente, existen fenómenos cuyo fin es significar, comunicar algo (es el caso de la palabra, del código de circulación, etc.), y otros cuyo objetivo principal es diferente, pero que, además de este objetivo, sugieren algo, significan algo, comunican algo (ejem.: la moda, vestuario, etc.). En el fondo, el problema se cifra en torno a la pregunta: ¿Hay que reservar el término comunicación para aquellos procesos emitidos con intención de comunicar, o puede emplearse en un sentido más amplio para todo lo que sugiere, denota algo? ¿Son fenómenos heterogéneos, o bien pueden ser abarcados por una misma ciencia?

El segundo aspecto en controversia, y que nos permitirá deslindar plenamente el sentido del primero, es el concepto de *signo*. Para Barthes, el sentido del término "signo" o de "sistema de signos" es algo tan evidente que, sin necesidad de definirlo unívocamente, puede emplearlo referido al catch, a la moda, etc. Otros autores, Buyssens, L. Prieto, etcétera, han señalado que sólo puede hablarse de signo en el caso de fenómenos producidos con la única intención de comunicar algo y sólo en este caso podremos hablar de comunicación propiamente dicha: "En mi opinión, la semiología puede ofrecernos sólidos resultados cognoscitivos... sólo si se constituye sobre los signos que se han producido con la única intención de comunicar algo a alguien, según una convención aceptada por el productor y el receptor. En los demás casos lo que tenemos son síntomas..." ¹⁰⁴. Para Luis Prieto sólo en el caso de intención de transmitir podría hablarse de código, quedando excluidos los "sistemas indicadores", como, por ejemplo, el color del cielo indicando la lluvia ¹⁰⁵.

En suma, el problema de esta doble corriente semiológica radica en una doble interpretación del problema de la "comunicación". Será necesario distinguir diversos vehículos de significación: distinguiremos en primer lugar el *signo*, cuya significación es convencional y arbitraria y cuya única función es la de comunicar ¹⁰⁶; por el contrario, el *síntoma* no es ni voluntario ni convencional (síntomas de enfermedad, síntomas naturales: el cielo gris es síntoma de lluvia; obsérvese que coinciden con los "sistemas indicadores" de Prieto). Dentro de las "señales" (entendiéndolo en un sentido global, distinto al de Prieto) no motivadas, pueden

---

¹⁰³ Amado Alonso, *Materia y forma en poesía*, p. 79.
¹⁰⁴ Cesare Segre, *Crítica bajo control*, p. 45.
¹⁰⁵ Luis J. Prieto, *Messages et signaux*, p. 40.
¹⁰⁶ Obsérvese que al *signo* saussureano corresponde el *símbolo* de Peirce. Para los restantes términos, "icono" e "indicio", partimos del autor americano.

distinguirse el *icono,* caracterizado por presentar una significación ana-
lógica, y el *indicio,* con significación por inferencia causal[107].

Así pues, un mensaje comunica, en sentido propio, algo; la moda, el
vestuario, etc., son síntomas de algo, ya que no es ésta su única función.
Puede plantearse un doble estudio de estos dos aspectos, pero habría que
mantener la peculiaridad de cada uno de ellos. Convendría plantear estos dos tipos de estudios, no aboliendo las diferencias existentes entre
ambos, sino profundizando en sus diferencias.

La reflexión de Barthes se basaba en el deseo de incluir dentro del
dominio de la semiología fenómenos hasta entonces ajenos a su campo de
estudio, lo que provocó la réplica de Buyssens: "... ainsi conçue, la sémiologie s'appropie un domaine qui, jusqu'à présent, relevait de la stylistique ou de l'exégèse littéraire"[108].

Prieto, en el artículo "La Sémiologie", analizó las diferencias entre
los dos tipos de semiología: "D'après Buyssens la sémiologie doit s'occu-
per des faits perceptibles associés à des états de conscience, produits
expressément pour faire connaître ces états de conscience et pour que le
témoin en reconnaisse la destination...; Barthes, par contre, étend le
domaine de la discipline à tous les faits signifiants, y incluant ainsi des
faits comme le vêtement, par exemple, que Buyssens laisse expressément
en dehors. La distinction... entre la 'veritable communication' et la
'simple manifestation', ou entre la 'communicación' et la 'signification',
peut également nous fournir la clé de la différence qui sépare les tendances
qu'ils représentent. Pour Buyssens ce serait la communication, pour Barthes la signification, qui constituerait l'objet de la sémiologie"[109,110].

---

[107] Christian Metz, "Au-delà de l'analogie, l'image", en *Communications,* 15, 1970, pp. 1-10.

[108] Eric Buyssens, *La communication et l'articulation linguistique,* pp. 13-14. ("... así concebida,
la semiología se apropia de un dominio que, hasta ahora, pertenecía a la estilística o a la exégesis
literaria.")

[109] Luis J. Prieto, "La sémiologie", p. 94. ("Para Buyssens la tarea de la semiología son los
hechos perceptibles asociados a estados de conciencia, producidos con la intención de comunicar estos estados de conciencia y para que el testigo reconozca este fin... Por el contrario, Barthes extiende el dominio de esta disciplina a todos los hechos significantes, incluyendo en ella hechos como
el vestido, por ejemplo, que Buyssens dejaba deliberadamente fuera. La distinción... entre la
"verdadera comunicación" y la "mera manifestación", o entre la "comunicación" y la "significación"
puede igualmente darnos la clave de la diferencia que separa las tendencias que representan. Para
Buyssens sería la comunicación, para Barthes la significación, lo que constituiría el objeto de la
semiología.").

[110] Ciertos autores tienen un concepto de semiótica en cierto sentido más amplio. U. Eco considera que, de ocuparse únicamente del "sentido", la semiótica se confundiría con la semántica y,
para dar cabida al análisis de los "procesos de comunicación" entre máquinas, considera dentro del
campo de estudio de la semiótica "aquellos procesos que, sin incluir directamente el significado, permiten su circulación". *La estructura ausente,* p. 32.

La segunda cuestión atañe a las relaciones entre la semiología y la lingüística: ¿Incluye la semiología a la lingüística, como pensó Saussure, o se produce la relación inversa, como quiere Barthes? Es evidente que nos inclinamos por la primera solución: en cuanto estudio de un sistema de signos peculiar, la lingüística es parte de la ciencia general de los signos, y no a la inversa. Son, sin embargo, sintomáticos los motivos que pudieron llevar a Barthes a invertir la relación saussureana. Segre ve, acertadamente, que pudo influir el hecho de que la lingüística poseyese unos métodos de análisis elaborados de los que carecía la semiología[111]. A ello hay que añadir que la aplicación de los modelos de análisis lingüísticos a dominios distintos de las lenguas naturales gozaba ya de gran favor en Francia con los estudios de Lévi-Strauss. El segundo motivo, el único que aduce Barthes, es la creencia de que todo puede verterse a la lengua. Segre denuncia lo ilusorio de esta afirmación[112]. Pero, aun caso de aceptarse, ¿bastaría para reducir la semiología a un capítulo de la lingüística? ¿No es este ser receptáculo de toda la experiencia humana el ser propio de la lengua? A pesar de todo, Barthes, aunque en ciertos aspectos nos apartemos de su pensamiento, ha sido el autor que más ha contribuido a imponer los estudios sobre semiología poética en los últimos años.

¿Semiología o semiótica?

Volviendo la mirada sobre todo lo anterior, comprobamos la existencia de una doble corriente, la *semiología,* radicada en Saussure, y la *semiótica,* postulada por Peirce. Entre ambos situaremos la aportación de Hjelmslev, para quien *semiótica* designaba todo "lenguaje" no natural, todo objeto de estudio de la *semiología.* La ambigüedad terminológica se intentó resolver con la decisión adoptada en 1969 por un comité internacional reunido en París, de donde surgió la *International Association for Semiotic Studies*[113], pronunciándose por la adopción del término *semiótica* para la ciencia de los signos.

Barthes invirtió la definición saussureana, haciendo de la semiología una parte de la lingüística y desviando su estudio hacia la ciencia

---

[111] Cesare Segre, *Crítica bajo control,* p. 73.

[112] *Ibidem,* p. 73.

[113] Bajo su patrocinio se publica la revista *Semiótica,* dirigida por A. Sebeok, con la asistencia de J. Kristeva y J. Rey-Debove. Acerca de los diversos contenidos que ha recibido el término "semiótica", véase M.ª del Carmen Bobes Naves, *La semiótica como teoría lingüística.* Madrid, Gredos, 1973, pp. 12-14.

de las significaciones. Se ha señalado la inviabilidad de la primera hipótesis; en el segundo caso los estudios propugnados por Barthes tienen un indiscutible interés, siempre que se consideren las peculiaridades específicas de su objeto de estudio.

Además de esta duplicidad, otros autores han propuesto la distinción entre diversos tipos de semiótica (o semiología). Granger, que, siguiendo a Barthes, considera la semiología como ciencia de las significaciones, propuso la distinción de una triple ciencia. La *semiología I* concierne al funcionamiento interno de los sistemas formales en cuanto que envían virtualmente a experiencias. La *semiología II*, para el autor hoy la más cultivada, supone la actividad de construcción de los sistemas significantes a partir de lo vivido. La *semiología III*, radicada en la interpretación filosófica y correspondiente a la hermenéutica de Ricoeur, atañe a las significaciones vividas y pone en relación los sistemas significantes —o los sistemas formales— con la práctica [114]. Mas, en último término, estas tres "ciencias" responden a tres vías de acceso, a tres acercamientos, a tres aspectos de una misma ciencia semiológica global, entendida como estudio de los procesos significantes [115].

Tampoco han hecho fortuna otros intentos de distinguir dos ciencias. Greimas propuso distinguir entre *semiótica*, aplicada a las ciencias de la expresión, y *semiología*, aplicada a las disciplinas del contenido [116]. F. Rossi-Landi distingue la *semiótica*, ciencia general de los signos, y la *semiología*, ciencia de los signos codificados (post- y translingüísticos) [117].

La amplitud del campo semiótico o campo de estudio de la semiótica (o semiología) varía según los autores. La definición de Saussure era más restrictiva que la de Peirce, puesto que, para éste, junto al signo tienen cabida el síntoma, el icono, etc. Buyssens y Prieto mantienen la semiología dentro de los límites saussureanos. La noción de Morris es más amplia. Los partidarios de la semiología de la significación incluyen en ella todos los procesos culturales entendidos como procesos de significación,

---

[114] Gilles-Gaston Granger, *Essai d'une Philosophie du style*. París, Armand Colin, 1968, páginas 141-144.

[115] Cf. Georges Mounin, *Introduction à a la sémiologie*, p. 12, n.º 4.

[116] "Si des habitudes, qui ne sont pas encores invétérées, le permettaient, on pourrait réserver le nom de *sémiotiques* aux seules sciences de l'expression en utilisant le terme, resté disponible, de *sémiologie*, pour les disciplines du contenu." Algirdas Julien Greimas, *Du Sens*, p. 33. ("Si no se opusiesen a ello hábitos aún no arraigados, podría reservarse el nombre de *semióticas* para las ciencias de la expresión exclusivamente y utilizar el término, que queda disponible, de *semiología* para las disciplinas del contenido".).

[117] F. Rossi-Landi, *Il linguaggio come lavore e come mercato*. Milán, 1968, p. 53. Citado por Cesare Segre, *Crítica bajo control*, p. 65, n.º 3.

es decir, todo proceso capaz de producir un sentido o de transmitirlo. Sin que se haya hecho un inventario exhaustivo del campo semiótico, una de las enumeraciones más amplias de los dominios objeto de estudio por la semiótica contemporánea es la de U. Eco, que incluye en ella: 1. La zoosemiótica (estudio del lenguaje de los animales); 2. Señales olfativas; 3. Comunicación táctil; 4. Códigos del gusto; 5. Paralingüística; 6. Lenguajes tamborileados y silbados; 7. Cinesia y prosémica; 8. Semiótica médica; 9. Códigos musicales; 10. Lenguajes formalizados (lenguaje simbólico de las matemáticas, de la física, etc.); 11. Lenguas escritas, alfabetos ignorados, códigos secretos; 12. Lenguas naturales; 13. Comunicaciones visuales; 14. Estructuras de la narrativa; 15. Códigos culturales; 16. Códigos y mensajes estéticos; 17. Comunicaciones de masas; 18. Retórica [118].

De estos aspectos, únicamente los citados en los puntos 14, 16 y 18 nos interesan, es decir, el estudio de las estructuras narrativas (ya sean de mitos, de cuentos o novelas), del mensaje estético, del lenguaje poético y de la retórica, como procesos comunicativos. Estos tres aspectos, esencialmente el estudio de las estructuras narrativas y de las obras poéticas, constituyen la *semiótica literaria*. Hoy esta orientación constituye uno de los aspectos más vivos de los estudios literarios, aunque se halle aún en sus inicios.

Semiótica del arte. Semiótica literaria [119]

En el período de entreguerras, la semiología experimentó un auge considerable en los países eslavos donde la influencia de las teorías literarias del formalismo ruso y de la filosofía alemana era palpable, es decir, esencialmente en Checoslovaquia y, en parte, en Polonia. Limitándonos a los estudios relacionados con la semiología de las artes literarias, citaremos las obras de Jan Mukařovsky [120], Petr Bogaty-

[118] Umberto Eco, *La estructura ausente*, pp. 16-27.

[119] Para mantener las relaciones y semejantes teóricas entre los autores, nos hemos visto obligados a incluir en los capítulos precedentes estudios que corresponden a la semiótica literaria. Por lo tanto, en este capítulo únicamente señalaremos sus principios fundamentales y remitiremos a los capítulos precedentes.

[120] Jan Mukařovsky, "L'Art comme fait sémiologique", publ. en francés en *Actes du 8ᵉ Congrès International de Philosophie, Prague 2-7 sept. 1934*. Praga, 1936, pp. 1065-1072. Reproducido en *Poétique*, 3, 1970, pp. 386-398; y "La dénomination poétique et la fonction esthétique de la langue", en *Actes du 4ᵉ Congrès International des Linguistes*, Copenhague, Ejnar Munskgaard, 1938, pp. 98-104. Reproducido en *Poétique*, 3, 1970, pp. 392-398. "La Phonologie et la Poétique", en *Trav.*

rev [121] y Roman Ingarden, etc. Nos interesan esencialmente los estudios del primero por su influencia, a través de Hjelmslev, de Roman Jakobson y, con menor frecuencia, directamente sobre la semiología de la literatura contemporánea.

En "L'Art comme fait sémiologique", Mukařovsky propone elaborar en su extensión la *semiología* (o *sematología,* empleando el término usado por Bühler), ciencia del signo. Todas las ciencias morales trabajan sobre materiales que tienen, de un modo más o menos pronunciado, el carácter de signo, por lo que los resultados obtenidos por las investigaciones de semántica lingüística deben ser aplicados a los materiales de esas ciencias.

La obra de arte tiene un carácter de signo. No puede identificarse ni con el estado de conciencia individual de su autor o con cualquiera de sus lecturas ni con la obra-cosa. *La obra-cosa sensible no es sino el símbolo exterior de su objeto inmaterial.* Toda obra de arte es un signo autónomo, compuesto de:

1.   Una obra-cosa, que constituye el símbolo sensible.

2.   Un objeto estético, yacente en la conciencia colectiva, que funciona como "significación".

'3.   Una relación con la cosa significada, relación establecida, no con una existencia distinta, sino con el contexto total de los fenómenos sociales de un medio dado [122].

A estas características generales, válidas para todas las artes, para las artes plásticas y las artes literarias, añade unas características peculiares de las artes literarias. El arte, en general, es un objeto semiológico en tanto en cuanto la obra de arte es un signo. Es signo puesto que, traduciendo su formulación a los términos saussureanos, consta de un significante (al que denomina símbolo sensible), constituido por la obra-cosa (ejem.: la materialidad del cuadro, etc.); de un significado, que es el "objeto estético", y de una relación con la cosa significada, correspondiente a la relación referencial, a la relación con el objeto externo al signo.

En 'las artes con "asunto" (es decir, en las artes con "contenido", en las artes con "tema") existe una segunda función semiológica, en este

du Cercle linguistique de Prague, 4, 1931. "L'Intonation comme facteur de rythme poétique", en *Proceedings of the International Congress of Phonetic Sciences.* La Haya, Martinus Nyhoff, pp. 153-165. "La Norme esthétique", en *Travaux du IX° Congrès International de philosophie.* París, Hermann, 1937, pp. 72-79.

[121] Petr Grigorievitch Bogatyrev, "Les Signes du théâtre", en *Slovo a Slovesnost,* 4, 1938, páginas 138-149. Traducido y reproducido en *Poétique* 8, 1971, pp. 517-530.

[122] *Loc. cit.,* p. 391.

caso *comunicativa*. La obra-cosa conserva también en este caso su valor de símbolo; la significación reside en el objeto estético pero, al tener un tema, la relación con la cosa significada apunta, como en todo signo comunicativo, a una existencia distinta (persona, cosa, acontecimiento, etcétera). Ahora bien, existen diferencias entre la obra estética comunicativa y la comunicación ordinaria: en el primer caso, la relación entre la cosa significada y la obra de arte carece de valor existencial, de donde se deduce la inoperancia del principio de autenticidad documental (carece de sentido interrogarse, a propósito de una obra de arte, acerca de su autenticidad documental)[123].

Pese a su importancia histórica, las teorías de Mukařovsky hoy resultan insuficientes, debido esencialmente a su concepción fielmente saussureana del signo, con todos los problemas que de esta concepción se derivan, incluso para la construcción de una semiología de la lengua natural [124].

Por otra parte, es interesante comprobar que para Mukařovsky la cuestión del carácter comunicativo del signo es secundaria. Puede hablarse de signo sin que exista este carácter. Sería, tal vez, preferible emplear el término "símbolo" en este caso, pero es indudable que sólo esta concepción le permite construir una semiología del arte, incluso de las artes no-comunicativas. Sus posiciones se hallan mucho más cerca de la semiología de la significación, de la que fue pionero, que de la semiología de la comunicación.

Años después, Mukařovsky analizaba las diferencias entre la "denominación poética" y la "denominación comunicativa" [125]. La diferencia no radica ni en la "plasticidad" de la primera ni en su novedad, no se determina por su relación con la realidad aludida, sino por su manera de encuadrarse en su contexto. La poesía se basa sobre una inversión de la jerarquía de relaciones: la atención se concentra en ella sobre la relación denominación - contexto, mientras que en la práctica comunicativa pasa a primer plano la relación denominación - realidad[126]. Esto no supone que la denominación poética carezca de relación con la realidad o que en la denominación comunicativa no exista influencia del contexto:

---

[123] *Loc. cit.*, p. 391.

[124] Véanse los problemas de la teoría saussureana del signo lingüístico al intentar construir la semiología de la lengua en Emile Benvéniste, "Sémiologie de la langue", en *Semiótica*, I, 1969, 1, pp. 1-12 y 127-135.

[125] "La dénomination poétique et la fonction esthétique de la langue", en *Actes du 4ᵉ Congrès International des linguistes*, Copenhague, 1938, pp. 98-104, y en *Poétique*, 3, 1970, pp. 392-398.

[126] *Loc. cit.*, p. 393.

la diferencia reside esencialmente en la relación que cobra una mayor importancia. Por otra parte, el hecho de que en la denominación poética la relación esencial sea la relación entre la denominación y el contexto hace de ella un objeto artístico que no admite ser valorado por su adecuación a una realidad extralingüística [127].

Recoge el esquema, propuesto por Karl Bühler, de las tres funciones fundamentales del signo lingüístico —*representación, expresión* y *apelación*—, basadas en las tres instancias lingüísticas presentes en todo acto de palabra: la realidad aludida por el signo, el sujeto emisor de la palabra y el sujeto receptor. Este esquema es válido para la lengua comunicativa, pero incompleto para la lengua literaria. La lengua poética, piensa Mukařovsky, requiere la adición de una cuarta función, opuesta a las precedentes, que están orientadas hacia lo exterior a la lengua, mientras que esta cuarta función lo está hacia el signo mismo, al que sitúa en el centro de la atención. "Les trois premières fonctions font donc entrer la langue en des connexions d'ordre pratique, la quatrième l'en détache, autrement dit, celles-ci sont du nombre des fonctions pratiques, celle-là est esthétique. La concentration de la fonction esthétique sur le signe même apparaît donc comme une conséquence directe de l'autonomie, propre aux phénomènes esthétiques" [128]. La demarcación entre la *función estética* y las funciones prácticas no es tajante, no coincide con la delimitación entre el arte y las restantes actividades humanas. "Même dans l'art le plus autonome les fonctions pratiques —dans notre cas les trois fonctions linguistiques citées plus haut— ne sont pas supprimées; ainsi toute oeuvre poétique est, du moins virtuellement, aussi une représentation, une expression et un appel. Parfois même, ces fonctions pratiques ressortent assez considérablement dans une oeuvre d'art; ainsi la fonction de représentation dans le roman, la fonction d'expression dans la poésie lyrique" [129].

La teoría de las cuatro funciones del lenguaje y de la prioridad que presenta en la obra literaria la función estética —lo que no supone que no

---

[127] *Ibidem*, p. 394.

[128] *Ibidem*, p. 394. ("Las tres primeras funciones hacen entrar a la lengua en conexiones de orden práctico, la cuarta la separa de su función práctica o, dicho de otra manera, las primeras son funciones prácticas, la segunda es estética. La concentración de la función estética sobre el signo mismo aparece, pues, como una consecuencia directa de la autonomía que caracteriza a' los fenómenos estéticos.")

[129] *Ibidem*, p. 395. ("Incluso en el arte más autónomo, las funciones prácticas —en nuestro caso las tres funciones lingüísticas anteriormente citadas— no desaparecen; de este modo, toda obra poética es, al menos virtualmente, también una representación, una expresión y una apelación. A veces, incluso, estas funciones prácticas cobran un especial relieve en una obra de arte: es el caso de la función de representación en la novela y de la función de expresión en la poesía lírica.")

aparezcan en ella las restantes funciones— constituiría posteriormente la base de la poética de Jakobson. Vimos que, al final de los años cincuenta, la teoría de la información, elaborada por la cibernética, le permitió presentar un esquema completo de los factores de la comunicación y completar las funciones del lenguaje, añadiendo las funciones *fática* y *metalingüística* [130], lo que eleva a seis el número de funciones del lenguaje [131]. Sus proposiciones se convertirían en uno de los puntos de partida de la semiótica poética [132].

Mukařovsky había definido la obra de arte como *signo,* y consecuentemente objeto de estudio de la ciencia general de los signos, la semiología, y no de la lingüística. Incluso la obra de arte sin "tema", sin "argumento", es signo, porque consta de un símbolo ("significante") —la obra-objeto—, de un significado —el objeto "estético"— y de una relación con la cosa significada. En el caso de artes con "tema", con "argumento", se añade un nuevo valor semiológico, comunicativo, por cuanto remiten a una existencia distinta de la obra misma. Pero, incluso en este caso, se destaca la peculiaridad propia del arte, que consiste en carecer de valor "documental", "existencial", en no permitir ser enjuiciado según su adecuación a la realidad exterior; en otras palabras, la peculiaridad del arte reside en su autonomía frente a la realidad exterior, no porque no aluda a ella, como pensarán algunos autores posteriormente, sino porque su validez es independiente de ella.

Esta misma autonomía aparece en el ser mismo del signo lingüístico en la obra literaria. Junto a las tres funciones prácticas de Bühler, sin que éstas desaparezcan, es esencial en el arte la función estética, la función que se centra sobre la obra misma, sobre el signo mismo. Es la función interna a la obra, autónoma frente a la realidad externa, la que caracteriza y peculiariza el arte del lenguaje frente a la comunicación ordinaria.

La semiología del arte, surgida en la Escuela de Praga, quedaría sin continuadores hasta los años sesenta. Sólo Hjelmslev, influenciado por los autores checos, le dedicaría unas páginas. Cuando años después resurgió la semiología del arte, fue con absoluta independencia frente a sus primeros brotes, excepto, quizás, una pequeña e indirecta influencia, emanada de la obra de Hjelmslev y Roman Jakobson.

---

[130] La *función metalingüística* procede de la distinción lógica entre *lenguaje-objeto* y *metalenguaje,* anteriormente considerada por diversos lingüistas (Hjelmslev, etc.).

[131] Roman Jakobson, *Essais de linguistique générale,* pp. 209-248. Véase anteriormente páginas 70-75.

[132] Umberto Eco. *La estructura ausente,* p. 160.

La consideración hjelmsleviana de semióticas denotativas, connotativas y metasemióticas [133], unida a la obra de Jakobson (pese a que, si bien Jakobson entrevé la posibilidad de vincular el estudio de la obra literaria a la semiología, él personalmente la incluye dentro de la lingüística) y a la divulgación de Propp y de parte de las obras de los formalistas rusos (en principio, no propiamente estudios semióticos) supusieron el auge moderno de la semiótica literaria en Europa occidental y especialmente en Francia, auge al que, indiscutiblemente, contribuyeron decisivamente Roland Barthes y eslavos establecidos en este país como Todorov y Kristeva.

Las semióticas de connotación de Hjelmslev suponían que su plano de la expresión estuviese ocupado por un lenguaje de denotación. O, esquemáticamente representado [134]:

$$
S.D.^* \left\{ \begin{array}{l} \text{Sustancia del contenido} \\ \text{Forma del contenido} \\ \text{Forma de la expresión} \\ \text{Sustancia de la expresión} \end{array} \right\} \boxed{\text{signo} = \text{connotador}} \leftrightarrow \left. \begin{array}{l} \text{Plano del contenido} \\ \text{Plano de la expresión} \end{array} \right\} S.C.^*
$$

* S.D. = Semiótica denotativa; S.C. = Semiótica connotativa.

La palabra del texto funciona en relación con dos sistemas: *a)* sistema denotativo (en la lengua); *b)* sistema connotativo (texto). La connotación "vertical" postulada por Martinet, Mounin, connotación en sentido lingüístico, se sustituye por la connotación poética "horizontal", propuesta por Granger, Mitterand y Barthes, como correlación inmanente al texto [134].

La semiótica literaria o poética es una ciencia aún en sus comienzos. Sólo un reducido número de consideraciones generales unen los diversos estudios semióticos realizados en los últimos años: la consideración de la obra de arte como práctica comunicativa (o significante); el concepto de la tarea semiótica como análisis de los constituyentes de la obra, según técnicas inspiradas en la lingüística estructural, o como formalización, producción de modelos, es decir, de sistemas formales cuya estructura sea isomorfa o análoga a la estructura de otro sistema [135].

La semiología es una ciencia postulada antes de existir, de ahí que con demasiada frecuencia se hayan aplicado a ella modelos de análisis procedentes de otras ciencias, y especialmente de la lingüística. Los problemas que acosan a la semiología poética son aún más graves: "Les

---

[133] Luis Hjelmslev, *Prolegómenos a una teoría del lenguaje*, pp. 160-176.
[134] Marie Noëlle Gary Prieur, "La notion de connotation", en *Littérature*, 4, 1971, pp. 96-107.
[135] Julia Kristeva, *Semeiotike: Recherches pour une sémanalyse*. Paris, Le Seuil, 1969, p. 29.

premières tentatives datent d'avant la guerre mais le stade des généra-
lités n'a pas toujours été dépassé"[136].

El único aspecto que presenta un conjunto de obras y una técnica
importante es el estudio de las estructuras narrativas. Gracias al estudio
del folclorista Propp y, paradójicamente, sin que él nunca pretendiese
crear una semiología de la narración, al intentar una *Morfología del
cuento,* se asentaron las bases de un método que, perfeccionado por los
autores sucesivos, ha dado importantes resultados[137]. Gracias a ello se
ha trazado una "gramática", una ordenación estructural de los elementos
variables e invariables en todo relato.

Los estudios realizados en el terreno del poema son muy inferiores a
los realizados en la prosa. Además de un reducido número de artículos
aislados, como ejemplo de obra colectiva teórico-práctica señalaremos los
Essais de sémiotique poétique[138].

No es posible trazar un programa común a la semiótica literaria,
como tampoco era posible en el caso de la estilística. Sin embargo, pueden
trazarse unas directrices comunes que, pese a posibles divergencias, en-
globen las principales tendencias de la semiótica de la obra literaria. Al
mismo tiempo que presentamos estas directrices veremos los puntos aún
controvertidos o sujetos a revisión.

1.   Hay que enmarcar la semiótica literaria dentro de la corriente de
la semiología de la significación y no de la semiología lingüística o de la
semiología de la comunicación, empleando la denominación de Luis J.
Prieto. A pesar de ello, los partidarios de la semiótica literaria o poética
parten del concepto de la obra literaria como de un sistema de comunicación. Ahora bien, aquí se plantea el primer problema, en nuestra opinión aún no elucidado: ¿La obra literaria es un signo o un conjunto de
signos? Hemos visto la opinión de Mukařovsky, para quien la obra es
un signo, en cuanto que consta de un significante (la obra-objeto), de un
significado (el objeto estético) y de una relación del significado a la
referencia externa. Otros autores han visto en la obra un sistema de
signos. Ahora bien, esta última concepción requiere un análisis diferen-

---

[136] Tzvetan Todorov, "Perspectives sémiologiques", en *Communications,* 7, 1966, pp. 139-
145. ("Aunque las primeras tentativas procedan de antes de la guerra, el nivel de las generalidades
no siempre ha sido superado.'')

[137] Véase, anteriormente, A. J. Greimas, Claude Bremond y T. Todorov, etc.

[138] A. J. Greimas, Michel Arrivé, Jean-Claude Coquet, Jean-Paul Dumont, Jacques Geninasca,
Nicole Gueunier, Jean-Louis Houdebine, Julia Kristeva, François Rastier, Teun A. Van Dijk, Claude
Zilberberg, *Essais de sémiotique poétique.* París, Larousse, 1972.

ciativo con el lenguaje, él también sistema de signos, a través del que la
obra se construye. Aun cuando consideremos la obra como un "sistema
de signos", no podremos reducirla al sistema de signos que le sirve de
base, es decir, al lenguaje. Greimas intenta solucionar el problema, viendo
en la obra un "encadenamiento de signos", un *signo complejo*[139]. La consideración de la obra como un sistema de signos goza ya de larga tradición —aparece ya en Hjelmslev, al ver en ella una "semiótica" o sistema de signos distinto del lenguaje natural—, pero requiere el análisis de su
relación con el lenguaje a través del que se teje.

2. La semiología literaria es una ciencia aún poco desarrollada,
por lo que sus modelos de análisis han sido con frecuencia tomados
de estudios ajenos a ella. El único *corpus* que goza hoy de un cierto número de estudios importantes y que presenta una doble elaboración teórica y práctica importante ha sido el dominio de la semiología del relato.
Ahora bien, ésta ha surgido a partir de los estudios de Propp —y, en menor parte, de Lévi-Strauss—, autor que en ningún momento concentró
su atención sobre el problema de la semiótica. Por otra parte, la semiología lingüística o behaviorista se ha ocupado de estudios particulares,
que no podían proporcionar un método de análisis universal. La semiología no presenta hoy un campo de estudio universalmente admitido y,
menos, salvo ciertos axiomas generales, un procedimiento de análisis aplicable a todos estos dominios. Por eso, la semiótica de la literatura sigue
acudiendo a la lingüística —claro está que el problema se zanja al considerar a la semiología una parte de la lingüística, como hizo Barthes—
en busca de modelos. Pero también en este dominio vemos los estragos
que causa la disparidad de escuelas. Algunos autores admiten, como método operativo, la distinción hjelmsleviana de un doble plano de la expresión y del contenido, intentando captar el isomorfismo de ambos planos, es decir, las relaciones entre ambos (Greimas, etc.). Otros autores
han buscado adaptar el modelo chomskyano, intentando captar la organización de las estructuras de la obra, a través del paso de la *competence*
a la *performance,* de las estructuras profundas a las estructuras superficiales (T. A. Van Dijk, etc.). En algunos casos se ha acudido a la noción
de los lingüistas rusos Šaumjan y Sobolova —a su vez adaptación de la
terminología de las ciencias naturales— de *genotexto* y *fenotexto,* etc. Esto
hace que las diferencias entre una poética de base lingüística, como propugnaba Jakobson, y una poética de base semiológica se vean considerablemente reducidas. Los autores señalan la necesidad de aplicar modelos

---

[139] *Essais de sémiotique poétique,* p. 10.

de análisis semióticos y no lingüísticos, pero estos modelos aún se hallan en sus inicios. Sin embargo, se han señalado los problemas que plantea la aplicación de la lingüística a los textos literarios, especialmente en el hecho de que la lingüística no se ocupa de unidades superiores a la frase, y la semiótica literaria tiene que partir de estas unidades superiores que no han sido analizadas por la primera. En este sentido, algunos autores (Todorov, etc.) consideran que la semiótica de los textos literarios puede proporcionar datos y completar a la lingüística.

3.   Hasta el presente, los estudios concretos sobre semiótica literaria versan sobre dos aspectos:

a)   El estudio de la organización estructural de la obra de arte. Se ocupa de la *producción del sentido* dentro de una obra, para emplear los términos de J. Kristeva [140].

b)   El análisis de los tipos de discurso literario: la construcción de una gramática de un género dado. En este caso, ideal de la semiótica de la literatura aún sólo parcialmente alcanzado, se analizan las obras en cuanto manifestación de un tipo de discurso dado. Más que la obra en sí interesa la "serie", la organización general de un tipo de discurso que se manifiesta en la obra. En este dominio únicamente el análisis de la narración (características generales, organización y principios de la narración; morfología y sintaxis del relato, y deducción general de los posibles narrativos) goza de cierto desarrollo.

Con este segundo tipo de estudios, hay que señalar que la literatura se hace realmente ciencia, en cuanto que estudia lo general, las características genéricas, y no lo individual y particular. Es curioso que nuestra época, y especialmente la vanguardia de ésta, enlace de esta manera con los primeros estudios poéticos occidentales.

4.   La obra de arte es un sistema de comunicación, un sistema significante, que utiliza la lengua como vehículo de expresión. Pero se diferencia de ella en que está presidida por un fin estético y carece de valor "documental", es decir, no puede valorarse por su fidelidad como documento ni admite la prueba de veracidad.

Semanálisis

Influenciada por la semiótica soviética, Julia Kristeva ha intentado reformular la teoría y la tarea de la semiótica. La semiótica no es ya

---

[140]   J. Kristeva, "Sémanalyse et production du sens", en *Essais de sémiotique*, pp. 207-234, p. 213.

la ciencia de los signos, sino de las significaciones, de las prácticas significantes [141].

Atraída por el intento chomskyano de analizar la generación de las estructuras superficiales a partir de las estructuras profundas —aunque en sus análisis prefiera la adaptación de los términos saumjanos de *fenotexto* y *genotexto*—, centra su reflexión en torno al axioma de que el sentido de la obra no es algo dado, no es una estructura fija encerrada en la obra, sino un esfuerzo por crearlo [142].

Para liberar a la semiótica de su ingenuo positivismo, concibe una nueva ciencia, el *semanálisis* (la *sémanalyse)*, surgida del encuentro de la lingüística y del psicoanálisis. En sus comienzos, el semanálisis intenta, esencialmente, captar la *producción del sentido* en el texto, pero en el futuro vislumbra el análisis de otras cuestiones:

a) "La redistribución del material mítico característico de nuestra cultura en el texto (manera de pensar la sexualidad, la muerte, el tiempo, etc.)."

b) "La articulación del modo de significar en el modo de producción específico de su época" [143].

La semiótica se abre con ella hacia el psicoanálisis, como confiesa, o tal vez más bien hacia una psicología social o sociología, como se desprende de los dos últimos aspectos que completarán el futuro semanálisis. La semiótica se abre hacia una ciencia global del fenómeno de la escritura.

Aunque el semanálisis tome con frecuencia una obra literaria como objeto de estudio, no es en sí un método de crítica literaria o, mejor, específicamente literario; toma la literatura como una forma más entre la multitud de prácticas significantes.

Este triple momento que señala para la futura ciencia por ella propugnada responde a su deseo de establecer un puente entre tres ciencias·que confluyen en ella: la semiótica, el psicoanálisis y el marxismo. No cabe duda de que un estudio global del tipo del que ella propone ocuparía un puesto importante dentro del estudio del texto o de cualquier otro tipo de manifestación cultural. Pero existen importantes problemas de base aun por solucionar, como el hecho de que conciba el semanálisis como práctica semiótica y, sin embargo, asigne a la semiótica el campo de estudio que hoy suele adscribirse a la semántica, ciencia de

---

[141] *Semeiotike*, p. 8.
[142] "Sémanalyse et production des sens", en *Essais de sémiotique poétique*, pp. 207-234.
[143] *Loc. cit.* p. 227.

las significaciones [144]. Es cierto que la autora insiste sobre la necesidad de revisar sus métodos de análisis [145] y que acude a las ciencias exactas en busca de términos y modelos. Esto deja suponer unos primeros balbuceos —en este sentido y como tales válidos— hacia una posible ciencia global futura (¿una *gnoseologie matérialiste,* como ella propone?) [146]. Su ejemplo es, por otra parte, significativo de los límites de un análisis exclusivamente semiótico en un momento en el que únicamente la semiología lingüística cuenta con unas bases sólidas, aunque aún reducidas. Parecería como si la obra se sustrayese a todo intento excesivamente científico de captarla. O, más bien, es que nuestros métodos aún son desproporcionados para nuestra ambición "científica".

---

[144] Este contenido que asigna a la semiótica procede, probablemente, del concepto que de esta ciencia tiene la escuela francesa, según el ejemplo de Barthes. A ello se añade en la autora el ejemplo de la semiótica soviética.

[145] *Semeiotike,* p. 30 ss.

[146] *Semeiotike,* p. 21. ("Opérant un 'échange d'applications' entre la sociologie, les mathématiques, la psychanalyse, la linguistique et la logique, la sémiotique devient le levier qui guide les sciences vers l'élaboration d'une gnoséologie matérialiste." "Mediante un 'intercambio de aplicaciones' entre la sociología, las matemáticas, el psicoanálisis, la lingüística y la lógica, la semiótica se convierte en la palanca que empuja las ciencias hacia la elaboración de una gnoseología materialista.")

Capítulo 4

PROBLEMAS Y SINTESIS

Noción de estilo

El diferente contenido que ha recibido en los diversos autores o tendencias el término "estilística" es debido a los distintos empleos que se han hecho del término "estilo", aunque en algunos autores, especialmente en Bally, no exista equiparación entre la "estilística" y los "estudios de estilo".

La más amplia acepción de estilo, viene repitiéndose, sería la de Buffon, *le style est l'homme même*, ejemplo de las inexactitudes que puede acarrear el extraer una frase de su contexto y emplearla con un valor distinto al que allí presentaba. Aunque esta transformación es significativa del intento de hacer de la estilística una ciencia global, no responde a la noción del autor al que se atribuye, como han mostrado P. Guiraud y P. Kuentz. Buffon no tenía una concepción .romántica del estilo y, por lo tanto, no veía en él la huella del genio personal, sino una cualidad de organización de los pensamientos: "Le style n'est que l'ordre et le mouvement qu'on met dans ses pensées. Si on les enchaîne étroitement, si on les serre, le style devient ferme, nerveux et concis; si on les laisse se succéder lentement, et ne se joindre qu'à la faveur des mots, quelque élégants qu'ils soient, le style sera diffus, lâche et traînant..., parce que les connaissances, les faits et les découvertes s'enlèvent aisément, se transportent et gagnent même à être mises en oeuvre par des mains plus habiles. Ces choses sont hors de l'homme, le style est l'homme même: le style ne peut donc ni s'enlever ni se transporter, ni s'altérer: s'il est élevé, noble, sublime, l'auteur sera également admiré dans tous les temps." [1]

La concepción de Buffon no supone ninguna modificación radical del antiguo concepto de estilo como "cualidad de la elocución", modificación personalista de la concepción del estilo como "tipo de elocución" (tradición antigua de los tres estilos: el estilo grave o elevado, el estilo mediocre y el estilo bajo) a la que el autor alude.

El individualismo romántico añadió a esta concepción del estilo un matiz psicológico, hizo de él la manifestación del "talento" o del "genio" personal[2]. Esta concepción reaparecerá en los partidarios de la estilística psicologista (H. Morrier, etc.[3]) y goza hoy de gran predicamento a través de la definición de Barthes, para quien el *estilo* es la expresión del "yo" profundo del autor, opuesto a la *escritura*[4] o relación con la sociedad, lenguaje literario transformado por su destino social.

"Le style est proprement un phénomène d'ordre germinatif, il est la transmutation d'une humeur... Le style..., n'a qu'une dimension verticale, il plonge dans le souvenir clos de la personne, il compose son opacité à partir d'une certaine expérience de la matière; le style

---

[1] Texto incluido en la antología de P. Guiraud y P. Kuentz, *La Stylistique*. París, Klincksieck, 1970, pp. 4-6. (Buffon, *Discours sur le style*. "El estilo no es sino el orden y movimiento que ponemos en nuestros pensamientos. Si los encadenamos estrechamente, si los apretamos, el estilo se hace firme, nervioso y conciso; si los dejamos sucederse lentamente a favor de las palabras, por elegantes que sean, el estilo será prolijo, sin nervio, lánguido..., porque los conocimientos, los datos y los descubrimientos se toman fácilmente, pasan a otros e incluso ganan al ser reformulados por manos más hábiles. Estas cosas están fuera del hombre, el estilo es el hombre mismo: no puede ni tomarse, ni pasar a otro, ni alterarse: si es elevado, noble, sublime, hará que el autor sea igualmente admirado en todas las épocas.")

[2] Véanse las definiciones recogidas en la Antología de P. Guiraud y P. Kuentz, *La Stylistique*, página 8, como la siguiente, tomada de Chateaubriand en las *Mémoires d'Outre-Tombe:* "Le style, et il en est de mille sortes, ne s'apprend pas: c'est le don du ciel, c'est le talent!'' ("El estilo, y los hay de mil maneras, no se aprende; ¡es el don del cielo, es el talento!").

[3] No consideramos acertada la inclusión en este grupo de la definición de estilo de Dámaso Alonso, como hacen P. Guiraud y P. Kuentz, *op. cit.*, p. 9.

[4] En esta primera obra de Barthes, *Le Degré zéro de l'écriture,* recopilación de artículos aparecidos en 1953, *écriture* tiene un sentido muy distinto del que tendrá en obras posteriores, donde designará una nueva concepción de la obra literaria.

n'est jamais que. métaphore, c'est-à-dire équation entre l'intention littéraire et la structure charnelle de l'auteur... Aussi le style est-il toujours un secret"[5].

En Barthes el estilo es, no sólo las peculiaridades de un autor, su yo irreductible, su genio personal como en el Romanticismo, sino las pecualiaridades más íntimas del escritor, muchas de las cuales sólo pueden captarse a nivel del subconsciente. En esta época Barthes está profundamente influenciado por Bachelard y Freud, influencias que nunca abandonará totalmente. Desde esta perspectiva, todo estudio de estilo será un análisis psicológico o, mejor, psicoanalítico[6]. De la obra pasamos al autor, de una crítica inmanente, como es la crítica estilística, pasamos a una crítica externa a la obra misma, reproche que años después él haría a la crítica universitaria.

Esta concepción del estilo como peculiaridades de un autor aparece en otros representantes del estructuralismo francés, como en Greimas:

"Pour nous, le style est d'abord et avant tout une structure linguistique qui manifeste sur le plan symbolique, à l'aide des articulations particulières de son signifiant global, la manière d'être au monde fondamentale d'un homme"[7].

En el mundo hispánico son frecuentes definiciones análogas, definiciones que destacan el estilo como rasgos personales de un autor:

"Para nosotros, el *estilo literario* de un autor es su personalísimo modo de expresarse como artista de la palabra escrita"[8].

Otros autores destacan las peculiaridades de una obra o autor: para Dámaso Alonso el estilo es la *unicidad* de la obra literaria o de un autor[9]. "Estilo es precisamente lo que individualiza un habla particular"[10].

---

[5] Roland Barthes, *Le Degré zéro de l'écriture*, p. 15. ("El estilo es propiamente un fenómeno de orden germinativo, es la transmutación de un humor... El estilo... sólo tiene una dimensión vertical, se sumerge en el recuerdo cerrado de la persona, constituye su opacidad a partir de cierta experiencia de la materia; el estilo no es nunca más que metáfora, es decir, ecuación entre la intención literaria y la estructura carnal del autor. En consecuencia, el estilo es siempre un secreto.")

[6] Y, en efecto, las primeras obras de Roland Barthes están profundamente influenciadas por este método. Véase *Michelet par lui-même*. París, Le Seuil, 1954; *Sur Racine*. París, Le Seuil, 1963; diversos artículos reaparecidos en *Essais critiques*. París, Le Seuil, 1964, etc.

[7] A. J. Greimas, "Linguistique statistique et linguistique structurale", en *Le Français moderne*, 1962, pp. 241-225, p. 245. ("Para nosotros, el estilo es, en primer lugar y ante todo, una estructura lingüística que manifiesta simbólicamente, gracias a las articulaciones particulares de su significante global, la manera de estar en el mundo fundamental de un hombre.") Greimas se aleja del psicologismo barthiano, acercándose a las concepciones de la estilística estructural al hallar una manifestación del estilo en la estructura lingüística. No nos hallamos muy lejos de la estilística que se ha dado en denominar "idealista".

[8] José Luis Martín, *Crítica estilística*, p. 24.

[9] Dámaso Alonso, *Poesía española*, p. 482.

[10] *Ibidem*, p. 584.

Diversos autores han entendido por "estilo" la forma total de la obra literaria (Kayser) o la obra misma (R. A. Sayce)[11]. Amado Alonso, aceptando la seudodefinición de Buffon, ve en la estilística el estudio de un doble aspecto de la obra, como producto creado y como actividad creadora[12].

Las definiciones anteriores destacaban en el estilo sus valores formales[13]. Otros autores han visto en él "el pensamiento mismo" (Rémy de Gourmont[14], Mme. de Staël, etc.), propugnando una estilística de los temas.

La estilística lingüística carece, a su vez, de una concepción unívoca de "estilo"; existen vacilaciones entre:

1. Una concepción individualista (y dentro de ella atendiendo al autor o a la obra) y una concepción social o genérica (el estilo son las "formas de época" o las características de un tipo de habla literaria: con ello nos acercamos a la concepción medieval de los tres estilos).

2. Para algunos autores el "estilo" atañe únicamente al plano de la expresión, para otros al plano global de la enunciación (es decir, al plano de la expresión y del contenido). Es raro que, salvo metafóricamente, se defina el "estilo" como características de un pensamiento.

3. El estilo se caracteriza como *desvío*, resultado de una elección, o como *coherencia*, estructura totalizante de una obra. Es decir, se aprecia el estilo en relación con otra cosa o bien en sí mismo, atendiendo únicamente a la obra.

Resumiendo, diríamos que existen tres concepciones de "estilo" principales dentro de la estilística moderna:

1. Estilo como expresión.
2. Estilo como desvío.
3. Estilo como totalidad de la obra.

Hoy es difícil admitir un concepto de estilo que separe tajantemente la expresión y el contenido, ya que todo rasgo individual, toda peculiaridad de época, etc., transciende a esta división. Por otra parte, sin olvidar que toda obra es un mundo construido en el lenguaje, no puede reducirse el estilo a un "sistema lingüístico"[15]. Mayores problemas ha

---

[11] P. Guiraud et P. Kuentz, *La Stylistique*, p. 10.

[12] Amado Alonso, *Materia y forma en poesía*, p. 89.

[13] P. Guiraud y P. Kuentz, *op. cit.*, consideran que tradicionalmente el estilo se entendía como "qualité de la pensée", olvidando que la "organización de los pensamientos" es fenómeno de expresión, y no de contenido.

[14] P. Guiraud et y P. Kuentz, *op. cit.*, p. 11.

[15] Por ejemplo, en la definición de R. Wellek y A. Warren, "El estilo es el sistema lingüístico individual de una obra o de un grupo de obras". Citado por P. Guiraud y P. Kuentz, *op. cit.*, p. 15.

suscitado la concepción del estilo o del lenguaje poético como "desvío" frente a una norma. Finalmente, habría que añadir que ciertos autores, principalmente procedentes del campo de la filosofía, han postulado un concepto de "estilo" que sobrepasa los límites de la lengua literaria. Granger plantea una filosofía del estilo basada en el análisis del lenguaje científico, partiendo de la redundancia —y, por lo tanto, indeterminación— de todo mensaje efectivo: "Nous nous proposons en effet d'essayer une sorte de philosophie du *style*, défini comme *modalité d'intégration de l'individuel dans un processus concret qui est travail*, et qui se présente nécessairement dans toute les formes de la pratique[16]".

En los primeros estudios sobre estilística moderna, se manifestaron dos concepciones de *estilo:* el estilo como expresividad, rasgos expresivos, y el estilo como desvío de una norma, criterios unidos en un cierto número de autores.

Bally concebía la estilística como estudio de los rasgos expresivos, de los rasgos afectivos del lenguaje. Al aplicarse al dominio literario, se vio con frecuencia la peculiaridad del lenguaje poético como un desvío frente a una norma, identificándose el lenguaje poético con el lenguaje emotivo (o connotativo) de I. A. Richards, frente al lenguaje denotativo, lenguaje referencial, lenguaje cotidiano. Hoy esta reducción simplista, que difícilmente podría haber servido de base al estudio de uno u otro tipo de lenguaje, ha sido sometida a revisión.

Una de las concepciones más difundidas ha sido la del estilo como "desvío", como infracción, transgresión, etc.[17] Este desvío reviste dos formas, según su pertenencia a una concepción psicologista o a una concepción "estructuralista" (formalista). El estilo, en el primer caso, es lo peculiar de un autor: "toda desviación lingüística señala un nuevo rumbo emprendido por el autor", como pensaba Spitzer. La obra, el estilo, son el reflejo de un "universo mental individual"; todo rasgo estilístico responde a una característica del creador: es la concepción de Leo Spitzer, sólo en parte, la de Dámaso Alonso, puesto que para el autor el estilo puede definir la unicidad de la obra o del autor, y la de Pierre Guiraud[18].

---

[16] G. G. Granger, *Essai d'un philosophie du style*, p. 8. ("En efecto, nos proponemos intentar una especie de filosofía del *estilo*, definido como *modalidad de integración de lo individual en un proceso concreto que es trabajo* y que se presenta necesariamente en todas las formas de la práctica.")

[17] Pierre Guiraud, *Essai de stylistique*, p. 61, habla del estilo como elección *(choix)*. Sin embargo, la elección no define al lenguaje (ni a la obra) literario, ya que una elección preside todo hecho lingüístico.

[18] Este carácter psicológico de la estilística de Guiraud, de escasa relación con el de Spitzer, procede de la influencia sobre él ejercida por los estudios de G. Bachelard, que el autor considera "estilísticos".

La consideración del lenguaje poético como desvío aparece ya en los formalistas rusos y estructuralistas de Praga, ligada a la función renovadora de la percepción que posee el arte. Numerosos autores[19] se han adherido modernamente a esta concepción partiendo de la noción de literatura como "the creative use of language; and this, in the context of general linguistic description, can be equated with the use of unorthodox or deviant forms of language"[20].

Sol Saporta ha intentado resumir en qué consiste este desvío:

a) El lenguaje poético es desviante frente al lenguaje cotidiano porque puede incluir caracteres inexistentes en el segundo. Ciertas restricciones de la lengua hablada pueden desaparecer; pueden aparecer organizaciones y estructuraciones desconocidas en la lengua hablada. En esto reside la agramaticalidad o no-gramaticalidad de la poesía.

b) A la inversa, el lenguaje poético puede ser desviante frente al lenguaje cotidiano, al introducir restricciones desconocidas al segundo: un ejemplo de ello es el ritmo, el metro, etc.[21].

Ambos caracteres son válidos para el lenguaje de la poesía —sería discutible el segundo para la prosa, la novela—, pero no agotan la definición del estilo como desvío. El lenguaje poético puede explotar rasgos inexistentes en la lengua cotidiana sin ser por ello antigramatical o no-gramatical. Es el caso de paradigmas léxicos divergentes —el paradigma poético incluye neologismos o arcaísmos, etc.— del tipo del señalado por Leech en la poesía de Dylan Thomas[22].

Sin embargo, pese a su indiscutible interés operatorio, la noción de desvío no agota el dominio de los "efectos estilísticos"; éstos no se reducen sistemáticamente a una transgresión de la "norma" cotidiana, como han reconocido los autores que han entendido estilo como estudio de la totalidad de la obra, de las características y estructuras peculiares de una obra dada.

El problema de concebir el estilo como desvío se agudiza al intentar captar el término de comparación respecto al cual la lengua artística es un desvío, al hablar de la "norma" frente a la que se manifiesta su di-

---

[19] Mukařovsky, Levin, Chatman, Delbouille, J. Cohen, Mitterand, Saporta, Thorne, Leech, etc. Cf. Bibliografía de Tzvetan Todorov, "Les études du style", en *Poétique*, 2, 1970, pp. 224-232.

[20] G. N. Leech, "Linguistics and the Figures of Rhetoric", en *Essays on Style and Language*, páginas 135-156, p. 136 ("...el uso creativo del lenguaje; y éste, en el contexto de una descripción lingüística general, puede asimilarse al uso de formas no ortodoxas o desviantes de lenguaje").

[21] Sol Saporta, "The application of Linguistics to the Study of Poetic Language", en *Style in Language*, pp. 82-93, pp. 91-92.

[22] G. N. Leech, *loc cit.*, p. 142.

vergencia, salvo en el caso de las restricciones propias al lenguaje de la poesía (ritmo, metro, etc.):

a) Una primera posibilidad consiste en identificar la norma, el "lenguaje-cero", con la lengua hablada, la lengua cotidiana. Esta concepción, en el mejor de los casos y aun entonces, plantearía graves problemas y sólo sería aplicable a las obras contemporáneas. Desconocemos el habla del pasado con la suficiente profundidad para señalar estos desvíos. Wellek y Warren señalaron que: "El supuesto de que (sobre todo para épocas pasadas) conocemos la distinción entre lengua corriente y desviación artística, carece, desgraciadamente, de todo fundamento"[23].

Si es evidente que el lenguaje poético presenta divergencias frente a la lengua hablada, en la práctica la "norma", la base de comparación, es inaccesible. Incluso en autores contemporáneos habría que considerar la lengua hablada como no homogénea. Nadie ignora que una misma persona, en distintas circunstancias, empleará un vocabulario, sintaxis, giros, etc., diferentes. Si pasamos del individuo al grupo, las diferencias se acrecientan sensiblemente. Por otra parte, el "lenguaje-cero" es una abstracción, no existe un lenguaje homogéneo neutro, etc., que podamos tomar como norma. Una comparación plena, completa y total se hace inviable.

b) La dificultad de aislar la "forma cero" del lenguaje ha llevado a ciertos autores a elegir un tipo de discurso juzgado más cercano al lenguaje neutro. Jean Cohen elige el lenguaje de la ciencia[24]. La elección de Jean Cohen venía condicionada por el deseo de dar una base estadística a sus conclusiones, método de difícil manejo, pero nunca totalmente excluible de los estudios estilísticos. Es cierto —y el autor es consciente de ello— que esta elección es convencional, ya que, comparado con la lengua cotidiana, el lenguaje científico es, a su vez, desviante. Pero Cohen utiliza autores del pasado para los que sería imposible describir con certeza la lengua cotidiana de su época[25].

La noción de estilo-desvío frente a la lengua hablada —introducida por Charles Bruneau, quien la tomaba de Valéry— es válida, pero de difícil manejo. El lenguaje poético es desviante frente al lenguaje científico, frente a la lengua hablada, pero, aun dentro de ésta, existen diversos

---

[23] René Wellek y Austin Warren, *Teoría literaria*. 4.ª ed. Prólogo de Dámaso Alonso. Versión española de José M.ª Gimeno. Madrid, Gredos, 1969 (reimpresión), p. 211.

[24] Jean Cohen, *Estructura del lenguaje poético*. Versión española de Martín Blanco Alvarez. Madrid, Gredos, 1970.

[25] Cf. Tzvetan Todorov, "Les études de style", en *Poétique*, 2, 1970, pp. 224-232, p. 225.

tipos de discursos. ¿Cuál de ellos tomar como norma? ¿Uno de ellos artificialmente elegido o su conjunto? Incluso en el primer caso nos enfrentamos con el mismo problema: la dificultad de captar esta "norma". No existe, pues, un lenguaje-cero sino como abstracción, y definir la poesía como desviación frente a la lengua no poética es, en el fondo, "reconocer" que la poesía difiere de la no-poesía[26], como el lenguaje científico difiere del lenguaje no-científico. Esta consideración, basándose en la intuición de un lenguaje próximo al lenguaje-cero[27], sin olvidar que un efecto estilístico no ha de ser necesariamente un "desvío", que el efecto estilístico depende tanto de la norma como del contexto, como veremos posteriormente, puede ser utilizada como concepto operatorio siempre que no se erija la noción de "norma" en término absoluto.

Una nueva concepción del estilo como desvío reside en compararlo no con una norma ausente del texto, externa a él, sino analizar cada efecto estilístico en su contexto. Ante los problemas suscitados por la definición de estilo literario como desvío frente a una norma, Riffaterre propone sustituir la noción de norma por la de *contexto*, con relación al cual se analizan los procedimientos expresivos[28]. Esta concepción tiene la ventaja de. explicar por qué la existencia de un efecto estilístico no radica únicamente en el empleo automático de un procedimiento, sino en un juego de contrastes respecto a los elementos de su entorno. El efecto estilístico no está mecánicamente ligado a la *anormalidad:* un procedimiento normal puede, en un contexto adecuado, convertirse en efecto estilístico y, paralelamente, un rasgo desviante puede perder este valor.

Una interesante concepción del desvío del lenguaje poético aparece en Julia Kristeva: este concepto se basa en la afirmación existencial de lo no-existente; el significado del lenguaje poético envía a un referente que funciona como tal, aunque desde una perspectiva lógica sea no-existente. De este modo, la poesía enuncia la simultaneidad (cronológica y espacial) de lo posible y de lo imposible, de lo real y de lo ficticio. "Le sujet connaissant qui aborde le langage poétique, le *pense,* dans son discours scientifique par raport à la logique opérante entre les pôles 0-1 (faux-vrai) où les termes de la négation s'excluent. Et c'est ce 'par rapport'

---

[26] Grupo *µ, Rhétorique générale*, p. 16.

[27] No podemos señalar modelos de lenguaje-cero, pero existe una noción intuitiva del uso que, aun sometida a fluctuaciones e incluyendo elementos no afectivos, se aproxima a este ideal —pura ficción— de lenguaje neutro. Pero, con esta captación intuitiva, la estilística pierde su carácter "científico", "objetivo", que diversos autores se habían esforzado en darle. Esto explica que la estilística estructural haya prescindido en su mayoría de la noción de estilo como desvió frente a una norma, haya buscado otras concepciones del desvío o haya prescindido de él.

[28] M. Riffaterre, "Le contexte stylistique", en *Essais de stylistique structurale*, pp. 64-94.

qui donne lieu à la catégorisation de la poésie comme discours déviatoire, comme anomalie"[29].

Otros autores han concebido el estilo como *coherencia,* forma, estructura, totalidad, conjunto de elementos generales dentro de una obra particular[30], concepción existente en Kayser, Vinogradov, Cleanth Brooks, Wellek y Warren, Amado Alonso, etc. Bajo esta perspectiva habría tantos estilos como obras. Aunque se ha objetado que, en este caso, sería preferible el empleo de otros términos, como "coherencia", "estructura"[31], esta definición de estilo apunta a un dominio que no puede relegar la estilística. Finalmente, es posible trazar un puente entre esta expresión —estilo de una obra— y la teoría romántica y posteriormente individualista y psicologista —estilo de un autor.

A estas concepciones de estilo, diversos autores han opuesto la existencia de un estilo propio para cada registro lingüístico, o subcódigo, o "dialecto funcional"[32]. El estilo es concebido como el conjunto de particularidades correspondientes a un tipo de discurso o registro. Es curioso comprobar que esta definición —exenta de la ambigüedad de definiciones anteriores— supone una vuelta y reelaboración de la teoría de los tres estilos de la Antigüedad, Medioevo, Renacimiento y clasicismo[33]. La reaparición de esta concepción de los tres estilos en la época moder-

---

[29] J. Kristeva, *Semeiotike, Recherches pour une sémanalyse,* p. 254. ("El sujeto conocedor que aborda el lenguaje poético, lo *piensa,* en su discurso científico en relación con la lógica que opera entre los polos 0-1 (verdadero-falso), en la que los términos de la negación se excluyen. Y es este 'en relación' lo que produce la categorización de la poesía como discurso desviante, como anomalía.")

[30] Tzvetan Todorov, "Les Études de style", en *Poétique,* 2, 1970, pp. 224-232, pp. 224-5.

[31] *Ibidem,* p. 225.

[32] Podrían incluirse en esta tendencia, Fowler, Havranek, Uspenski, Todorov, etc. Los autores anglosajones definen el *registro* como: "A set of contextual features bringing about a characteristic use of formal features may be called a *register...* The sum of the resultant formal characteristics may be called a *style.* The interplay of the two notions is implied in such phrases as 'the language of...' where *language* means 'style' and the blank is filled by a reference to the register in question." Roger Fowler, "Linguistic Theory and the Study of Literature", en *Essays on Style and Language,* pp. 13-8, pp. 14-15. ("Denominaremos *registro* a un grupo de rasgos contextuales que traen un empleo característico de rasgos formales... La suma de las características formales resultantes será denominada un *estilo.* Frases del tipo de "el lenguaje of..." —en las que *lenguaje* significa "estilo" y los puntos suspensivos aluden al registro en cuestión— implican la interacción de estas dos nociones.") Cf. Barbara Strang, *Modern English Structure.* Londres, 1962, pp. 19-20.

[33] Uno de los conceptos de mayor importancia en las poéticas y retóricas antiguas y medievales fue el concepto de los tres estilos, a menudo denominados *genera:* en su *Retórica a Herenio,* Cicerón señala la existencia de tres estilos *(genera),* según la "cualidad" de la elocución: un estilo sencillo, mediocre y elevado. Estos tres estilos se diferenciaban por el léxico utilizado y la riqueza y adorno de la construcción. *(Ad C. Herennium de ratione dicendi,* ed. H. Caplan, Londres, 1954, IV, 8.) Posteriormente se mantuvo la división, aunque vinculando los tres estilos al asunto tratado y a los personajes puestos en escena. (Véase, E. Faral, *Les Arts Poétiques du XIIe et du XIIIe siècle.* Paris, Champion, 1924, páginas 86 ss.)

na[34] responde al deseo de estudiar, no el estilo de la obra, sino el estilo de un tipo de discurso, conforme al programa de grandes sectores de la poética moderna.

Carácter científico de la estilística

Uno de los principales aspectos que oponen a los representantes de la estilística idealista y de la estilística estructural o formalista es el carácter científico o no científico del acercamiento estilístico. Los primeros fueron más cautos en torno a este problema. Si Leo Spitzer y Amado Alonso parecen inclinarse a ver en ella una ciencia, Dámaso sabe que es el único camino científico, que tal vez la ciencia surja en un futuro, pero que aún no puede llamarse plenamente científica ni soñar con conquistar su objeto último, el "reducto" de la obra literaria que ésta se niega a entregar al análisis. José Luis Martín resuelve el problema echando mano de una fase científica y de una fase no científica.

Para los representantes de la estilística estructuralista, no cabe duda de que la estilística es una ciencia o está en vías de serlo, con el mismo derecho a este carácter científico que la lingüística. Pero tiene sus inconvenientes: esta estilística acude a la lingüística en busca de métodos y bases científicas y ésta ratifica la validez de sus hipótesis. Se sacrifica en aras de la "ciencia" la autonomía de la estilística.

No siempre son intachables los argumentos de quienes se alzan contra la consideración de la estilística como ciencia. El argumento supremo parece ser con demasiada frecuencia el comprobar que la obra literaria es arte y no ciencia, de donde se deduce la imposibilidad de un estudio científico o totalmente científico. Con el mismo argumento podríamos, no obstante, negar su carácter científico a la biología, a la física, etc., porque ni los seres vivos ni los fenómenos físicos, etc., son ciencia. Se olvida que no es el objeto lo que decide el carácter científico de un estudio, sino su método y rigor[35]. El carácter científico de la estilística, en

---

[34] Nuestra época, que ha resucitado la vieja retórica, no podía pasar por alto el interés de la teoría de los tres estilos, que apuntaba a una definición global de los tipos de discursos (géneros), aplicable a las obras completas. Tras pasar revista a las diversas concepciones de "estilo", Todorov concluía: "Je trouve la meilleure utilisation de ce concept, tel qu'il me semble devoir être conservé, dans la tripartition antique en style bas, moyen et élevé." "Les études de style", en *Poétique*, 2, 1970, pp. 224-232, p. 226. ("Pienso que la mejor utilización de este concpeto, tal como me parece que debe conservarse, es la tripartición antigua en estilo bajo, medio y elevado.") ¿Paradoja de la estilística moderna?

[35] "To say that poetry is different fron science is like saying that the stars are different from astronomy. *Scientific* is usually meant to apply not to the phenomenon but to a way of talking about any

sí, presentaría un interés muy secundario si no fuese por el interés que ha despertado y las polémicas a las que ha conducido. Digamos, situándonos en una posición intermedia, con toda la imprecisión que puede tener una posición semejante, que la estilística es el estudio más científico de la literatura, que nada se opone a la construcción de una ciencia de la literatura de la que la estilística sería un primer paso, pero que hoy esta ciencia no aparece plenamente constituida. Es posible un estudio estilístico de la literatura como proceso de comunicación, lo que la enmarcaría dentro de la ciencia general de los procesos comunicativos, es decir, de la semiótica, pero los estudios en este dominio son aún parciales y, por lo tanto, salvo importantes logros particulares, sobre todo en el dominio de la semiótica lingüística sin aplicación al dominio de la literatura, esta ciencia no puede aún proporcionar un *corpus* metodológico definitivo al estudio de la literatura.

Diversidad de acercamientos

¿Puede concebirse un método universalmente válido para todas las obras literarias? ¿Existe la posibilidad de diversos acercamientos diferentes según el tipo de obras? ¿Son posibles diversas interpretaciones de una misma obra? ¿Puede pensarse en una crítica total? ¿El crítico debe limitarse a descubrir la intención del autor al escribir, o es ésta secundaria?

Se han propuesto diversas soluciones a estas preguntas y a otras análogas; mas, antes de establecer un resumen de las diversas cuestiones, intentaremos elucidar los problemas que suponen.

Dámaso Alonso rechazó la existencia de un único método de análisis estilístico, siendo los aciertos de sus estudios prácticos, en los que pone en práctica este principio, la mejor demostración de la justeza de su afirmación. Sin embargo, habría que añadir ciertas consideraciones:

1. Hay que distinguir la estilística, o estudio de una obra individual como unidad, de la poética o semiótica literaria, caracterizada por el estudio de los tipos de discurso literarios, para las que la obra es meramente una realización concreta de las características inherentes al "género" o "estilo". Esta última disciplina, que juzga la obra en cuanto elemento

---

phenomenon." Sol Saporta, "The application of Linguistics to the Study of Poetic Language", en *Style in Language,* pp. 82-93, p. 85. ("Decir que la poesía es distinta de la ciencia es lo mismo que decir que las estrellas son diferentes de la astronomía. En general, se aplica *científico* no al fenómeno, sino a la manera de considerarlo.")

de un conjunto, y para la que podríamos emplear el término de "ciencia de la literatura", puede establecer un método de análisis único, aplicable a todas las obras. Entretanto, la estilística idealista, que busca la individualidad de la obra, mantiene su pluralidad de acercamientos adaptable al autor estudiado, al menos en una de sus fases, como J. L. Martín. En todo caso, la estilística no nos proporciona nunca un estudio total de la obra literaria; la obra permanece abierta a otros acercamientos diferentes: al acercamiento psicoanalítico, sociológico, etc.

2. La práctica nos demuestra la diversidad de interpretaciones de una obra. Esta diversidad puede deberse:

a) Al acercamiento diferente: en este caso, las interpretaciones no son contradictorias, sino complementarias. Es el caso de una misma obra analizada bajo un método estilístico, sociológico, psicoanalítico, etc. Puede darse incluso al analizar una misma obra bajo las perspectivas de la estilística idealista y de la semiótica poética, etc.

b) A la diversidad de épocas y lugares: dos críticos separados en el tiempo y en el espacio pueden llegar a conclusiones diferentes acerca de una obra; todo lector, todo crítico, proyecta algo de su época y de su yo, al juzgar la obra. La poética y semiótica literaria han intentado abolir este relativismo, pero la falta de perspectiva histórica nos impide decidir si han logrado realmente un método universal, general y objetivo, o si se trata de un método más, sometido, como todos, a unas corrientes culturales determinadas.

c) Al carácter de los críticos. Puesto que cada uno proyecta algo de sí mismo, dos interpretaciones coetáneas realizadas con un mismo método pueden ser diferentes. Caso de no ser contradictorias, ¿pueden admitirse ambas, o la aceptación de una supone el rechazo de la otra? Con ello entramos en el problema de la pluralidad de significados de la obra y de la necesidad (o no necesidad) de descubrir en el poema la intención del autor. Se ha rechazado la creencia en "tantas interpretaciones como intérpretes" basándose en que una intuición primera puede corroborarse con el subsiguiente análisis[36]. Es indudable que, al admitir cierto subjetivismo en la crítica interpretativa, no pensamos en que pueda decirse "cualquier cosa", sino que:

α) La obra admite una pluralidad de interpretaciones: está abierta a diversos enfoques, que arrojarán una verdad parcial, y de su conjunción lograremos una visión global.

β) La intención del autor al escribir la obra, aunque importante, no

---

[36] J. Luis Martín, *Crítica estilística*, p. 58.

es la única. Muchas veces el autor se manifiesta tanto en lo que dice como en lo que oculta y, una vez creada, la obra cobra cierta autonomía, valiendo no tanto por lo que supuso para el autor como por lo que sugiere, significa, para todos sus posibles lectores. Son numerosos y significativos los ejemplos de autores que han menospreciado o relegado aquellas obras que los hicieron importantes.

Concepto de obra literaria

Todos tenemos una intuición de lo que es literatura y, sin embargo, su delimitación es uno de los problemas más debatidos en la crítica moderna [37].

Es obvio que el término empleado, *literatura,* es engañoso si atendemos a su sentido primitivo. No puede identificarse "literatura" y "escritura" (en su sentido corriente); existen literaturas orales y prácticas escritas no literarias.

Se ha identificado la literatura con las obras maestras, con las obras de indiscutible valor estético. Pero esto presenta, como señalaron Wellek y Warren, el inconveniente de suponer una *valoración* previa a su definición y de excluir una infinidad de obras que se pensaron literarias, sin otro motivo que el de su débil calidad, con el problema de la diversidad de opiniones que han existido a lo largo de la historia. Por otra parte, hoy este criterio es aún menos seguro, puesto que gran parte de la crítica moderna rechaza el juzgar estéticamente la obra y, no obstante, sigue considerándose crítica literaria. La adscripción a la categoría de literatura de toda obra que únicamente presente un fin estético obligaría a excluir autores tradicionalmente incluidos en las historias de la literatura (Montaigne, como pensador; Pascal, como apologista jansenista, etc.). Pero el principal reproche que podría hacerse a esta concepción es que rara vez la obra es "neutra": todo escritor tiene una ideología que refleja e "impone" –dentro de unos límites– al lector. Gran parte de las obras juzgadas literarias tienen algo de "propaganda" (ejem.: apología de un tipo determinado de vida, etc.).

Diversos autores han supuesto su adscripción a las formas fantásticas, pero es muy poco probable que el inventario así logrado se acercase a la exhaustividad [38].

---

[37] Véase, Wellek y Warren, *Teoría literaria,* pp. 24-34.

Diremos que la obra literaria es aquella en la que el planteamiento estético predomina (para el autor, o el lector, o ambos) sobre cualquier otro tipo de finalidad. Con ello reducimos el problema a considerar obra literaria toda obra en la que se utiliza el lenguaje con un fin primordialmente estético [38] y [39]. Con ello llegamos a uno de los planteamientos hoy más admitidos: el centrar la cuestión en las diferencias entre el lenguaje poético [40] y el lenguaje no poético. Pero, entre ambos, no siempre pueden establecerse diferencias tajantes, sino únicamente divergencias cualitativas y cuantitativas:

1. Si definimos el lenguaje poético como el lenguaje centrado sobre el mensaje, sobre la función poética (Jakobson), no se excluye que esta función pueda aparecer en otros tipos de discurso e incluso pueda tener gran importancia en algunos de ellos (ejem.: lenguaje de propaganda).

2. No puede basarse la diferencia entre ambos en el "modo de ser" del lenguaje mismo, sino sobre la "utilización" especial de éste. Barthes definió la literatura como "lenguaje intransitivo", es decir, aislado de toda referencia ajena a él mismo. Sin embargo, aun suponiendo —lo cual es discutible: una obra responde a una ideología, sociedad, etc.. de un momento dado— que careciese de referente, el lector, habituado a un uso transitivo del lenguaje, descodifica el mensaje como si existiese esta referencia (Riffaterre). Sin embargo, la obra literaria, el lenguaje poético, no puede juzgarse, a diferencia de los restantes usos del lenguaje, por su adecuación a la realidad externa, por su fidelidad a una realidad ajena a sí mismo.

Tampoco puede aceptarse la delimitación partiendo de un carácter *autotélico* de la literatura frente al carácter *teleotélico* de otros dis-

---

[38] Existen aplicaciones, distintas de la literatura, del lenguaje con un fin estético, como la oratoria, etc., —de hecho una consideración estética puede darse en cualquier tipo de lenguaje—, pero en estos casos existe una finalidad diferente de la señalada. En la obra literaria, por el contrario, existe esencial y primordialmente un fin comunicativo gratuito y un fin estético, lo que no impide que pueda verse en ella el reflejo de una ideología, época, etc.

[39] Hemos distinguido deliberadamente el que el planteamiento estético *predomine para el autor, para el lector o para ambos*. Esto explica que leamos como literatura la obra de autores que nunca se propusieron hacer literatura, como sería el caso de Pascal. Una vez que las circunstancias que justificaban su obra polémica han desaparecido, ésta sólo conserva un interés "de época", para el historiador de las ideas, etc., pero, a la par, su obra permanece por su interés literario. Una misma obra puede ser juzgada como obra estética —es decir, empleando los términos de Zumthor, como *monumento*— o como documento histórico, tratado político, etc. —es decir, como *documento* (en el sentido en el que lo emplea el autor citado): el ejemplo más palpable serían los "philosophes" franceses del XVIII, cuyo lugar más destacado está hoy en la historia literaria.

[40] Entendemos por "lenguaje poético" no sólo el lenguaje de la poesía, sino el de toda obra literaria.

cursos, puesto que, en todo caso, el autor prevé una cierta audiencia, una cierta "comunicación" con el lector[41].

3. Una diferencia entre los dos tipos de lenguaje —poético/no-poético— radica en su relación con el contexto situacional, con su entorno. En la utilización no poética del lenguaje, el entorno no es ambiguo y está lo suficientemente determinado como para asegurar una descodificación adecuada del mensaje. Por otra parte, el contexto situacional influye sobre la elección de la forma del lenguaje[42]. En la literatura no existe entorno exterior a la obra misma. La situación es creada por el lenguaje mismo[43]. Mundo creado dentro de la palabra, con leyes distintas a las del mundo "real", plantea siempre un conflicto al lector, quien ha de descodificarlo a través de su lenguaje referencial. De ahí la radical ambigüedad del mensaje poético, lo que justifica la diversidad de interpretaciones de una obra: escollo de toda crítica de interpretación, que Wellek y Warren intentaron resolver mediante su concepto de "perspectivismo"[44].

4. Existen diferencias en el nivel de uso utilizado al "responder" al lenguaje, particularmente en lo tocante a su magnitud y homogeneidad. A diferencia del lenguaje no poético, la literatura supone una referencia a todos los contextos situacionales de todos los lectores[45].

5. El lenguaje poético supone la autonomía del signo lingüístico, transparente en la lengua usual, en la que envía automáticamente, sin detenerse la atención en él, al referente. La palabra es sentida como tal, y no como simple sustituto del objeto nombrado. La expresión no es mero índice indiferente de la realidad, sino que posee su valor propio[46].

---

[41] A. L. Binns, "Linguistic Reading: Two Suggestions of the Quality of Literature", en *Essays on Style and Language,* pp. 118-134.

[42] Véase los ejemplos de adaptación del lenguaje a la situación en la comunicación ordinaria citados por J. L. Prieto. Anteriormente, pp. 110-121.

Otros tipos de discurso carecen del entorno presente en la lengua hablada: el lenguaje científico, etcétera, pero las convenciones de la jerga específica reducen al máximo la ambigüedad. Precisamente el lenguaje científico se caracteriza por la necesidad de reducir al máximo la ambigüedad, careciendo de un contexto situacional.

[43] A. L. Binns, *loc. cit.,* p. 122.

[44] R. Wellek y A. Warren, *Teoría literaria.*

[45] A. L. Binns, *loc. cit.,* pp. 130-133: "Whilst this very narrow base of reference for some words in literature increases the need for individual efforts on the reader's part it also increases the possibility of individual difference of response." ("A la par que este escaso margen de referencia para ciertas palabras en literatura aumenta la necesidad de esfuerzo personal por parte del lector, acrecienta también la posibilidad de diferencias personales en su respuesta.")

[46] Concepto ampliamente desarrollado por los formalistas rusos. Véase, esencialmente, Roman Jakobson, "Qu'est-ce que la poésie?", publ. en checo en *Volné Smery,* Praga, 30, 1933-34, pp. 229-239. Traducido al francés por Marguerite Derrida y publicado en *Poétique,* 7, 1971, pp. 299-309.

6. La poeticidad se basa en la negación de ciertas leyes lógicas vigentes en el lenguaje no-literario: ley de idempotencia (o identidad: en la lengua poética la repetición de un signo supone connotaciones diferentes); ley de conmutabilidad (todo cambio supone, en poesía, una modificación radical); etc.[48].

7. Toda obra poética es *habla* (en el sentido saussureano, opuesta a *lengua* o *discurso*, empleando el término guillaumiano, o *código,* en la teoría de la información), sin que posea una *lengua* o *código* específico. El código es común a la lengua poética y no-poética, lo que permite su desciframiento por cualquier lector.

8. El mensaje poético se caracteriza por ser inamovible: ninguna sustitución es posible en él[49].

9. La función poética reside en un intento de motivar el lenguaje. Saussure vio en la arbitrariedad del signo lingüístico, es decir, en el vínculo convencional entre el significante y el significado, una de las principales características del lenguaje. Autores posteriores han replanteado la cuestión, considerando que motivado no se opone a arbitrario sino a no-motivado. (Benvéniste, Dámaso Alonso[50]). Una generación de poetas (Mallarmé, Valéry) nos ha habituado a considerar que, en la lengua poética, el significante "se parece" a la cosa, o sea, que existe una relación indestructible entre ambos. La función poética, para Genette[51], reside esencialmente en este intento de *motivar el lenguaje.*

Ahora bien, la motivación poética es siempre una expresión relativa: no se trata de ver en ella una motivación total y absoluta, sino una motivación relativa entendida en dos planos[52]:

a) Como carácter permanente del mensaje poético: un contenido (idea) queda inamoviblemente vinculado a una expresión una vez que la obra ha sido creada.

b) Como correspondencias parciales, dentro de la obra, del poema, entre los diversos elementos que constituyen su plano de la forma de la expresión o su plano de la forma del contenido (fonemas, lexemas, etc.).

Tras este análisis de las semejanzas y diferencias existentes entre el lenguaje literario y el lenguaje ordinario, podemos volver al modo de ser de la literatura. Definiremos la obra literaria como *un mensaje lingüístico* —transmitido por la palabra o por la escritura— *caracterizado por ser una*

[48] Julia Kristeva, *Semeiotike. Recherches pour une sémanalyse,* p. 258.
[49] M. Riffaterre, *Essais de stylistique structurale,* p. 128.
[50] Dámaso Alonso, *Poesía española,* pp. 599 ss.
[51] G. Genette, *Figures II,* p. 145.
[52] A. J. Greimas, *Sémiotique poétique,* p. 23.

comunicación gratuita (opuesta, así, a la comunicación esencialmente pragmática, interesada, a la oratoria, etc.) *e intemporal* (en el lenguaje cotidiano el mensaje se adapta a una sola situación; el mensaje literario está fuera de la situación), *centrada sobre la función estética* (su fin principal es un fin estético). Esta gratuidad y este carácter estético puede provenir del autor, pero el lector puede atribuirlo a una obra concebida con otro fin.

Capítulo 5

CONCLUSION

No existe univocidad en el empleo de los términos *estilística* o *poética.* *Estilo* designa tanto la *coherencia,* unidad de la obra, como sus rasgos peculiares captados a nivel "colectivo" o individual, rasgos de orden temático o formal. A nivel colectivo se emplea tanto para las características inherentes a una "época" como para las de un "género" (así en la teoría de los tres estilos).

La estilística ha sido considerada tanto estudio de temas como estudio de formas poéticas, análisis de las peculiaridades expresivas de un autor o de una época, etc. Se ha centrado sobre el autor o sobre la obra, etcétera. La poética designó tradicionalmente el análisis de los géneros miméticos. Hoy tiende a indicar un estudio "científico" del modo de ser de la obra literaria considerada como proceso de comunicación, vista en sí como manifestación de un tipo de discurso literario. Las diferencias entre las diversas concepciones de la estilística (también de la poética) radican en haber estado sometida en un principio a la filología, posteriormente a la lingüística y modernamente a la semiología. Spitzer le aplicó el método del "círculo filológico"; este entronque con la filología puede aún apreciarse en Dámaso Alonso. Posteriormente recibió un nuevo auge con los lingüistas estructuralistas: los autores que colaboraron en *Style in Language* estaban convencidos, y entre ellos figuraba Jakobson, de la vinculación de la estilística a la lingüística. Posteriormente el método lingüístico pareció insuficiente, sobre todo teniendo en cuenta que la lingüística prescinde del análisis de unidades superiores a la frase y que son estas mismas unidades las que interesan a la estilística, y se vinculó la "estilística" a la semiología, ciencia aún de escaso desarrollo y marcada por ciertos errores de base, como la inversión de Barthes de la fórmula saussureana considerando a la semiología, ciencia de los signos, como un capítulo de la lingüística. Pero la inversión barthiana es sumamente significativa de las tendencias de nuestro momento y de los males que aquejan a nuestra época: diversas ciencias (antropología, estudios folclóricos, etc.) han tomado sus métodos de la lingüística, buscando un mayor rigor en sus análisis. Ahora bien, estas ciencias pueden ser incluidas dentro de la semiología: sus objetos de estudio aparecen relacionados con esta ciencia amplísima que estudia todos los procesos culturales como procesos de comunicación. Pero la semiología, a su vez, carece de método, o mejor, de un método aplicable a la amplitud de este campo de estudio, puesto que ella se había desarrollado inicialmente como estudio más restringido: entonces se echa mano de la lingüística, la única ciencia semiológica que posee un método desarrollado, y para zanjar la cuestión se ve en la lingüística, no un importante capítulo de la semiología, sino una ciencia global.

En líneas generales podríamos distinguir dos tipos de estudios estilísticos:

1. Estudios que atienden a las peculiaridades expresivas del lenguaje ordinario (Bally, etc.).

2. Estudios que atienden al lenguaje literario:

a) Considerando la obra como fuente de datos para el estudio del lenguaje expresivo (Ch. Bruneau).

b) Considerando la obra en sí:

— en cuanto reflejo de un autor (Spitzer);
— en su unidad y peculiaridad (Dámaso Alonso);
— en sus estructuras internas (Amado Alonso, etc.);
— como manifestación de un tipo de discurso literario, como fuente de datos para construir una gramática de la narración, del lenguaje poético, etc. (poética y semiótica literaria, parte de la estilística estructural).

En cuanto al método de penetración en la obra pueden distinguirse dos actitudes:

1. El método de penetración es la intuición, aunque este hallazgo inicial se corrobore, justifique y complete mediante el análisis científico: esto caracteriza a la estilística idealista, pero, paradójicamente, aparece en algunos de los partidarios más convencidos de la estilística estructural (Barthes).

2. Se prescinde de la intuición como método acientífico y subjetivo (la mayoría de la estilística de la lengua y de la estilística estructural).

Es curioso comprobar el empeño con el que los diversos autores han destacado las peculiaridades existentes entre los diversos acercamientos estilísticos. Creemos que estos acercamientos no son contradictorios entre sí; es más, que en muchos casos sería fructífero compaginarlos e interrelacionarlos.

La estilística, la poética y la semiótica literaria son ciencias que aún se hallan en su fase de constitución. Se han propuesto diversos modelos de análisis, pero sus métodos no son aún definitivos, debido, en parte, a la diversidad de planteamientos lingüísticos adoptados (estructuralismo, gramática generativa, lingüística dinámica, etc.). Pese a todo, han sistematizado ciertos conceptos básicos, como son el de la obra poética, el de las diferencias entre el lenguaje ordinario y el lenguaje poético, el modo de ser del signo poético, etc.

La obra literaria es un objeto semiótico, una práctica de comunicación. No puede reducirse la estilística a la lingüística. Si ciertos métodos lingüísticos pueden ser válidos, hay que destacar una diferencia fundamental que opone a ambos procedimientos de análisis: la lingüística no estudia unidades superiores a la frase; para la estilística la verdadera unidad es el poema. Tampoco puede identificarse a la estilística con una "lingüística de unidades superiores a la frase", ya que el lenguaje poético no es simplemente un lenguaje ordinario al que se hayan añadido una serie de embellecimientos externos (rima, metro, etc.), sino una utilización particular del lenguaje presidida por un fin estético (Jakobson). Finalmente, la lingüística estructural analiza la *lengua*, el *código*, y la obra poética es siempre una manifestación del *habla* (en sentido saussureano), un *mensaje* (empleando el término divulgado por la teoría de la comunicación). Lo que define al lenguaje poético es la atención centrada sobre la función poética, sobre el mensaje mismo, sin que esta función sea exclusiva de él ni excluya a otras funciones (Jakobson). Toda utilización del lenguaje humano (y esto lo opone a otras prácticas semióticas) conlleva un margen de ambigüedad, o mejor, de improbabilidad. El lenguaje poético se basa en la *funcionalización* de esta ambigüedad, de esta improbabilidad (Zumthor).

Como práctica semiótica, la obra literaria presenta un carácter diferente al del lenguaje natural: éste pertenece a lo que Hjelmslev llamó *lenguaje de denotación,* mientras que la primera sería un *lenguaje de connotación.*

Herencia de los formalistas rusos ha sido el prescindir de la dicotomía tradicional entre fondo y forma, empleando *forma* en un sentido global, abarcador del ser mismo de la obra. La escisión de la obra, perpetuada en el comentario de textos tradicional, suponía un empobrecimiento de ésta, puesto que la obra no se compone de ciertas ideas dichas de una manera determinada, sino de una manifestación conceptual indisolublemente ligada a una forma. Toda mutación formal o semántica supone la disolución del poema. Unicamente como hipótesis operatoria, ligada a las necesidades del análisis, pueden distinguirse dos niveles, denominados, según la tradición hjelmsleviana, forma de la expresión y forma del contenido.

Los ataques contra la estilística han aparecido en general antes de que se hubiese consolidado como ciencia. Muchos autores, algunos de sus cultivadores incluso, han dudado de sus posibilidades. Pese a todo, conserva el inmenso interés de haber intentado estudiar, de un modo científico, el modo de ser de la obra literaria, prescindiendo de todo dato externo. Si sus respuestas son en ocasiones rebatibles, los problemas que ha suscitado, los estudios que ha animado, no pueden dejar de marcar los estudios literarios.

Apéndice

ESTILISTICA Y CRITICA LITERARIA

Sería imposible hacer un análisis detallado de las diversas corrientes de la crítica literaria del siglo XX. Sin embargo, el problema de definir las peculiaridades —e interés— de la estilística y poética nos obliga a aludir brevemente a ellas. Sin olvidar —ni relegar— los estudios de tipo tradicional (genéticos, históricos, biográficos, de erudición e incluso, sin valor peyorativo, "impresionistas", término que nos permitirá englobar estudios de interpretación sin método definido), analizaremos exclusivamente los nuevos métodos que han marcado la crítica del siglo XX.

El descontento con la crítica tradicional, la búsqueda de métodos más apropiados al análisis de la obra, cierto prurito cientifista de nuestra época, han llevado a adoptar "modelos de análisis" procedentes de otras ciencias, de la lingüística (y recientemente de la semiología), del psico-análisis (freudiano), y de la sociología (en general, de tendencia marxista). Estas tres corrientes —a las que podríamos añadir una cuarta de inspiración filosófica y de menor trascendencia, el existencialismo— constituyen lo esencial de la nueva crítica, manifestada en diversas tendencias.

La crítica "moderna" se basa en una corriente de pensamiento que ve el arte como "experimento", "artificio", que toma sus modelos de otras ciencias: el surrealismo intentó ser una exploración del subconsciente siguiendo las teorías del psicoanálisis de Freud, como nos muestra la relación Bréton-Freud. El "nouveau roman" se presenta como práctica semiótica. El cine experimental se inspira en "experimentos" físicos, ópticos, etc. El "realismo sociológico" predominante en la U.R.S.S. estaliniana se presentaba como una aplicación de la sociología marxista a la literatura, etc. Nada extraño que, llevados por un "cientifismo" inge-nuo, se hayan aplicado a la literatura métodos procedentes de las ciencias humanas.

Crítica sociológica

Habría que distinguir la crítica sociológica de la sociología de la li-teratura. La segunda, ajena a la crítica literaria, estudia los aspectos sociológicos de la obra: difusión, tipo de público, etc. Puede citarse la obra de Robert Escarpit [1] y las publicaciones sobre *Literatura y Sociedad* del Instituto Sociológico de la Universidad Libre de Bruselas, aunque dan a menudo cabida a la crítica sociológica.

La crítica sociológica busca en la obra el reflejo de una sociedad. El húngaro Georg Lukács (1885-1972) inició el *realismo socialista*. Entre sus diversas obras, destacaremos su *Teoría de la novela* [2]. En ella estudia

---

[1] Robert Escarpit, Charles Bouazis, Jacques Dubois, Robert Estivals, Gilbert Mury, Pierre Orecchioni, Nicole Robine, Henri Zalamansky, *Le Littéraire et le Social*. París, Flammarion, 1970. R. Escarpit y N. Robine, *Atlas de la lecture à Bordeaux*, 1963. R. Escarpit, *La Révolu-tion du livre*. París, P.U.F., 1965; *Le Phénomène San Antonio*, 1965; *Le Livre et le Conscrit*, 1966; *La Littérature à l'heure du livre de poche*, 1966; *La profession d'écrivain*, 1968. R. Escarpit, P. Orecchioni, N. Robine, *La lecture dans la vie populaire du Moyen Age à nos jours*, 1965.

[2] Georg Lukács, *Teoría de la novela*. Trad. cast. de Juan José Sebreli. Ed. Siglo Veinte y Barce-lona, Edhasa, 1970; *Estética*, 4 vol. Barcelona-Méjico, Grijalbo, 1966 (trad. cast. de Manuel Sacris-tán); *Prolegómenos a una estética marxista. Sobre la categoría de la particularidad*. Trad. cast. de Manuel Sacristán. Barcelona-Méjico, Grijalbo, 1969; *Sociología de la literatura*. Edición original preparada por Pter Ludz. Trad. cast. de Michael Faber-Kaiser, 2.ª ed. Barcelona, Península, 1968; *La novela histórica*. Trad. cast. de Manuel Sacristán. Barcelona, Grijalbo, 1976. *Teoría de la novela* es una obra idealista y hegeliana, llena de importantes sugerencias pero también de grandes síntesis excesiva-mente abstractas, como reconoce el autor en su prólogo a la edición alemana de 1962. Pero esta obra, junto con los escritos anteriores y posteriores de Lukács, ha servido de punto de partida del *estructuralis-mo genético* de Lucien Goldmann, principal aportación occidental al campo de la crítica sociológica. Es la obra de Goldmann la que ha liberado de su idealismo primitivo a *Teoría de la novela* y, en este sen-tido, tan importante para la crítica sociológica ha sido la breve obra del escritor húngaro como la reela-boración que de ella ha hecho el autor belga. Véase la "Introducción a los primeros escritos de Georg Lukacs" de Lucien Goldmann, en *Teoría de la novela*, pp. 169-203, y los restantes estudios de Gold-mann posteriormente citados.

la novela "clásica", novela caracterizada por la existencia de un *héroe problemático*. La novela es la historia de una búsqueda "demoníaca" (degradada), búsqueda de valores auténticos en un mundo degradado a su vez, pero a nivel diferente y de modo distinto. La novela es un género épico caracterizado, contrariamente a la epopeya o al cuento, por la ruptura insuperable entre el héroe y el mundo. Estas dos degradaciones engendran, a la vez, una *oposición constitutiva*, base de esta ruptura insuperable, y una *comunidad suficiente* para permitir la existencia de una forma épica. A partir de estos análisis hace una tipología de la novela occidental del siglo XX, dividida en tres grupos, al que añade un cuarto, transformación del género, constituido por Tolstoi.

Partiendo de Lukács y recordando sus coincidencias con Girard[3], Lucien Goldmann[4] elaboró el *estructuralismo genético*, uno de los intentos más importantes de crítica sociológica. La relación entre ciertos contenidos de una novela y su época había sido siempre observada. El autor se propone establecer una relación entre la *forma novelesca* y la estructura del medio en el que se desarrolla, es decir, de la novela como género literario y de la sociedad individualista moderna. Se planteó la persistencia de la novela en pueblos y épocas diferentes, viendo en ella "la transposition sur le plan littéraire de la vie quotidienne dans la société individualiste née de la production pour le marché"[5]. En el mundo moderno, la producción se basa en el *valor de cambio*, no en el *valor de uso* de los objetos. El valor de uso toma un carácter implícito, "exactement comme celle des valeurs authentiques dans le monde romanesque"[6]. Los únicos individuos que siguen orientados hacia los valores de uso se convierten en seres problemáticos. "Ainsi les deux structures, celle d'un important genre romanesque et celle de l'échange, s'avèrent-elles rigoureusement homologues, au point qu'on pourrait parler d'une seule et même structure qui se manifesterait sur deux plans différents. De plus..., l'évolution de la forme

[3] René Girard, *Mensonge romantique et vérité romanesque.* París, Grasset, 1961.

[4] Lucien Goldmann, *Le Dieu caché.* París, Gallimard, 1956; *Recherches dialectiques.* París, Flammarion, 1959; *Pour une sociologie du roman.* París, Gallimard, 1964; *Marxisme et sciences humaines.* París, Gallimard, 1970; "Le structuralisme génétique en sociologie de la littérature", en *Littérature et Société,* 1967, pp. 195-222; "La sociología de la literatura: situación actual y problemas de método", en *Sociología de la creación literaria,* pp. 9-43; "Le théâtre de Genet. Essai d'étude sociologique", en *Sociologie de la littérature,* 1970, pp. 9-34; "Le Dieu caché. La 'nouvelle critique' et le marxisme", en *Sociologie de la littérature,* 1970, pp. 231-240; *Structures mentales et créativité culturelle.* París, Anthropos, 1970; "Les déserts de la foi (Buñuel-Pasolini-Godard)", en *Sociologie de la littérature,* 1970, pp. 135-145, etc.

[5] Lucien Goldmann, *Pour une sociologie du roman,* p. 24. ("... la transposición sobre el plano literario de la vida cotidiana en la sociedad individualista nacida de la producción para el mercado.")

[6] *Ibidem,* p. 25 ("... exactamente como el de los valores auténticos en el mundo novelesco").

romanesque qui correspond au monde de la réification ne saurait être comprise que dans la mesure où on la mettra en relation avec une *histoire homologue* des structures de cette dernière" [7].

Salvo el realismo soviético, representado por Gergi Malenkov, las escuelas sociológicas han sido más florecientes en el mundo occidental. Sólo en los EE. UU. su importancia ha sido escasa, apareciendo su núcleo más importante en los años treinta, con Bernard Smith *(Forces in American Criticism,* 1939), Granville Hicks, etc., y marcando la obra de escritores de otras tendencias como Kenneth Burke. En Inglaterra su principal representante fue Christopher Cauwell *(Illusion and Reality,* 1937). Mayor importancia ha tenido en Francia, Bélgica, Italia y Alemania, con los italianos Antonio Gramsa y Galvano della Volpe *(Crítica del gusto.* Trad. esp. Barcelona, 1968) y, pese a su eclecticismo, Umberto Eco[8], los alemanes Theodor Adorno[9], Walter Benjamin, etc., el belga Lucien Goldmann, y los franceses Auguste Cornu, Louis Althusser, Pierre Macherey [10], etc.

Crítica psicoanalítica

Freud proporcionó las bases de la crítica psicoanalítica: al considerar al poeta como un forjador de quimeras, tejidas sobre experiencias y complejos infantiles, veía en la literatura un rico arsenal de indicios sobre el subsconsciente del hombre. El mismo bautizó el complejo de Edipo según un drama de Sófocles e interpretó *Hamlet* y los *Hermanos Karamazov* como alegoría del amor y odio incestuosos. Pero nunca pasó de un interés superficial por la literatura ni pretendió elucidar los problemas de la obra. Posteriormente, la teoría de los arquetipos de Jung proporcionaría una nueva base para la aplicación del psicoanálisis a la literatura. En un principio ejecutada por científicos, pronto marcaría la obra de críticos literarios. El físico inglés Ernest Jones explicó *Hamlet* a partir del complejo de Edipo; el norteamericano Frédéric Clark Prescott expuso la

---

[7] *Ibidem,* p. 26. ("De este modo, las dos estructuras, la de un importante género novelesco y la del cambio, se revelan rigurosamente homólogas, hasta tal punto que podría hablarse de una sola y misma estructura que se manifestaría en dos planos diferentes. Además... la evolución de la forma novelesca que corresponde al mundo de la reificación no podría comprenderse sino poniéndola en relación con una *historia homóloga* de las estructuras de esta última.")

[8] Umberto Eco, *Opera aperta. Forma e indeterminazione nelle poetiche contemporanei.* Milán, Bompiani, 1963. Trad. esp. *Obra abierta.* Barcelona, Seix Barral.

[9] Theodor Adorno, *Prismen. Kulturkritik and Gessellschaft.* Frankfurt Suhrkamp, 1955. Trad. esp. *Prismas. La crítica de la cultura y la sociedad.* Barcelona, Ariel, 1962.

[10] Cf. R. Wellek, *Conceptos de crítica literaria.* Trad. esp. Caracas, 1968, p. 258.

relación entre "Poesía y sueños". En Europa, fue esencialmente en Francia y países francófonos donde esta corriente ha sido más cultivada. René Laforge estudió, desde este punto de vista, a Baudelaire [11], Marie Bonaparte a Edgar Allan Poe [12]. Posteriormente habría que recordar los estudios de Ch. Baudouin [13], Gilbert Durand [14], etc. Los estudios de G. Bacherlard y Charles Mauron suponen un nuevo rumbo en la crítica literaria. Bachelard estudia el simbolismo de la imagen en la literatura, imagen manifestada a nivel de la conciencia y no del subconsciente, lo que lo separa del psicoanálisis. Las fuerzas imaginativas operan en la mente humana sobre dos ejes diferentes: como *inspiración formal* hallan su desarrollo en la novedad; como *imaginación material* responden a imágenes contenidas en el fondo del ser. Las diversas imaginaciones materiales se reducen a un sentimiento humano primitivo, a un temperamento onírico fundamental, articulado en torno a la percepción de los cuatro elementos: aire, agua, fuego y tierra. Estas imágenes se manifiestan a través de complejos de cultura, actitudes irreflexivas que gobiernan la actividad reflexiva. El poeta cree tomar del espectáculo del mundo imágenes que no son sino proyecciones de un alma oscura: "On cultive le complexe de culture en croyant se cultiver objectivement. Le réalisme choisit alors *sa* réalité dans la réalité. L'historien choisit *son* histoire dans l'histoire" [15]. La obra de Bachelard no se presentaba como "crítica literaria", sino "rêverie" sobre la literatura y, desde este punto de vista, podría justificarse la imprecisión de su concepto de imagen, siempre a mitad de camino entre la consciencia y el subconsciente, lo infundado de ciertas hipótesis e interpretaciones, la persistencia de unos esquemas fijos para explicar autores muy diferentes, etc. Pero, contra su intención, su obra se erigió en sistema. De su influencia surgió la *crítica temática,* análi-

[11] René Laforge, *L'Echec de Baudelaire,* 1931.

[12] Marie Bonaparte, *Edgar Poë, sa vie, son oeuvre, étude analytique.* 3 vol. París, Denoël, 1933 (reimpresión, 1971); *Psychanalyse et Anthropologie.* París, P.U.F., 1952; *Psychanalyse et Biologie.* París, P.U.F., 1952, etc.

[13] Charles Baudouin, *Psychanalyse de Victor Hugo.* Ginebra, Ed. Mont-Blanc, 1943; *Le Triomphe du Héros.* París, Plon, 1952; *Psychanalyse de l'Art.* París, Alcan, 1929, etc.

[14] Gilbert Durand, *Le Décor mythique de la Chartreuse de Parme.* París, José Corti, 1961; *L'Imagination symbolique.* París, P.U.F., 1968; *Les Structures anthropologiques de l'imaginaire.* París, Bordas, 1969, etc.

[15] Gaston Bachelard, *L'eau et les rêves. Essai sur l'imagination de la matière.* 7.ª reimpresión. París, José Corti, 1942, p. 26. ("Cultivamos el complejo de cultura creyendo cultivarnos objetivamente. Así el realismo elige *su* realidad dentro de la realidad. El historiador elige *su* historia dentro de la historia"). Cf. *L'air et les songes.* París, Corti, 1943; *La terre et les rêveries de la volonté.* París, Corti, 1942; *Psychanalyse du feu.* París, Gallimard, 1938; *La Poétique de l'Espace.* París, P.U.F., 1957; *Lautréamont.* París, Corti, 1939; *La Poétique et la rêverie.* París, P.U.F., 1960. Véase, V. Therrien, *La révolution de Gaston Bachelard en critique littéraire.* París, 1970.

sis de temas, imágenes, etc., a menudo bajo la forma de una "crítica de participación", que intenta abolir las distancias entre el crítico y el autor, representada por Jean-Paul Weber[16], Jean-Pierre Richard[17], Georges Poulet[18] y Starovinsky[19], etc. Ecos de la obra de Bachelard pueden apreciarse en autores pertenecientes a tendencias muy diversas: estructuralistas o formalistas, como Jean Rousset[20], Roland Barthes[21], Gérard Genette[22]; "estilólogos", como Pierre Guiraud, etc.

El psicoanálisis médico interpretaba las obras como meras expresiones de un subconsciente a menudo patológico; el psicoanálisis literario se centra sobre el subconsciente del autor y descuida a la obra. Charles Mauron intenta sustituir la crítica psicoanalítica por la *psicocrítica,* que utiliza los datos obtenidos para una interpretación de la obra. La psicocrítica, así concebida, busca las asociaciones de ideas involuntarias bajo las estructuras buscadas de un texto[23]. La existencia de redes fijas de asociaciones de imágenes o de situaciones en diversas obras de un mismo autor permite captar su "mito personal" y los rasgos de su inconsciente que ayudan a la comprensión de su obra.

Finalmente, podría añadirse la *crítica existencialista.* El existencialismo se ha reflejado sobre diversos críticos, pero una teoría propiamente existencialista ha sido de escasa repercusión en el mundo de las letras. Podría citarse a Sartre[24] y Dubrovsky[25], pero su creador mismo, en su últi-

---

[16] Jean-Paul Weber, *Genése de l'oeuvre poétique.* Paris, Gallimard, 1960.

[17] Jean-Pierre Richard, *Littérature et sensation.* París, Le Seuil, 1954. *Poésie et profondeur.* París, Le Seuil, 1955; *L'Univers imaginaire de Mallarmé.* París, Le Seuil, 1960; *Pour un Tombeau d'Anatole.* París, Le Seuil, 1962; *Onze études sur la poésie moderne.* París, Le Seuil, 1968; *Paysage de Chateaubriand.* París, Le Seuil, 1967.

[18] George Poulet, *Trois essais de Mythologie romantique.* París, Corti, 1955; *L'Espace proustien.* París, Gallimard, 1960; *Les Métamorphoses du cercle.* París, Plon, 1961; *Études sur le temps humain.* 4 vols. París, Plon, 1949-1968; "Une critique d'identification", en *Les Chemins actuels de la critique.* París, Plon, 1968, pp. 7-22. (Trad. esp. Barcelona, Planeta); *La conscience critique.* París, Corti, 1971.

[19] Jean Starobinsky, *J. J. Rousseau, la transparence et l'obstacle.* París, Plon, 1957; "La relation critique", en *Quatre conférences sur la critique littéraire,* pp. 33-45.

[20] Jean Rousset, *Forme et signification. Essai sur les structures littéraires de Corneille à Claudel.* 3.ª edición. París, Corti, 1967.

[21] Esencialmente en sus primeros estudios críticos: *Michelet par lui-même.* París, Le Seuil, 1953; *Sur Racine,* París, Le Seuil, 1963.

[22] Principalmente en sus primeros estudios. (Cf. primeros artículos de *Figures.)*

[23] Charles Mauron, *Des métaphores obsédantes au mythe personnel. Introduction à la psychocritique.* París, José Corti, 1962, p. 23. "La psychocritique et sa méthode", en *Théorie et problèmes,* pp. 104-116. *Psychocritique du genre comique (Aristophane, Plaute, Térence, Molière).* París, J. Corti, 1970.

[24] Jean-Paul Sartre, *Qu'est-ce que la littérature?* París, 1948.

[25] Serge Dubrovsky, *Pourquoi la nouvelle critique. Critique et objectivité.* París, Mercure de France, 1966.

ma obra crítica, su análisis de Flaubert, *L'Idiot de la Famille,* utiliza métodos marxistas[26].

Podrían destacarse diversos caracteres comunes a estas tendencias e incluso a la crítica estilística o estructural: concepción de la obra como unidad, intentos de objetividad, pretensiones científicas, etc., y, esencialmente, el constituirse en críticas de *explicación,* de *análisis* y no en críticas de valoración[27].

Pero diversos aspectos separan a la estilística, poética, formalismo y *New Criticism* de las restantes corrientes aparecidas en el siglo XX. Para la crítica psicoanalítica o sociológica, el objeto principal no es la obra, sino un aspecto —relacionado pero externo a ella—: la red de imágenes obsesivas, manifestación del subconsciente del autor o de reflejos conscientes, etc., para la crítica psicoanalítica, psicocrítica y temática; relación éntre formas y contenidos literarios y estructuras de una sociedad para la crítica sociológica. Unicamente la estilística, el formalismo, la poética, etc., se sitúan en una perspectiva inmanente: centradas sobre la obra, intentan analizarla como arte del lenguaje. No se pretende hacer una crítica de los métodos anteriores; todos son complementarios y únicamente se olvidan de sus propios objetivos cuando desbordan sus límites e intentan constituirse en un sistema único. El estudio del autor o de la respuesta de una obra a la sociedad pueden aportar datos importantes para la comprensión de la obra, siempre que no olviden que no agotan los estudios literarios.

---

[26] Jean-Paul Sartre, *L'Idiot de la Famille.* 2 vol. París, Gallimard, 1972.

[27] Jakobson señalaba: "Malheureusement, la confusion terminologique des 'études littéraires' avec la 'critique' pousse le spécialiste de la littérature à se poser en censeur, à remplacer par un verdict subjectif la description des beautés intrinsèques de l'oeuvre littéraire. La dénomination de 'critique littéraire', appliquée à un savant étudiant la littérature est aussi erronée que le serait celle de 'critique grammatical (ou lexical)' appliquée à un linguiste. Les recherches syntaxiques et morphologiques ne peuvent être supplantées par une grammaire normative, et, de même, aucun manifeste, débitant les goûts et opinions propres, ne peut se substituer à une analyse scientifique objective de l'art du langage." *Essais de linguistique générale,* pp. 211-212. En otra ocasión compara al "crítico" de las obras de arte con el lingüista quue analizase al «valor» relativo de los adverbios. («Desgraciadamente, la confusión terminológica entre 'estudios literarios' y 'crítica' impulsa al especialista de la literatuura a erigirse en censor, a sustituir por un veredicto subjetivo la descripción de las bellezas intrínsecas de la obra literaria. La denominación de 'crítica literaria', aplicada a un estudioso de la literatura, es tan errónea como lo sería la de 'crítico gramatical (o léxico)' aplicada a un lingüista. Una gramática normativa no puede suplantar las investigaciones sintácticas y morfológicas, como tampoco un manifiesto, que reproduzca los gustos y opiniones personales, puede sustituir al análisis científico y objetivo del arte del lenguaje.'')

BIBLIOGRAFIA

1. *Publicaciones colectivas:*

Approaches to Semiotics, editado por T. A. Sebeok, A. S. Hayes y M. C. Bateson. La Haya, Mouton, 1964.

Essais de sémiotique poétique, editado por A. J. Greimas. París, Larousse, 1972. (Trad. esp. de Carmen de Fez. Barcelona, Planeta, 1976).

Essais de la théorie du texte, editado por Charles Bouazis. París, Galilée, 1972.

Essays on style and Language. Linguistic and Critical Approaches to Literary Style, editado por Roger Fowler. Londres, Routledge & Kegan Paul, 1966 (reimpresiones 1967, 1970).

Lingüística formal y crítica literaria. Trad. de María Esther Benítez. Madrid, Alberto Corazón Ed., Comunicación, 3, 1970.

Linguistique et littérature, travaux du Colloque de Cluny. La Nouvelle Critique, diciembre, 1968.

Literary Criticism and Historical Understanding. Documentos seleccionados del English Institute. Ed. en colaboración con Foreword por Phillip Damon. Nueva York, Columbia Univ. Press y Londres, 1967.

Literary History and Literary Criticism. Acta del noveno congreso. International Federation for Modern Languages and Literature, New York University, agosto 25 a 31, 1963. Ed. por Leon Edel. Nueva York, University Press, 1964 (reimpresión 1966).

A Prague School Reader on esthetics, literary structure and style, selección y traducción del original checo por Paul L. Garvin, Georgetown University Press, 1964.

Quatre conférences sur la critique littéraire (Colloques de Turin 1967). Supl. al n.º 34 de *Studi francesi,* enero-abril, 1968. Turín, Società Editrice Internazionale, 1968.

Semiología del teatro. Barcelona, Planeta, 1975.

La sémiotique formelle du folklore, editado por Solomon Marcus. Trad. del rumano por Hélène Combes. París, Klincksieck, 1978.

Semiotique narrative: récits bibliques, editado por C. Chabrol y L. Marin, París, Didier-Larousse, 1971. (Trad. esp. de M. Gómez Molleda. Madrid, Narcea, 1975).

Sémiotique narrative et textuelle, editado por C. Chabrol. París, Larousse, 1973.

I Sistemi di Segni e lo Strutturalismo sovietico. Ed. de Remo Faccanie y Umberto Eco. Milán, Bompiani, 1969.

Stil und Formprobleme in der Literatur. Heidelberg, Karl Winter, 1959.

Style in Language, editado por Thomas A. Sebeok. Cambridge, The M.I.T. Press, 1960 (2.ª reimpresión, 1964; parcialmente traducido al esp. Madrid, Cátedra, 1974).

Style et littérature. La Haya, Van Gooz Zonen, 1962.

Théorie d'Ensemble du groupe Tel Quel. París, Le Seuil, 1968. (Trad. esp. de Salvador Oliva, Narcía Comadira y Dolores Oller. Barcelona, Seix Barral, 1971).

Théorie de la littérature. Textes des formalistes russes. Antología preparada y presentada por T. Todorov. París, Le Seuil, 1965. (Trad. esp. de Ana M.ª Nethol. Buenos Aires, Ed. Signos, 1970).

Théorie et Problèmes, Contribution à la méthodologie littéraire. Copenhague, Munksgaard, 1958.

2. Estudios individuales

Adam, J. M., *Linguistique et discours littéraire.* París, Larousse, 1976.

Aguiar e Silva, Víctor Manuel de, *Teoría de la literatura.* Trad. esp. de Valentín García Yebra. Madrid, Gredos, 1972.

Alonso, Amado, *Materia y forma en poesía,* 3.ª ed., reimpresión. Madrid, Gredos, 1969

—*Poesía y estilo de Pablo Neruda,* Buenos Aires, Losada, 1940.

Alonso, Dámaso, *Poesía española. Ensayo de métodos y límites estilísticos. Garcilaso, Fray Luis de León, San Juan de la Cruz, Góngora, Lope de Vega, Quevedo.* 5.ª ed. Madrid, Gredos, 1971.

Alonso, Dámaso, y Bousoño, Carlos, *Seis calas en la expresión literaria española,* 4.ª ed. Madrid, Gredos, 1970.

Ambrogio, Ignazio, *Formalismo e avanguardia in Russia,* Editore Riuniti, 1968.

Anderson Imbert, Enrique, *La crítica literaria contemporánea.* Buenos Aires, Gure, 1957

—*Métodos de crítica literaria.* Madrid, Rev. Occidente, 1969.

Antoine, Gérard, "La Stylistique française. Sa définition, ses buts, ses méthodes", en *Rev. de l'Enseignement supérieur,* 1959, n.º 1, pp. 49-60.

Avalle, D'Arco Silvio, *Corso di semiologia di testi letterari.* Turín, Giappichelli, 1972.

—*Formalismo y estructuralismo. La actual crítica literaria italiana.* Trad. esp. de Carlos Mazo. Madrid, Cátedra, 1974.

Bakhtine, Mikhail, *La Poétique de Dostoievski.* Trad. del ruso por Isabelle Kolitcheff. Presentación de J. Kristeva. París, Le Seuil, 1970.

—*La cultura popular en la Edad Media y en el Renacimiento. El contexto de François Rabelais.* Trad. esp. de Julio Forcat y César Conroy. Barcelona, Barral, 1971.

Bally, Charles, *Traité de stylistique française,* 3.ª éd., nueva tirada, 2 vols. París, Klincksieck, 1951.

—*Le Langage et la Vie*. París, Payot, 1926. (Trad. esp. de Amado Alonso. Buenos Aires, Losada, 1941).

Barthes, Roland, *Le Degré zéro de l'écriture*. París, Le Seuil, 1953. (Trad. cast. *El Grado cero de la escritura*, seguido de *Nuevos ensayos críticos*. Buenos Aires, Siglo XXI, 1973).

—*Mythologies*. París, Le Seuil, 1957.

—"Eléments de sémiologie", en *Communications*, 4, 1964, pp. 91-134. (Trad. cast. de Silvia Delpy. Buenos Aires, Tiempo Contemporáneo, 1970, 2.ª ed., 1972, pp. 11-70).

—*Essais critiques*. París, Le Seuil, 1964. (Trad. esp. de Carlos Pujol. Barcelona, Seix Barral, 1966).

—"Rhétorique de l'image", en *Communications*, 4. 1964, pp. 40-51.

—"Introduction à l'analyse structurale des récits", en *Communications*, 8, 1966, pp. 1-27. (Trad. cast. de Beatriz Dorriots. Buenos Aires, Tiempo Contemporáneo, 1970, pp. 9-43)*.

—*Critique et vérité*. París, Le Seuil, 1966. (Trad. cast. de José Bianco. Buenos Aires, Siglo XXI, 1972).

—*Système de la mode*. París, Le Seuil, 1967.

—"L'analyse rhétorique", en *Littérature et société*, 1967, pp. 31-46.

—"Linguistique et littérature", en *Langages*, 12, 1968, pp. 3-8.

—"Drame, poème, roman", en *Théorie d'Ensemble*, pp. 25-40.

—"Le message photographique", en *La Communication audiovisuelle*, pp. 61-81.

—"Par où commencer?", en *Poétique*, I, 1970, pp. 3-9.

—*S/Z*. París, Le Seuil, 1970.

—"L'ancienne rhétorique", en *Communications*, 16, 1970, pp. 172-229.

—*Sade, Fourier, Loyola*. París, Le Seuil, 1971.

Bense, Max, Walter, Elisabeth, *La Semiótica: guía alfabética*. Bajo la dirección de—. Barcelona, Anagrama, 1975.

Benvéniste, Emile, *Problemas de lingüística general*. Trad. esp. México, Siglo XXI, T. I., 4.ª ed., 1974, T. II, 1977.

Bertin, Jacques, *Sémiologie graphique*. La Haya, Mouton, 1967.

—"La graphique", en *Communications*, 15, 1970, pp. 169-185.

Blackmur, R. P., *Language as Gesture*. Nueva York, 1952.

Bobes Naves, María del Carmen, *La semiótica como teoría lingüística*. Madrid, Gredos, 1973.

—*Gramática de "Cántico". Análisis semiológico*. Barcelona, Planeta, 1975.

—*Gramática textual de Belarmino y Apolonio*. Madrid, Cupsa, 1977.

Bogatyrev, Petr, "Les signes du théâtre", en *Poétique*, 8, 1971, pp. 571-530.

Booth, Wayne C., *La retórica de la ficción*. Trad. esp. de Santiago Gubern. Barcelona, Antoni Bosch, 1974.

Bouazis, *Littérarité et société: Théorie d'un modèle du fonctionnement littéraire*. París, Mâme, 1972.

Bousoño, Carlos, *Teoría de la expresión poética*. 4.ª ed. Madrid, Gredos, 1966.

Brémond, Claude, "Le message narratif", en *Communications*, 4, 1964, pp. 4-32.

—"La logique des possibles narratifs", en *Communications*, 8, 1966, pp. 60-76.

---

* La revista *Communications* ha sido traducida en Buenos Aires, Ed. Tiempo Contemporáneo. Por razones de comodidad prescindiremos en adelante de aludir a la traducción española.

—*Logique du récit*. París, Seuil, 1973.

Brooks, Cleanth, *Modern Poetry and the Tradition*. Chapel Hill, N. C., 1939.

—*The Well Wrought Urn, Studies in the Structure of Poetry*. Nueva York, 1947.

Brooks, C., y Heilman, R. B., *Understanding Drama*. Nueva York, 1945.

Brooks, C., y Warren, R. P., *Understanding Poetry*. Nueva York, 1938.

—*Understanding Fiction*. Nueva York, 1943.

—*Modern Rhetoric*. Nueva York, Harcourt Brace & Co., 1949.

Brooks, C., Warren, R. P., y Purser, J., *An Approach to Literature*, Baton Rouge, 1936.

Bruneau, Charles, "La Stylistique", en *Romance Philology*, V, 1, 1951-52, pp. 1-14.

Bühler, Karl, *Teoría de la expresión*. Madrid, Rev. Occidente, 1950.

— *Teoría del lenguaje*. Madrid, Rev. Occidente, 1950.

Burke, Kenneth, *A Grammar of motives*. Nueva York, Prentice Hall, Inc., 1945.

— *The Philosophy of Literary Form*. Nueva York, Vintage, 1957.

— *A Rhetoric of Motives*. Berkeley, Univ. of California Press, 1969.

Buyssens, Eric, *Les Langages et le discours. Essai de linguistique fonctionnelle dans le cadre de la sémiologie*. Bruxelles. Office de Publicité, 1943.

— *La communication et l'articulation linguistique*. París, P.U.F., 1967.

Canoa Galiana, Joaquina, *Semiología de las comedias bárbaras*. Madrid. Cupsa, 1977.

Caprettini, Gian Paolo, *Struttura dei testi e modelli della cultura: su allegoria e simbolo*. Turín, Giappichelli, 1977.

Castagnino, Raúl, H., *El análisis literario. Introducción metodológica a la estilística integral*. Buenos Aires, Nova, 1961.

Cohen, Jean, *Structure du Langage poétique*. París, Flammarion, 1966. (Vers. esp. de Martín Blanco Alvarez. Madrid, Gredos, 1970).

Cohen, Keith, "Le *New Criticism* aux Etats-Unis (1935-1950)", en *Poétique*, 10, 1972. pp. 217-243.

Coquet, Jean-Claude, *Sémiotique littéraire. Contribution à l'analyse sémantique du discours*. París, Mame, 1973.

Corno, Dario, *Il senso letterario: Note e lessico di semiotica della letteratura*. Turín, Giappichelli, 1977.

Courtès, Joseph, *Introduction à la sémiotique narrative et discursive; méthodologie et application*. Prefacio de A. J. Greimas. París, Hachette, 1976.

Craddock, Clare Eileen, *Style theories as found in stylistic studies of Romance Scholars, 1900-1950*. Washington, Catholic University of America Press, 1952.

Grane, R. S., ed. *Critics and Criticism: Ancient and Modern*. Chicago, 1952.

— *The Language of Criticism and the Structure of Poetry*. Toronto, 1953.

Cressot, Marcel, *Le Style et ses techniques*. 6.ª éd., refundida y aumentada por Laurence Gallo. París, P.U.F., 1969.

Croce, Benedetto, *Breviario de estética*. Buenos Aires, Espasa-Calpe, 1938.

— *Estética come scienza dell' espressione e linguistica generale*. Bari, Laterza, 2.ª ed., 1922.

Chabrol, Claude, *Le Récit féminin. Contribution à l'analyse sémiologique du courrier du coeur et des entrevues ou "enquêtes" sur la femme dans la presse féminine actuelle*. La Haya, Mouton, 1971.

Chatman. Seymour. *A Theory of Meter*. La Haya, Mouton, 1965.

— "Linguistic style, literary style and performance: some distinctions", en *Report of the Eleventh Annual Round Table Meeting on Linguistics and Language Studies*. Washington, Bernard Choosed, 1962, pp. 73-81.

Delas, D. y Filliolet, J., *Linguistique et poétique*. París, Larousse, 1973.

Delbouille, Paul, "Sur la définition du fait de style", en *Cahiers d'Analyse textuelle*, Liège, II, 1960, n.º 2, pp. 94-104.
— "Reflexions sur l'état de la stylistique littéraire", en *Cahiers d'Analyse textuelle*, VI, 1964, pp. 5-22.
— "L'Explication de textes, foctionnement et fonction", en *Langue française*, 7, 1970, pp. 87-95.
Deloffre, Frédéric, *Stylistique et poétique française*. París, S.E.D.E.S., 1970.
Derrida, Jacques, *L'écriture et la différence*. París, Le Seuil, 1967.
— *De la grammatologie*. París, Ed. Minuit, 1967.
Devoto, Giacomo, *Nuovi study di stilistica*. Florencia, Le Monnier, 1962.
Dolezel, Ludomir, "Vers la stylistique structurale", en *Travaux Linguistiques de Prague*, I, 1964, pp. 257-266; y J. Sumpf, *Introduction à la stylistique du français*. París, Larousse, 1971, pp. 153-188.
— *Narrative modes in Czech literature*. Univ. of Toronto Press, 1973.
Dresden, S., "La notion de style en littérature et dans les beaux-arts", en *Actes du Vº Congrès International des Langues et Littératures Modernes*. Florencia, 1955, pp. 11-19.
Dubrovsky, Serge, *Pourquoi la «Nouvelle Cřitique». Critique et Objectivité*. París, Mercure de France, 1966.
Dubois, Jacques, Edeline, Francis, Klinkenberg, Jean-Marie, Minguet, Philippe, Pire, François y Trinon, Hadelin, *Rhetorique générale*. París, Larousse, 1970.
— "Rhétoriques particulières", en *Communications*, 16, 1970, pp. 70-124.
Dubois, Jacques, Edeline, Francis, Klinkerberg, Jean-Marie, Minguet, Philippe, *Rhétorique de la poésie*. Bruselas, Complexe 1977.
Dundes, Alan, *The Morphology of North American Indian Folktales*. Helsinki, Folklore Fellows Communications, 1964.
Dupriez, Bernard, *L'Etude des styles ou la commutation en littérature*. Ed. aumentada de un estudio sobre el estilo de Paul Claudel. París, Didier, 1970.
Eco, Umberto, "James Bond: une combinatoire narrative", en *Communications*, 8, 1966, pp. 77-93.
— *Opera aperta*. Milán, Bompiani, 1962. (Trad. esp. *Obra abierta*. Barcelona, Seix Barral, 1965).
— *La struttura assente*. Milán, Bombiani, 1968. (Trad. esp. Barcelona, Lumen, 1972).
— *Tratado de semiótica general*. Trad. esp. de Carlos Manzano. Barcelona, Lumen, 1977.
Eliot, T. S., *On poetry and poets*. Londres, Faber and Faber, 1959. (Trad. esp. Buenos Aires, Sur, 1959).
— *Selected Essays, 1917-1932*. Londres, Faber and Faber, 1955.
— *The use of Poetry and the use of criticism*. Londres, Faber and Faber, 1933. (Trad. esp. Barcelona, Seix Barral, 1968).
— *Criticar al crítico*. Madrid, Alianza Editorial, 1969.
Empson, William, *Seven Types of Ambiguity*. Londres, Chatto & Windus, 1930.
Enkvist, Nils Erik, Spencer, John, Gregory, Michael J., *Lingüística y estilo*. Trad. de Julio Rodríguez Puértolas y Carmen C. de Rodríguez Puértolas. Madrid, Cátedra, 1974.
Erlich, Victor, *Russian Formalism. History. Doctrine*. 3.ª ed. La Haya, Mouton, 1969.
Faccani, Remo, y Eco, Umberto eds. *I sistemi di segni e lo strutturalismo sovietico*. Milán, Bompiani, 1969.
Faye, Jean Pierre, "Le Cercle de Prague", en *Change*, 3, 1969, pp. 9-13.

Fowler, Roger, *Linguistics and the Novel*. Londres, Methuen, 1977.

Frious, Claude, "Bakhtine devant ou derrière nous", en *Littérature*, I, 1971, pp. 108-115.

Frye, Northrop, *Anatomie de la crítique*. Trad. del inglés por Guy Durand. París, Gallimard, 1969.

— *The well-tempered critic*. Bloomigton, Indiana, 1963.

García Berrio, Antonio, *Significado actual del formalismo ruso*. Barcelona, Planeta, 1973.

Garrido Gallardo, Miguel-Angel, *Introducción a la teoría de la literatura*. Madrid, S.G.E.L., 1976.

Garroni, E., *Proyecto de semiótica*. Trad. esp. de Francisco Serra Cantorell. Barcelona, Gustavo Gili, 1974.

Genette, Gérard, *Figures I-II-III*. París, Le Seuil, 1966-1969-1973.

Georgin, René, *Les Secrets du style*. París, Les Editions Sociales, 1962.

Ghiano, Juan C., *Los géneros literarios*. Buenos Aires, Nova, 1961.

García Morejón, Julio, *Límites de la estilística. El ideario de Dámaso Alonso*. Sao Paulo, 1961.

Granger, Gilles-Gaston, *Essai d'une philosophie du style*. París, Armand Colin, 1968.

Greimas, Algirdas Julien, *Sémantique structurale*. París, Larousse, 1966. (Trad. esp. Madrid, Gredos, 1971).

— *Du Sens. Essais sémiotiques*. París, Le Seuil, 1970. (Trad. esp. Madrid, Fragua, 1974).

— *Maupassant. La sémiotique du texte: exercices pratiques*. París, Seuil, 1976.

— *Sémiotique et sciences sociales*. París, Seuil, 1976.

Gritti, Jules: "Un recit de presse: les derniers jours d'un 'grand homme'", en *Communications*, 8, 1966, pp. 94-101.

— "Deux arts du vraisemblable: la casuistique, le courier du coeur", en *Communications*, 11, 1968, pp. 99-121.

Gueunier, N., "L'Information courante en stylistique", en *Langue français*, 7, 1970, pp. 102-106.

— "La pertinence de la notion d'écart en stylistique", en *Langue française*, I, 3, 1969, pp. 34-45.

Guiraud, Pierre, *Langage et versification d'après l'oeuvre de P. Valéry*. París Klincksieck, 1953.

— *La Stylistique*, 6.ª éd. París, P.U.F., 1970 ("Que sais-je?", n.º 646). (Trad. esp. de Marta G. de Torres Agüero. Buenos Aires, Nova, 1967).

— *Essai de stylistique*. París, Klincksieck, 1969.

— *La sémiologie*. París, P.U.F., 1971 (Trad. esp., Buenos Aires, Siglo XXI, 1972).

Guiraud, Pierre, y Kuentz, Pierre, *La Stylistique, Lectures*. París, Klincksieck, 1970.

Günther, F., "Le *New Criticism*", en *Langue française*, 7, 1970, pp. 96-101.

Halliday, M.A.K., "The Linguistic Study of Literary Texts", en *Proceedings of the IXth Congress of the Linguists*. La Haya, Mouton, 1964, pp. 302-307.

Hardy, "Théorie et méthode stylistique de M. Riffaterre", en *Langue française*, I, 1969, 3, pp. 90-96.

Hatzfeld, Helmut, *Estudios de estilística*. Barcelona, Planeta, 1975.

— *Bibliografía crítica de la nueva estilística aplicada a las literaturas románicas*. Trad. del inglés por Emilio Lorenzo Criado. Madrid, Gredos, 1955.

— *El "Quijote" como obra de arte del lenguaje*. Trad. de M. C. de I. Patronato del IV Centenario del Nacimiento de Cervantes. Madrid, 1949. (2.ª ed. Madrid, C.S.I.C., 1971).

Hatzfeld, Helmut, y Le Hir, Yves, *Essai de Bibliographie critique de stylistique française et romane, 1955-1960.* París, P.U.F., 1961.

Hayman, David. "Au-delá de Bakhtine. Pour une mécanique des modes", en *Poetique,* 13, 1973, pp. 76-94.

Hawkes, Terence, *Structuralism and Semiotics.* Londres, Methuen, 1977.

Hendricks, William O., *Semiolología del discurso literario.* Trad. esp. de José Antonio Millán, Madrid, Cátedra, 1976.

Henry, Albert, *Métonymie et métaphore.* París, Klincksieck, 1971.

Hjelmslev, Luis, *Prolegómenos a una teoría del lenguaje.* Vers, esp. de José Luis Díaz de Liaño. Madrid, Gredos, 1971.

Hernández de Mendoza, Cecilia, *Introducción a la estilística.* Bogotá, Instituto Caro y Cuervo, 1962.

Hough, Graham, *Style and Stylistics.* Londres, Routledge & Kegan Paul, 1969.

Jakobson, Roman, *Essais de linguistique générale.* Traducido y prologado por Nicolás Ruwet. París, Ed. de Minuit, 1963. (Trad. esp. de Joseph M. Puyol y J. Cabanes. Barcelona, Seix Barral, 1975).

— *Questions de poétique.* París, Le Seuil, 1973.

Jakobson, Roman, y Lévi-Strauss, Claude, *"Les Chats de Baudelaire",* en *l'Homme,* II, 1, 1962, pp. 5-21; y en Guiraud, P. y Kuentz, P., *La Stylistique.* París, Klincksieck, 1970, pp. 284-301; y en Sumpf, P. J., *Introduction à la stylistique du français.* París, Larousse, 1971, pp. 133-151; y en *Questions de poétique,* pp. 401-419.

Jakobson, Roman, y Stegagno Picchio, Luciana, "Les oxymores dialectiques de Fernando Pessoa", en *Langages,* 12, 1968, pp. 9-27, y en *Questions de Poétique,* pp. 463-483.

James, Henry, *The art of fiction, and other essays.* Nueva York, Oxford University Press, 1948.

Jolles, A., *Einfache Formen.* Halle, Salle, 1929. (Trad. fr. París, Le Seuil, 1972).

Jones, Robert E., *Panorama de la nouvelle critique en France.* París, S.E.D.E.S., 1968.

Kibedi-Varga, A., *Rhétorique et littérature (Etudes de structures classiques),* París, Didier, 1970.

Kayser, Wolfrang, *Interpretación y análisis de la obra literaria.* Trad. esp. Madrid, Gredos, 1954.

Koch, Walter Alfred, "On the Principle of Stylistics", en *Lingua,* XII, 1963, páginas 411-422.

Krafft, Jacques G., *Essai sur l'esthétique de la prose.* París, Vrin, 1952.

— *Poésie corps et âme. Etude sur l'esthétique de la poésie suivie de quelques généralisations.* París, Vrin, 1961.

Kristeva, Julia, "Bakhtine, le mot, le dialogue et le roman" en *Critique,* 239, 1967, páginas 438-465.

— *Semeiotike. Recherches pour une sémanalyse.* París, Le Seuil, 1969.

— *Le Texte du roman.* La Haya, Mouton, 1970. (Trad. esp. Barcelona, Lumen, 1974).

— *La Révolution du langage Poétique. L'avant-garde à la fin du XIX° siècle: Lautréamont et Mallarmé.* París, Le Seuil, 1974.

— *Polylogue.* París, Le Seuil, 1977.

Kuentz, Pierre, "Tendances actuelles de la stylistique anglo-américaine", en *Langue-française,* I, 1969, 3, pp. 85-89.

— "La 'rhétorique' cu la mise à l'écart", en *Communications,* 16, 1970, pp. 143-157.

— "Lecture d'un fragment de *Britannicus*", en *Langue française,* 7, 1970, pp. 20-7.

— "Rhétorique générale ou rhétorique théorique?", en *Littérature,* 4, 1971, pp. 108-115.

184   Alicia Yllera

— "Remarques liminaires", en *Langue française,* 7, 1970, pp. 3-13.

Lausberg, Heinrich, *Manual de retórica literaria: Fundamentos de una ciencia de la literatura.* Trad. esp. de José Pérez Riesco. Madrid, Gredos, 1966-67. 3 vols.

Lázaro Carreter, Fernando, *Estudios de poética (La obra en sí).* Madrid, Taurus, 1977.

Lefebvre, Muarice-Jean, *Structure du discours de la poésie et du récit.* Neuchâtel, La Baconnière, 1971.

Le Guern, Michel, *Sémantique de la métaphore et de la métonymie.* París, Larousse, 1973. (Trad. esp. de Augusto Gálvez-Cañero y Pidal. Madrid, Cátedra, 1976).

Leon, Pierre, "Principes et méthodes de phonostylistique", en *Langue française,* I, 1969, 3, pp. 73-84.

— *Essai de phonostylistique.* París, Didier, 1971.

Levin, Samuel R., *Linguistic Structures in Poetry.* La Haya, Mouton, 1962. (Trad. esp. de Julio Rodríguez Puértolas y Carmen C. de Rodríguez Puértolas: Presentación y apéndice de F. Lázaro Carreter. Madrid, Cátedra, 1974).

— "Poetry and Grammaticalness", en *Proceeding of the IXth Congress of Linguists,* La Haya, Mouton, 1964, pp. 309-314.

Lotman, Iouri, *La estructura del texto artístico.* Trad. esp. Madrid, Istmo, 1976.

Macri, Oreste. "La stilistica di Dámaso Alonso", en *Letteratura,* 1957, 29, pp. 41-47.

Marin, Louis, *Etudes sémiologiques: écritures, peintures.* París, Klincksieck, 1971.

Marouzeau, Jules, *Précis de stylistique française.* París, Masson, 1946.

— *Traité de stylistique latine.* 4.ª ed. París, Les Belles Lettres, 1962.

Martín, José Luis, *Crítica estilística.* Prólogo de Helmut A. Hatzfeld. Madrid, Gredos, 1973.

Martinet, Jeanne, *Claves para la semiología.* Trad. esp. de Victoria Catalina de Gil. Madrid, Gredos, 1976.

Martínez García, José Antonio, *Propiedades del lenguaje poético.* Univ. de Oviedo, 1975.

Meschonnic, H., *Pour la Poétique* I-III. París, Gallimard, 1970-73.

Metz, Christian, *Essais sur la signification au cinéma.* París, Klincksieck, 1968.

— *Langage et cinéma.* París, Larousse, 1971.

Michaud, Guy, *Introduction à une science de la littérature.* Estambul, Pulhan Marbaasi, 1950. (Refundida en *L'oeuvre littéraire et ses techniques.* París, Nizet, 1957).

Middleton Murry, John, *Aspects of literature.* Londres, 1930.

— *The problem of style.* Londres, Oxford Univ. Press, 1949. (Trad. esp. *El estilo literario.* Méjico, Fondo de Cultura Económica, 1956).

Miller, George, *Language and Communication.* Nueva York, MacGrow Hill, 1951.

— *Psychology and Communication.* Nueva York, Basic Books, 1967.

Mittérand, Henri, "La Stylistique", en *Le Français dans le monde,* n.º 42, Juillet-août, 1966.

Moragas Spa, Miguel, *Semiótica y comunicación de masas.* Barcelona, Península, 1976.

Morier, Henri, *La psychologie des styles.* Genève, Goerg, 1959.

Moreau, Pierre, *La critique littéraire en France.* París, A. Colin, 1960.

Morris, Charles, *Signs, Language, and Behavior.* Nueva York, Prentice Hall, 1946. (Trad. esp. Buenos Aires, Losada, 1962).

— *Signification and Significance.* Cambridge, Mass., The M.I.T. Press, 1964. (Trad. esp. *La significación y lo significativo.* Madrid, Comunicación, 1974).

— *Writings on the General Theory of Signs.* La Haya-París, Mouton, 1971.
— *The Pragmatic Movement in American Philosophy.* Nueva York, George Braziller, Inc., 1970.

Morris, Edward P., "A science of style", en *Transactions and Proceedings of the American Philological Association,* XLVI, 1915, pp. 103-118.

Mounin, Georges, *Introduction à la sémiologie.* París, Ed. de Minuit, 1970. (Trad. esp. de Carlos Manzano. Barcelona, Anagrama, 1972).

— *La communication poétique,* precedida por *Avec-vous lu Char?* París, Gallimard, 1971.

Mukařovsky, Jan. *Arte y semiología.* Trad. esp. Madrid, comunicación, 1972.

— *Escritos de estética y semiótica del arte.* Trad. esp. de Jordi Llobet. Barcelona, Gustavo Gili, 1977.

Nadler, J., "El problema de la historia del estilo", en el volumen colectivo *Filosofía de la ciencia literaria.* Méjico, Fondo de Cultura Económica, 1946.

Narthhorst, Bertel, *Formel or Structural Studies of Traditional Tales.* Estocolmo, Almqvist och Wiksell, 1969.

Ohmann, R., "Generative Grammar and the concept of Literary Style", en *Word,* XX, 1964, pp. 423-439.

Pagnini, Marcelo, *Estructura literaria y método crítico.* Trad. esp. de Carlos Mazo del Castillo. Madrid, Cátedra, 1975.

Pavel, Thomas G., *La Syntaxe narrative des tragédies de Corneille.* París, Klincksieck, 1976.

Pecci, A., *La stilistica. Nozioni di stile, metrica e letteratura italiana.* Napoli, Loffredo, 1956.

Pedemonte, Hugo E., *Metodología estilística de la literatura.* Montevideo. Ciudadela, 1949.

Peirce, Ch. S., *Selected Writings,* ed. por J. Buchev. Nueva York, Londres, Harcourt Brace and Co., 1940.

— *La ciencia de la semiótica.* Trad. esp. de Beatriz Bugni. Buenos Aires, Nueva Visión, 1974.

Petöfi, J. S., *Probleme der modelltheoretischen Interpretation von Texten.* Hamburgo, Buske, 1974.

Picard, Raymond, *Nouvelle critique ou nouvelle imposture.* París, J. J. Pauvert, 1965.

Pierce, John R., *Símbolos, señales y ruidos. Naturaleza y proceso de la comunicación.* Trad. del inglés por J. Flórez. Madrid, Rev. Occidente, 1962.

Pomorska, Krystyna, *Russian Formalist Theory and its Poetic Ambiance.* La Haya, Mouton, 1968.

Prieto, Antonio, *Ensayo semiológico de sistemas literarios.* Barcelona, Planeta, 1972.
— *Morfología de la novela.* Barcelona, Planeta, 1975.

Prieto, Luis J., *Principes de noologie.* La Haya, Mouton, 1964.

— *Messages et signaux.* París, P.U.F., 1966. *Mensajes y señales,* trad. de Cesar V. Guiñazú, Barcelona, Seix-Barral, 1967.

— "La Sémiologie", en *Le Langage,* publ. bajo la dirección de André Martinet, París, Gallimard, "Enc. de la Pléiade", 1968, pp. 93-144.

— *Etudes de linguistique et de sémiologie générale.* Ginebra, Droz, 1975.

— *Pertinence et pratique. Essai de sémiologie.* París, Minuit, 1975. (Trad. esp. de Joaquim Garay Escoda. Barcelona, Gustavo Gili, 1977).

Prince, Gerald, *A Grammar of Stories: An Introduction.* La Haya, Mouton, 1973.

Propp, Vladimir. *Morfología del cuento*. Seguida de *Las Transformaciones de los cuentos maravillosos* y de Meletinski, E., *El estudio estructural y tipológico del cuento*. Trad. del fr. de María Lourdes Ortiz. Madrid, Fundamentos, 1971.

— *Las raíces históricas del cuento*. Trad. esp. de José Martín Arancibia. Madrid, Fundamentos, 1974.

Ransom, J. C., *The World's Body*. Nueva York, 1938.

— *The New Criticism*. Norfolk, Va., 1941.

— *Poems and Essays*, Nueva York, 1955.

Rastier, Françoise, *Essais de sémiotique discursive*. París, Mame, 1973.

Richards, I. A., *Principles of Literary Criticism*. Londres, Routledge & Kegan Paul, 1924. (Trad. cast. de Eduardo Sinnot. Buenos Aires, Huemul, 1976).

— *The Philosophy of Rhetoric*. Nueva York, Oxford Univ. Press, 1936.

— *Practical criticism. A study of literary judgment*. Londres, Routledge and Kegan Paul, 1950.

Richthofen, Erich von, *Límites de la crítica literaria*. Trad. esp. Barcelona, Planeta, 1976.

Riffaterre, Michael, *Essais de stylistique structurale*. Presentación y traducción de Daniel Delas. París, Flammarion, 1971. (Trad. esp. Barcelona, Seix Barral, 1976).

Rossi-Landi, Ferrucio, *Il linguaggio come lavoro e come mercato*. Milán, Bompiani, 1968. (Trad. cast. Buenos Aires, R. Alonso, 1975).

— *Semiótica e ideología*. Milán, Bompiani, 1972.

Ruwet, Nicolás, "L'analyse structurale de la poésie", en *Linguistics*, II, 1963, páginas 33-59.

— "Analyse structurale d'un poème français: un sonnet de Louise Labé", en *Linguistics*, 3, 1964, p. 62-83.

— "Sur un vers de Charles Baudelaire", en *Linguistics*, 17, 1965, pp. 69-77.

— "Limites de l'analyse linguistique en poétique", en *Langages*, 12, 1968, pp. 56-70.

— "*Je te donne ces vers...* Esquisse d'analyse linguistique", en *Poétique*, 7, 1971, páginas 388-401.

— *Langage, musique, poésie*. París, Le Seuil, 1972.

Sapir, Edward, *Language*. Nueva York, Harcourt Brace, 1921.

Sartre, Jean Paul, *Qu'est-ce que la littérature?* París, Gallimard, 1948.

Saussure, Ferdinand de, *Curso de lingüística general*. Publ. por Ch. Bally y A. Sechehaye, con la colaboración de A. Riedlinger. Trad., prólogo y notas de Amado Alonso. 5.ª ed. Buenos Aires, Losada, 1965.

Sayce, R. A., *Style in French Prose*. Oxford, O.U.P., 1953.

— "The definition of the term *style*", en *Proceedings of the third Congress of the International Comparative Literature Association*. La Haya, 1962, pp. 156-166.

Scott, Wilbur, *Principios de crítica literaria*. Trad. de Jaume Reig. Barcelona, Laia, 1974.

Schmidt, Sigfried J., *Teoría del texto*. Trad. de M. Luz Arisola. Madrid, Cátedra, 1977.

Sebeok, T. A., Hayes, A. S., y Bateson, M. C., eds., *Approaches to semiotics*. La Haya, Mouton, 1964.

Sebeok, T. A., ed., *Animal Communication*. Bloomington, Indiana Univ. Press, 1968.

Sebeok, T. A., y Ramsay, eds., *Approaches to Animal Communication*. La Haya, Mouton, 1969.

Segre, Cesare, *Crítica bajo control*. Trad. de Milagros Arizmendi y María Hernández Esteban. Barcelona, Planeta, 1970.

— *Las estructuras y el tiempo*. Trad. de Milagros Arizmendi. Barcelona, Planeta, 1976.

Sempoux, A., "Trois principes fondamentaux de l'analyse du style", en *Revue Belge de Philologie et d'Histoire*, 38, 1960, pp. 809-814.
— "Notes sur l'histoire du mot *style*", en *Ibid.*, 39, 1961, pp. 736-746.
Shumaker, Wayne, *Elementos de teoría crítica*. Trad. esp. de Montserrat Fernández Montes. Madrid, Cátedra, 1974.
Sklovski, Víctor, *Una teoria della prosa*, trad. María Olsoufieva. Bari, De Donato, 1966.
— *Sobre la prosa literaria. (Reflexiones y análisis)*. Trad. Carmen Laín González. Barcelona, Planeta, 1971.
Sollers, Philippe. *Logiques*. París, Le Seuil, 1968.
— *L'Ecriture et l'expérience des limites*. París, Le Seuil, 1970.
Souriau, Etienne, *Les deux cent mille situations dramatiques*. París, Flammarion, 1950.
Spitzer, Leo, *Romanische Stil-und Literaturstudien*. Malburgo, Elwert, 1931.
— *Lingüística e historia literaria*. 3.ª ed., reimpresión. Madrid, Gredos, 1968.
— *Critica stilistica e storia del linguaggio*, ed. Alfredo Schiaffini. Bari, Laterza, 1954.
— "La interpretación estilística de las obras literarias", en *Introducción a la estilística romance*. Buenos Aires, Instituto de Filología, 1932, pp. 87-148.
— "Les théories de la stylistique", en *Le Français moderne*, XX, 1952, pp. 165-168.
— "Stylistique et critique littéraire", en *Critique*, n.º 98, julio 1955, pp. 595-689.
— *Etudes de style*. Precedido por "Leo Spitzer et la lecture stylistique", de Jean Starobinski. Trad. del inglés y del alemán por Eliane Kaufholz, Alain Coulon, Michel Foucault. París, Gallimard, 1970.
Staiger, Emil, *Conceptos fundamentales de poética*. Trad. y estudio preliminar por Jaime Ferreiro Alemparte. Madrid, Rialp, 1966.
Stutterheim. C.F.P., "Modern Stylistics", en *Lingua*, I, 4, 1950, pp. 410-426 y III, 1, 1952, pp. 52-68.
Sumpf, Joseph, *Introduction à la stylistique du français*. París, Larousse, 1971.
Tate, A., *Reactionary Essays on Poetry and Ideas*. Nueva York, 1936.
— *Reason in Madness: Critical Essays*. Nueva York, 1941.
— *On the limit of Poetry: Selected Essays*, 1928-1948. Nueva York, 1948.
— *The Hovering Fly*. Cummington, Mass., 1949.
— *The Man of Letters in the Modern World*. Nueva York, 1955.
— *The Forlorn Demon: Didactic and Critical Essays*. Chicago, 1955.
— *Collected Essays*, Denver, 1959.
— *Essays of Four Decades*. Chicago, 1968.
Terracini, Benvenuto, *Analisi stilistica. Teoria, storia, problemi*. 2.ª ed. Milán, Feltrinelli, 1966.
Thorne, J. P. "Stylistics and Generative Grammar", en *Journal of Linguistics*, 1965, I, 1, pp. 49-59.
— "Poetry, Stylistics and imagenery Grammars", en *Journal of Linguistics*, 5, 1969, páginas 197-250.
Todorov, Tzvetan, "La description de la signification en littérature", en *Communications*, 4, 1964, pp. 33-40.
— "Les catégories du récit littéraire", en *Communications*, 8, 1966, pp. 125-151.
— "Perspectives sémiologiques", en *Communications*, 7, 1966, pp. 139-145.
— *Littérature et signification*. París, Larousse, 1967. (Trad. esp. Barcelona, Planeta, 1971).
— "L'analyse du récit à Urbino", en *Communications*, 11, 1968, pp. 165-167.
— "Les études du style", en *Poétique*, 2, 1970, pp. 224-232.

— *Introduction à la littérature fantastique.* París, Le Seuil, 1970.
— "Poétique" en *Qu'est-ce que le structuralisme?* París, Le Seuil, 1968, pp. 97-166.
— *Grammaire du Décameron.* La Haya, Mouton, 1969. Vers. esp. y prólogo de María Dolores Echeverría. Madrid, Taller de Ediciones, 1973.
— *Poétique de la prose.* París, Le Seuil, 1971.
— "La poétique en U.R.S.S.", en *Poétique,* 9, 1972, pp. 102-115.
— *Théories du symbole.* París, Le Seuil, 1977.
Togeby, Knut, "Littérature et Linguistique", en *Orbis litterarium,* XXII, 1-4, 1967. pp. 45-48.
Torre, Guillermo de, *Problemática de la literatura.* 2.ª ed. Buenos Aires, Losada, 1958.
—*Doctrina y estética literaria.* Madrid, Guadarrama, 1970.
— *Nuevas direcciones de la crítica literaria.* Madrid, Alianza Ed., 1970.
Trabant, Jürgen, *Semiología de la obra literaria. Glosemática y teoría de la literatura.* Trad. esp. de José Rubio. Madrid, Gredos, 1975.
Uitti, Karl D., *Linguistics and Literary Theory.* Prentice-Hall, New Jersey, 1969.
Ullmann, Stephen, *Style in the French Novel.* Cambridge, 1957.
— *Language and Style.* Oxford, Blackwell, 1964. Trad. esp. por Juan Martín Ruiz-Werner. Madrid, Aguilar, 1968.
Uspenski, Boris A., *A Poetic of Composition.* (Trad. del ruso). Berkeley, Univ. of California Press, 1973.
Van Dijk, Teun A., *Some Aspects of Text-Grammars: A Study in Theoretical Linguistics and Poetics.* La Haya, Mouton, 1972.
— "La metateoria del racconto", en *Strumenti Critici,* 12, 1970, pp. 141-163.
Vera Luján, Agustín, *Análisis semiológico de "Muertes de perro".* Madrid. Cupsa, 1977.
Verín, Eliseo, *Conducta, estructura y comunicación.* Buenos Aires, Jorge Alvarez, 1968.
— "L'analogique et le contigu (note sur les codes non digitaux)", en *Communications,* 15, 1970, pp. 52-69.
Verín, Eliseo ed., *Lenguaje y comunicación social.* Buenos Aires, Nueva Visión, 1969.
Vernon, Hall, Jr., *A Short History of literary Criticism.* Nueva York, New York Univ. Press, 1963.
Vossler, Karl, *Filosofía del lenguaje.* Buenos Aires, Losada, 1943.
— *La poesía de la soledad en España.* Buenos Aires. Losada, 1946.
— "Formas gramaticales y lógicas en el lenguaje", en *Introducción a la estilística romance.* Buenos Aires, 1942, pp. 23-86.
Wellek, René, *A history of modern criticism: 1750-1950.* New Haven, Yale Univ. Press, 1955-1965, 4 vols. (Trad. esp. 3 vols. Madrid, Gredos, 1959-72).
— *Concepts of Criticism.* Yale University Press, 1963. (Trad. esp. Caracas, Ediciones de la Biblioteca de la Universidad Central de Venezuela, 1968).
Wellek, René, y Warren, Austin, *Theory of Literature.* Nueva York, Harcourt Brace, 1949. (Vers. esp. de José M.ª Gimeno. Prólogo de Dámaso Alonso. 4.ª ed., reimpresión. Madrid, Gredos, 1969).
Wimsatt, W. K., *The Verbal Icon, Studies in the Meaning of Poetry.* Lexington, The Univ. of Kentucky Press, 1954.
Wimsatt, W. K., y Brooks, Cleanth, *Literary Criticism. A Short History.* Nueva York, Alfred A. Knopf, 1957.

Alianza Universidad

Volúmenes publicados

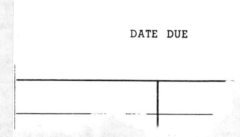

DATE DUE